Nils Pickert

PRINZESSINNEN-JUNGS

NILS PICKERT

PRINZESSINNEN-JUNGS

Wie wir unsere Söhne
aus der Geschlechterfalle befreien

BELTZ

FSC
www.fsc.org
MIX
Papier aus verantwortungsvollen Quellen
FSC® C089473

Dieses Buch ist erhältlich als:
ISBN 978-3-407-86587-8 Print
ISBN 978-3-407-86627-1 E-Book (EPUB)

4 Auflage 2023

in der Verlagsgruppe Beltz · Weinheim Basel
Werderstraße 10, 69469 Weinheim

Lektorat: Judith Roth, Frankfurt
Umschlaggestaltung: www.sandraklostermeyer.de (Gestaltung), www.stephanengelke.de (Beratung)
Bildnachweis: © Gaby Gerster/feinkorn.de

Herstellung: Sonja Frank
Satz: Publikations Atelier, Dreieich
Druck und Bindung: Beltz Grafische Betriebe GmbH, Bad Langensalza
Printed in Germany

Weitere Informationen zu unseren Autor_innen und Titeln finden Sie unter: www.beltz.de

Für meine Prinzessinnenjungs
und meine Seeräubermädchen,
ohne die ich dieses Buch
niemals geschrieben hätte.

Für meine Lebenskomplizin,
der ich die Prinzessinnenjungs,
die Seeräubermädchen und
überhaupt so ziemlich alles verdanke.

INHALT

1 | BUBENSOLO

Ein Buch über Jungen also. Als hätte es davon in letzter Zeit nicht schon genug gegeben. Noch dazu eines, das (wie praktisch alle vor ihm) behauptet, vieles anders zu machen und einen ganz neuen Blick auf Jungenerziehung zu werfen. Nun ja, einen fast ganz neuen Blick. Denn ich bin bei Weitem nicht der Erste, dem auffällt, dass es um unsere Jungen schlecht bestellt ist, und ich werde hoffentlich nicht der Letzte sein. Jungen, so konnte man in den vergangenen Jahren immer häufiger lesen und hören, seien das eigentlich schwache Geschlecht. Das bedrohte Geschlecht, das »entehrte« Geschlecht, wie es der Autor Ralf Bönt 2012 in seinem Buch mit gleichnamigem Titel nannte. Das Geschlecht, dem ständig gesagt wird, dass es sich jahrhundertelang danebenbenommen hat und jetzt aber mal wirklich Schluss damit sein muss. Jungen und Männer können es seit einigen Jahren gefühlt nicht mehr recht machen. Sie gelten als zu laut, zu gewalttätig, zu übergriffig. Sie werden zu Problemfällen erklärt, denen die Anschlussfähigkeit an die Gegenwart fehlt. Und deshalb muss ihnen geholfen werden. Ich schließe mich dieser Diagnose an: Jungen haben es zunehmend schwerer. Aber die Gründe dafür liegen nicht in dem, was der Kinderpsychologe und Buchautor Wolfgang Bergmann ab 2008 im Buch *Kleine Jungs – große Not* »Antimännlichkeitstraining« sowie in zahlreichen Interviews »verhuscht weibliches Klima« in

Bildungseinrichtungen nannte. Man verbessert die Situation auch nicht bloß dadurch, dass man wie der Pädagoge Reinhard Winter 2014 auf *Jungen brauchen klare Ansagen* setzt – ganz so als brauchten Mädchen aufgrund ihres Geschlechts keine klaren Ansagen.

Diese Ansätze haben, egal von welcher Autorin oder von welchem Autor sie vertreten werden, immer denselben blinden Fleck: Sie gehen von einer starren jungenspezifischen Geschlechtsidentität aus, der wir in unserer modernen Gesellschaft kaum noch gerecht werden. Weil wir keinen Platz mehr für Wildheit, Regelbrechen, Aggressivität, körperliches Kräftemessen und das Rebellische haben. In der sehr ernst gemeinten Sorge um Jungen fordert dieser Ansatz eine Rückbesinnung auf die Wertschätzung klassisch männlicher Eigenschaften, damit sie wieder Vorbildfunktionen übernehmen können. Damit heranwachsende Männer sich erneut darauf verlassen dürfen, dass »nur die Harten in den Garten kommen«.

Dadurch wird das Problem allerdings nicht behoben, sondern noch verschärft. Denn die Harten sind gar nicht immer hart, und der Garten hat sich mittlerweile so verändert, dass mit Härte oft kein Blumentopf mehr zu gewinnen ist. Im Garten der Gegenwart sind Eigenschaften wie Konfliktfähigkeit, Kommunikationstalent, Problemlösungsorientierung, Fehlerbewusstsein und Achtsamkeit gefordert. Alles Eigenschaften, die nach traditionellem Rollenverständnis eher Frauen zugeschrieben werden. Der Konzernkrieger, der im Meeting nicht auf andere hört, bis zur Erschöpfung Überstunden schiebt und private wie berufliche Konflikte so lange hinunterschluckt, bis sie sich zu Magengeschwüren verdichten, wird schon eine ganze Weile nicht mehr als Mitarbeiter des Monats gefeiert. Und der Mann als finanzieller Versorger von Frau und Kind scheint angesichts prekärer und befristeter Arbeitsverhältnisse oft nur noch ein Märchen aus uralten Zeiten zu sein, das vielen aber immer noch nicht aus dem Sinn geht. Leider. Denn die Lösung läge ja auf der Hand: Wenn diese Eigenschaften die Eintrittskarten in den Garten der Gegenwart sind, ließen sie sich ja durchaus erwerben. Allerdings nicht, wenn der Preis dafür die eigene Männlichkeit ist. Die Rollenklischees werden gewahrt, selbst wenn sich die Regeln verändert haben.

Lassen Sie mich das anhand eines Beispiels veranschaulichen: Stellen Sie sich vor, Sie lebten in einer Beziehung, in der der Mann signifikant weniger verdient als die Frau. Die Mehrheit von Ihnen muss dazu die Fantasie bemühen. Für einige andere stellt dies jedoch die Lebensrealität dar. Bei jedem siebten deutschen Paar verdient *sie* mehr als *er*. Wie würden Sie damit umgehen, wenn man Sie dazu befragte? Wenn Freunde und Verwandte sich erkundigten? Oder wenn Sie für eine Umfrage unverbindliche Gehaltsangaben machen sollten? Eine US-amerikanische Studie mit dem Titel *Manning up and womaning down: How husbands and wives report their earnings when she earns more*, die 2018 veröffentlicht wurde, ist genau dieser Frage nachgegangen. Zwei Forscherinnen der Universität von Massachusetts sahen sich dafür unterschiedliche Datensätze an. Die gegenüber der Volkszählungsbehörde freiwillig angegebenen Gehaltsinformationen wurden mit den unbestechlichen Zahlen der Sozialversicherungsbehörde verglichen. Das Ergebnis zeigte, dass Paare mit einer Hauptverdienerin im Gegensatz zu Paaren mit einem Hauptverdiener über ihre Einkommenssituation logen. Oder sagen wir besser: in Richtung stereotyper Rollenerwartung beschönigten, damit der Mann als Hauptverdiener präsentiert werden konnte und alles wieder seine althergebrachte Ordnung hatte. Genau zwischen dieser Ordnung und der Realität des 21. Jahrhunderts werden Männer aufgerieben. Jungen und Männer sitzen in der Falle und kommen weder vor noch zurück. Zeigen sie sich weicher, fürsorglicher, kommunikativer und verletzlicher, wird ihnen ihre Männlichkeit abgesprochen. Töten sie diese Aspekte in sich ab, fehlen ihnen hingegen zentrale Kernkompetenzen. Der Platz, den Jungen heute haben, um ihr Rollenverständnis zu entwickeln und ihre Identität zu finden, wird auf die Größe eines DIN-A4-Blatts beschnitten. Man verunsichert sie. Man verunmöglicht sie. Dabei ist die Frage nicht, ob Jungen heutzutage noch Jungen sein dürfen. Die Frage lautet vielmehr, ob jeder Junge er selbst sein darf?

Dieser Frage möchte ich mit Ihnen nachgehen. Dafür werden wir uns anschauen, wie Jungen heutzutage aufwachsen. Mit welchen Rollenbildern werden sie konfrontiert, womit dürfen sie spielen, wie definieren sie Freundschaft? Wie erzählen wir ihnen Männlichkeit, welche Versionen von Männlichkeit unterstützen wir, bewundern wir, leben wir offen vor? Wann gelten Jungen wirklich als Jungen und warum werden sie »als Mädchen abgewertet«, wenn sie nicht den gängigen Männlichkeitsnormen entsprechen?

Und vor allem: Was können wir tun, um Jungen aus der Geschlechterfalle herauszuhelfen?

Denn sie verdienen so viel mehr als das, was ihnen momentan angeboten wird. Sie verdienen Körperkontakt, Mitgefühl, Trost und Einhornglitzer. Sie verdienen es, Prinzessinnenjungs sein zu dürfen. Diesen Titel trägt das Buch nicht zufällig. In jedem Jungen steckt ein Prinzessinnenjunge. In jedem Jungen stecken Träume, Hoffnungen und Eigenschaften, die als unmännlich, schwach und mädchenhaft bezeichnet und als falsch markiert werden. Deshalb werden sie verleugnet, versteckt und letztendlich begraben. Viel zu lange schon haben wir Männlichkeit zu einem Götzenbild erhoben, vor dem sich alle Anwärter in den Staub zu werfen haben, um sich ihrer als würdig zu erweisen. Dabei verhält es sich genau andersherum: Männlich ist, was Jungen und Männer tun. Wenn sie sich ins Gesicht schlagen, dann ist das ebenso männlich, wie wenn sie sich streicheln. Und wenn sich Jungen für Rennautos begeistern, dann verhalten sie sich ebenso männlich, wie wenn sie für Ballett schwärmen.

Aber bevor wir damit beginnen, die Debatte um Jungenerziehung vom Kopf auf die Füße zu stellen, möchte ich Sie noch darauf aufmerksam machen, was ich in diesem Buch nicht tun werde. An Vorurteilen und Geschlechterrollen zu rütteln ist eine anstrengende und durchaus auch gefährliche Sache. Und da ich Sie mit der Lektüre dieses Buches darum bitte, sich darauf einzulassen, ist es nur fair, wenn Sie wissen, was Sie erwartet beziehungsweise was Sie nicht erwartet:

Ich werde Ihnen nicht sagen, dass Jungen schlecht sind. Jungen sind großartig. Ich bin selbst Vater zweier wunderbarer Söhne. Aber ich weiß, wo die Probleme liegen. Was wir ihnen zumuten und womit wir sie davonkommen lassen. Schlicht und einfach weil wir glauben, dass Jungen nun einmal Jungen sind.

Ich werde Ihnen nicht sagen, dass Mädchen schlecht sind. Die sind nämlich auch großartig. Ich bin selbst Vater zweier wunderbarer Töchter. Hier werden Jungen nicht gegen Mädchen ausgespielt und Mädchen nicht gegen Jungen. Wenn Sie sich von diesem Buch eine weitere Einladung zum Geschlechterk(r)ampf und zu den immer noch sehr populären Stereotypfestspielen erhoffen, dann legen Sie es besser weg. Damit wird Ihnen hier nicht gedient.

Ich werde Sie nicht ermahnen, dass Sie keine Vorurteile haben dürfen. Es gibt keine vorurteilsfreien Menschen, und das aus gutem Grund. Wir alle sind darauf angewiesen, ständig Personen und Situationen in kürzester Zeit ohne ausreichende Hintergrundinformationen einzuschätzen und zu bewerten. Anders kommen wir überhaupt nicht durch ein sich immer mehr beschleunigendes und zunehmend digitalisiertes Leben. Die Möglichkeit, sich etwas reiflich zu überlegen, haben wir viel zu selten. Aus diesem Grund plädiere ich nicht für eine vorurteilsfreie, sondern für eine vorurteilsbewusste

Erziehung. Mir ist nicht daran gelegen, Ihnen Vorhaltungen zu machen, falls Ihnen womöglich unbehaglich dabei wird, wenn Ihr 4-Jähriger ein rosa Laufrad zum Geburtstag haben möchte oder sich Ihr 14-Jähriger für Tanz und Theater begeistert. Wir werden uns diese Vorurteile genau anschauen und herausfinden, woher sie kommen, wofür sie stehen und wie sie sich überwinden lassen.

Und vor allem werde ich Ihnen nicht erzählen, dass Sie schlechte Eltern sind. Die überwältigende Mehrheit von Müttern und Vätern wünscht sich für ihre Kinder nur das Beste und tut ihr Menschenmöglichstes, es unter den gegebenen Umständen zu verwirklichen. Kann sein, dass Sie über Geschlechtergerechtigkeit noch nicht weiter nachgedacht haben. Vielleicht sind Sie auch überfordert von Söhnen, die sich nicht so verhalten, wie man es gemeinhin von Jungen erwartet. Aber da Überforderung immer ein zentraler Bestandteil von Elternschaft war, ist und sein wird, soll es in diesem Buch eben nicht darum gehen, mit dem Finger auf Sie zu zeigen. Im Zweifelsfall bin ich als Elternteil ähnlich überfordert wie Sie – nur eben in anderen Bereichen. Stattdessen werden wir uns gemeinsam ein paar Gedanken darüber machen, wie wir das Leben von Jungen erleichtern und verbessern können. Wo wir zu viel und wo zu wenig verlangen. Warum wir sie fallen lassen und erwarten, dass sie die Zähne zusammenbeißen und von alleine wieder aufstehen. Und wie wir uns verhalten, wenn sie das nicht tun.

Eine Debatte über eine sensiblere, aufmerksamere Jungenerziehung ist überfällig. Denn obwohl sich unsere Vorstellung von Männlichkeit allmählich wandelt, wird diese Männlichkeit immer noch viel zu oft dadurch verwirklicht, dass wir die Prinzessinnenjungenhaftigkeit aus unseren Söhnen wegerzählen und hinausstrafen. Mit althergebrachten Sätzen wie »Das macht ein Junge nicht«, »Rosa ist nur etwas für Mädchen« und »Hör auf zu weinen«. Es ist an der Zeit,

Jungen nicht mehr das Lächeln aus dem Gesicht zu wischen, wenn sie sich für Verschönerung oder Ponys interessieren. Genauso wie es an der Zeit ist, ihnen nicht länger dafür auf den Rücken zu klopfen, wenn sie sich und anderen Gewalt antun. Jungen sind so viel mehr als das.

2 | WAS SOLL ES DENN WERDEN?

»Glückwunsch, Sie erwarten ein Kind – Junge oder Mädchen?! Na, jetzt sagen Sie schon: Junge oder Mädchen?!!« Schließlich will man ja wissen, was einen erwartet. Aber warum eigentlich? Was genau gibt es denn bei der Vorbereitung auf einen Jungen anderes zu tun als bei der auf ein Mädchen? Eine ganze Menge offensichtlich. Wer dachte, ein Reisebericht durch die einengenden Stereotype, mit denen Jungen im Laufe ihrer Kindheit und Jugend konfrontiert werden, beginne mit der Geburt, der irrt sich gewaltig. Sie beginnt in den Köpfen von Erwachsenen. Schon bevor ein Kind das Licht der Welt erblickt, hat sich diese Welt bereits millionenfach um die Frage gedreht, was denn nun Jungen von Mädchen unterscheidet. Und auch wenn ich in diesem Buch einiges auffahren werde, um Ihnen zu verdeutlichen, dass unsere Söhne und Töchter vor allem dadurch verschieden voneinander sind, welche geschlechtsspezifischen Erwartungen sie als Regieanweisung für ihr Leben befolgen, ist diese Frage alles andere als trivial. Selbst wenn Sie und ich mit großer Gelassenheit und Souveränität den permanenten Anforderungen an Kinder und Erwachsene begegnen, ihr Geschlecht vor und für andere zu belegen, wären diese Anforderungen immer noch da. Geschlecht wäre in allen Belangen immer noch ein entscheidendes Kriterium.

Deshalb kommen wir nicht umhin, hier auch über Geschlecht zu sprechen und einige Definitionen zu skizzieren.

Andernfalls versperrt uns ein riesiger Elefant den Blick darauf, worüber wir uns hier eigentlich unterhalten wollen: Jungenerziehung.

Wann ist ein Mann ein Mann?

Nehmen Sie beispielsweise mich: Ich bin ein weißer, mittelalter, heterosexueller Mann aus der Mittelschicht, der als Autor und Journalist arbeitet und sich nebenbei für die Nichtregierungsorganisation *Pinkstinks* gegen Sexismus engagiert. Ich habe meine ersten zehn Lebensjahre in der DDR verbracht, ich ernähre mich vegetarisch, ich hasse Fußball und verstehe nichts von Autos. Ich bin ein Sorgenvater von vier Kindern, die alle begeistert viel zu oft irgendwelchen (in meinen Augen) lebensgefährlichen Unfug anstellen und dabei von ihrer Mutter angefeuert werden, während ich lieber woanders hingucke. Inwieweit verbindet mich das zwangsläufig mit anderen Männern? Was habe ich mit einem kinderlosen, westdeutschen Schalke-Fan Ende 60 gemeinsam, der, seit er sich erinnern kann, ausschließlich Männer begehrt, sonntags gerne Formel 1 guckt, am liebsten im Steakhaus um die Ecke essen geht und über drei Jahrzehnte in der Sparkasse Gelsenkirchen gearbeitet hat?

Er ist ein Mann und ich bin ein Mann. Es ist ganz offensichtlich nicht unser Begehren, das Männer aus uns macht. Aber was dann? Ist es die generelle Möglichkeit, ein Kind zu zeugen? Dann bin ich kein Mann mehr. Nach der Geburt meiner jüngsten Tochter habe ich mich sterilisieren lassen, somit ist diese Option für mich vom Tisch. Wenn Zeugungsfähigkeit Männlichkeit definiert, dann bin ich schon seit einiger Zeit ausgesprochen unmännlich. Und wenn es die Tatsache sein sollte, dass ich schon Kinder gezeugt habe, dann wäre mein fiktiver Schalke-Fan, wie viele andere Männer übrigens auch, kein »echter« Mann.

Blieben noch Dinge wie genitale Grundausstattung, Muskelstruktur, Behaarungsgrad, Hormonstatus, Stimmfarbe und derlei mehr. Aber all diese Dinge treten in zahllosen Variationen und Abstufungen auf, sodass eine klare Zuordnung, wann ein Mann ein Mann oder eine Frau eine Frau ist, gar nicht so selbsterklärend ist, wie oft behauptet wird.

Nehmen Sie nur das Beispiel der südamerikanischen Weltklassemittelstreckenläuferin Caster Semenya, die sich aufgrund ihrer Stimme, ihrer Muskulatur und ihrer Leistungen immer wieder vorwerfen lassen muss, sich dadurch Wettbewerbsvorteile zu erschleichen, dass sie in Wahrheit ein Mann ist beziehungsweise dopt. Es wurden mehrfach Geschlechtstests angeordnet, der ehemalige Generalsekretär des Weltleichtathletikverbands, Pierre Weiss, verstieg sich zu der Aussage: »Es ist klar, dass sie eine Frau ist, aber vielleicht nicht zu 100 Prozent.«

Inzwischen hält es der Verband für die beste Lösung, Semenya und anderen Frauen mit genetisch erhöhtem Testosteronwert aufzuerlegen, diesen mittels Medikamenten künstlich zu senken. Der Preis dafür wäre ein erhöhtes Risiko, an Depressionen, Blutarmut und Osteoporose zu erkranken. Und das alles, weil nur die wenigsten von uns willens und in der Lage sind, ihr Konzept von Zweigeschlechtlichkeit zu überdenken. Womit wir beim nächsten Punkt wären.

Geschlecht wird unterschätzt.

Geschlecht ist nicht binär. Unsere Vorstellung von einer einfachen, unstrittigen Einteilung in Mann und Frau ist schlicht und ergreifend falsch. Mir ist klar, dass das schwer zu verdauen ist, deshalb lassen Sie es mich noch einmal anders sagen: Sie und ich, wir sind höchstwahrscheinlich mit den gleichen unzutreffenden Annahmen über Geschlecht und Geschlechtsidentität aufgewachsen. Wir haben gelernt, dass

Jungen immer einen Penis und Mädchen immer eine Vagina haben. Wir haben vermittelt bekommen, dass Jungen das harte und Mädchen das zarte Geschlecht sind. Jungen sind grundsätzlich eher körperbetont, laut, aggressiv und kreativ. Mädchen sind eher zurückgenommen, weich, fleißig und kommunikativ. Ausnahmen bestätigen die Regel. Aber dieses Wissen bildet nicht ansatzweise den gegenwärtigen Stand der Wissenschaft ab. Tatsächlich betrachtet die Forschung aufgrund der vielfältigen Merkmale und Ausprägungen des biologischen Geschlechts (seien es nun Hormone, Chromosomen, Geschlechtsorgane oder das Gehirn) dieses inzwischen mehr und mehr als Kontinuum. Die Personen, die wir aufgrund verschiedener Merkmale zweifelsfrei als Mann oder Frau einordnen, repräsentieren in Wirklichkeit eine Vielzahl von unterschiedlichen Geschlechtsidentitäten. Geschlecht hat mehr Schattierungen, als die bisher übliche Schwarz-Weiß-Malerei auf diesem Gebiet erkennen lässt.

Das klingt alles furchtbar kompliziert. Es hört sich an wie eine Art Relativitätstheorie für Geschlechtsidentität. Und im Grunde ist es genau das. Denn unser physikalisches Weltbild kapituliert vor den Auswirkungen der Entdeckungen Einsteins in ähnlicher Weise wie unser binäres Identitätsverständnis vor dem Geschlechtskontinuum. Mit dem Unterschied, dass über Zeitdilatation und Lichtstrahlen, die sich um Planeten krümmen, im Allgemeinen keine schlechten Witze gerissen werden. Über Unisextoiletten und darüber, dass man demnächst wohl auch noch »Gurke« oder »Frotteeunterhose« als Geschlecht wird angeben können, allerdings schon. Und das ist ein Problem. Nicht etwa, dass wir uns herausnehmen, über komplexe Sachverhalte zu scherzen und sie ironisch herunterzubrechen. Sondern dass wir so desinteressiert und abwertend mit Identität umgehen.

Warum erzähle ich Ihnen das? Nun, zum einen musste wie bereits erwähnt in aller Deutlichkeit auf den Elefanten gezeigt werden, bevor wir im Text fortfahren können. Zum anderen ist mir sehr daran gelegen, Ihr Verständnis von Normalität im Unterschied zu Durchschnittlichkeit zu schärfen, bevor wir uns näher mit Jungen befassen. Sowohl was die erlernten Geschlechterrollen als auch das biologische Geschlecht betrifft. Dass ein Junge im Alter von zwölf Jahren für Ponys schwärmt und Choreograf werden möchte, entspricht mit Sicherheit nicht den durchschnittlichen Träumen und Hoffnungen dieser Altersgruppe. Das ist aber noch lange kein Grund, sein Verhalten als unnormal zu klassifizieren.

Ebenso wenig ist ein Junge, der mit Vagina und Vulva geboren wird, abnormal. Er entspricht nach allen wissenschaftlichen Erkenntnissen absolut der Norm, genauso wie es der physikalischen Norm entspricht, dass auf Berggipfeln die Zeit schneller vergeht als im Tal, auch wenn Sie und ich diesen Unterschied nicht spüren, messen oder anfassen und daher vermutlich auch nicht begreifen können. Auch wenn beides mit den Alltagserfahrungen der meisten wenig bis gar nichts zu tun hat, sollten wir doch in der Lage sein, Menschen mit mindestens ebenso viel Offenheit, Interesse und Neugier zu begegnen wie physikalischen Gegebenheiten.

Spitze Bäuche, dunkle Haare

So offen sind in geschlechterspezifischen Fragen aber eher wenige, und deshalb jetzt mal Butter bei die Fische: Was wird es denn nun? Die Großeltern wollen schließlich wissen, welche Erstausstattungsgarnitur sie kaufen sollen – pink oder hellblau? Das Kinderzimmer will auch in den entsprechenden Farben gestrichen werden, die Freundinnen und Freunde wollen womöglich eine Babyparty für Sie organisieren und geschlechtsspezifische Accessoires besorgen. Fachzeitschriften, Ratgeber, fremde Leute auf der Straße: Alle wollen Ihnen vorab sagen, wie es denn auf jeden Fall und ohne jeden Zweifel wird als Elternteil eines Jungen beziehungsweise eines Mädchens. Also rücken Sie endlich raus mit der Sprache!

Aber vielleicht wissen Sie es ja noch gar nicht. Entweder weil es noch zu früh ist oder weil das Baby beim zweiten Ultraschall um die 20. Schwangerschaftswoche Ihnen nur den Hintern zeigen wollte. Dann muss es halt anders gehen. Glücklicherweise existiert ein ganzes Arsenal an stereotypen Schwangerschaftsmythen, mit denen Sie das Geschlecht angeblich vorab bestimmen können. Denn wie bereits erwähnt: Das Klischeekarussell dreht sich schon lange vor der Geburt in den Köpfen von Erwachsenen. Sie brauchen nur ganz fest daran zu glauben, dann klappt das schon mit der pränatalen Geschlechtsbestimmung.

1. Ein spitzer Schwangerschaftsbauch spricht für einen Jungen, ein runder für ein Mädchen. Beachten Sie einfach nicht, dass das vielleicht mit der Anatomie der werdenden Mutter zu tun haben könnte oder mit der Lage des Kindes. Stattdessen gilt schon hier: typisch Junge, typisch Mädchen. Jungen behaupten spitz und fordernd ihre Existenz. Mädchen bilden eher weiche, runde Formen.
2. Mädchen rauben ihren Müttern die Attraktivität, um selbst besonders hübsch zu werden. Wenn die Haare der Schwangeren also während der Schwangerschaft nachdunkeln oder ihr Gesicht durch einen Hautausschlag temporär »entstellt« wird, dann ist es ein Mädchen. Denn so sind Mädchen. Schon im Mutterleib an der knappen Ressource Attraktivität interessiert und nicht willens, sie mit anderen Frauen zu teilen. Kleine Zicken eben. Jungen hingegen sorgen für das sprichwörtliche Schwanger-

schaftsstrahlen. Die sind eben schon vor der eigenen Geschlechtsreife an schönen Frauen interessiert. Auch wenn es die eigene Mutter ist (Grüße an Sigmund Freud).

3. In die gleiche Kategorie fällt die Überzeugung, dass angehende Jungsmamas nur am Bauch zunehmen, Mädchenmamas hingegen am ganzen Körper. Jungen wissen einfach schon früh, wie Frauen auszusehen haben, und so eine Schwangerschaft ist keine Ausrede, dass frau sich gehen lässt.
4. Gleichzeitig steht eine zunehmende Körperbehaarung für Jungen, obwohl diese schon seit Längerem nicht mehr dem gängigen Schönheitsideal entspricht. Aber hier schlägt Behaarung als Indiz für die im Körper heranreifende Männlichkeit die Attraktivitätsregel.
5. Exzessiver Fleischkonsum lässt selbstverständlich auf Jungen schließen. Denn Männer und Fleischessen, das gehört einfach zusammen. Jagen, erlegen, schlachten, Feuer machen, Grillen. Nicht umsonst wurden Männer 2017 in der Werbung des Discounters Edeka zur Grillsaison als »Herren des Feuers« bezeichnet. Frauen hingegen waren die »Frauen der Herren des Feuers«. »Herrinnen des Feuers« geht ja nicht. Frauen grillen aus Geschlechtsgründen bekanntlich nur ein bisschen Fisch und Geflügel, vor allem aber viel Gemüse. Deshalb bedeutet viel Gemüse während der Schwangerschaft auch, dass es ein Mädchen wird.
6. Analog funktioniert das bei verstärkter Lust auf Süßes beziehungsweise auf Saures. Die Frage danach, was für welches Geschlecht stehen soll, ist so einfach zu beantworten, dass ich mich mehr dafür interessieren würde, wofür besonderer Heißhunger auf Hähnchen süß-sauer steht. Zweieiige Zwillinge?

Es gibt noch mehr solcher Mythen, einer bizarrer als der andere. Und viele davon, wie auch die hier vorgestellten, sind schon sehr eindeutig in ihren geschlechtsspezifischen Zuschreibungen. Wenn man ganz genau hinschaut, kann man sogar entdecken, dass sie auf einen noch früheren Zeitpunkt anwendbar sind: auf den der Zeugung nämlich. Auf der nach oben offenen Absurditätsskala finden sich Klassiker wie der, dass weniger Aktivität beim Zeugungsakt auf ein Mädchen schließen lässt und mehr Aktivität auf einen Jungen. Das sollte für einen groben Überblick reichen. Die Socken-an-den-Füßen-Regel erspare ich Ihnen und mir lieber. Irgendwo muss auch mal Schluss sein.

Geschlechtsneutral ist auch keine Lösung

Nun kann man das natürlich alles eher lustig finden. Wir sind doch erwachsene Menschen und solche Mythen sind bloß harmloser Spaß. Gleichzeitig ist unser Bedürfnis, unsere Annahmen über Geschlecht in anderen bestätigt zu finden, uns sowohl als Individuum als auch im gesellschaftlichen Kontext todernst. Wenn Sie einmal gespürt haben, wie viel Unverständnis, Hilflosigkeit und letztendlich auch Wut Ihnen entgegengebracht wird, falls Sie sich aus welchen Gründen auch immer weigern, Ihrem Umfeld das Geschlecht Ihres Kindes mitzuteilen, dann wissen Sie, was ich meine. Wir validieren unsere eigene Geschlechtsidentität anhand der Geschlechtsidentität anderer Menschen. Deshalb ist es auch so wichtig, Menschen mit Vorannahmen und Vorurteilen über Geschlecht zunächst keine bösen Absichten zu unterstellen. Die Großeltern meinen es tatsächlich nur gut, auch wenn Sie vielleicht überhaupt keine Lust auf diesen ganzen rosa-hellblauen Wahnsinn haben. Die Freundin, die

Ihnen den niedlichen Feuerwehrmann-Sam-Strampler geschenkt hat, will wahrscheinlich bloß alles richtig machen. Jungen wollen Feuerwehrmänner und Polizisten werden – was denn sonst?

Vorurteile und stereotypisierende Überzeugungen sind etwas, das man nicht einfach abstellen kann. Es gibt keinen Schalter, den man nur umlegen muss, damit 3-jährige Jungen auch mit Puppen spielen dürfen, Neuntklässler sich auf dem Schulhof nicht mehr als »Schwuchtel« beleidigen und erwachsene Männer nicht mehr krank davon werden, dass sie ihr Leid mit niemandem teilen können. Das ist tief eingebettet in unsere soziale Programmierung und muss dementsprechend entlernt werden. Auch dazu möchte dieses Buch ein Beitrag sein.

Denn was nützt ein knalliger Debattenbeitrag über die Missachtung der Prinzessinnenjungshaftigkeit unserer Söhne, wenn wir uns nicht auch darüber unterhalten, was sich ganz konkret tun lässt, um diese Prinzessinnenjungshaftigkeit zu bewahren und die Jungen zu unterstützen.

Wie lässt sich vorurteilsbewusst erziehen?

Wie schaffe ich es als Elternteil, meine eigenen Vorstellungen davon, wie männliche Geschlechtsidentität auszusehen hat, nicht meinem Jungen überzustülpen?

Wie wehre ich mich gegen die ständigen Anforderungen, mich vorgeblich geschlechtskonform zu verhalten?

Was kann ich tun, wenn andere auf meinen Sohn Einfluss nehmen und die ganze Arbeit, die ich mir mit geschlechtersensibler Erziehung mache, untergraben?

Und was tue ich, wenn mein Sohn irgendwann aus anderen ihre Prinzessinnenjungshaftigkeit herausmobbt oder herausprügelt?

Schauen wir doch noch einmal weiter auf diese Situation: Sie erwarten also immer noch ein Kind, der Rest der Welt will unbedingt wissen, was es wird, und Sie haben eigentlich gar keine Lust, darüber zu reden. Weil Sie genau wissen, was dann passiert.

Sie können das Geschlecht verraten und allen mitteilen, dass Sie sich für das Kind jede Farbe außer Rosa und Hellblau für Kleidung, Spielzeug etc. wünschen. Grün, Braun oder Gelb sind ja auch tolle Farben. Das ist eine gute Möglichkeit, um Verwandte und Bekannte nicht gleich mit Ihrer »Genderagenda« vor den Kopf zu stoßen. Allerdings sollte Ihnen dabei klar sein, dass diese »geschlechtsneutrale« Lösung nicht wirklich hält, was sie verspricht. Ihr Kind wird ja trotzdem noch in eine Welt geboren, in der man Farben, Kleidungsstücken und anderen Dingen ein Geschlecht zuschreibt. Die Wirkungsmacht dieser Zuordnung bleibt bestehen und lässt sich auch nicht einfach umgehen. Sie wird so lediglich eine Weile auf Distanz gehalten. Irgendwann kommt Ihr kleiner Kerl dann doch aus der Kita und erzählt Ihnen, dass Rosa eine Mädchenfarbe ist und er seine Schuhe deshalb nicht mehr anziehen will. Vielleicht wollen Sie deshalb ein Stück weiter gehen, wollen das Geschlecht selbst nicht wissen (oder nicht verraten) und den Schenkungsfreudigen mitteilen, dass Sie sich für das Baby über Dinge in allen möglichen Farben freuen. Auch in Rosa und Hellblau. Fügen Sie allerdings unbedingt hinzu, dass Sie dem Kind auf jeden Fall alle Kleidungsstücke anziehen werden und es alle Spielzeuge benutzen wird. Unabhängig davon, in welcher Farbe diese vorhanden sind. Aus eigener Erfahrung kann ich Ihnen sagen, dass das die Anzahl von rosa oder hellblauen Kleidungsstücken stark dezimiert. Diese Ansage verunsichert, aber nicht zu stark.

Wenn Sie es allerdings darauf anlegen, Ihre Vorstellungen von geschlechtergerechter Erziehung als kleine Kampfansage zu formulieren, dann könnten Sie die Frage nach dem Geschlecht mit einem Unisexnamen beantworten.

»Junge oder Mädchen?«

»Kim. Das Baby heißt Kim!«

Meine Lebenskomplizin (großartigste Person überhaupt, beste Freundin, tollste Mutter auf der ganzen Welt; seit über zwei Jahrzehnten mobiles Zuhause und Sehnsuchtsmensch des Autors, mit ihm eng verbandelt und unter einer Decke steckend, aber nicht verheiratet) und ich haben uns während ihrer Schwangerschaft mit unserer ersten Tochter für diesen Weg entschieden. Weniger aus einem konkreten Plan heraus, wie wir mit der Thematik umgehen wollten, als mehr aus einem Gefühl der Notwehr. Bücher, Freundinnen und Freunde, irgendwelche Leute auf der Straße oder im Bus: Von allen Seiten bedrängte man uns mit Ansichten über Jungen als Stammhalter und über Mädchen, mit denen es die ersten Jahre angeblich leichter sei. Ob ich denn eher so der sportliche Typ sei, wollte man wissen, um mir je nach Antwort entweder einen Jungen oder ein Mädchen zu wünschen. Und als mich Kommilitonen an der Uni davor warnten, aus mir könne ja auch ein »Büchsenmacher« werden, waren diese Kommilitonen für mich indiskutabel geworden. Falls Sie nicht wissen, was »Büchsenmacher« sein sollen: So bezeichnet man Väter, die Mädchen zeugen. Genauer gesagt: die NUR Mädchen zeugen. Büchse dient an dieser Stelle als vulgäre Anspielung auf das Geschlechtsorgan des Kindes.

Was das Ekelhafte an diesem Begriff ist, brauche ich Ihnen wohl kaum zu sagen. Er ist abwertend gemeint, er markiert Mädchen als etwas Minderwertiges und lebt von der Vorstellung, dass Männer in ihren Kindern ihr eigenes Geschlecht wiedererkennen wollen, um sich ihnen zugehörig fühlen zu können. Oder anders formuliert: Väter wollen jemanden, mit dem sie Fußball spielen können – was sollen sie da mit Töchtern?

Einen Namen zu wählen, der für beide Geschlechter funktioniert, fühlte sich damals instinktiv richtig an. Und das tat es auch bei unseren anderen drei Kindern. Es gab uns die Möglichkeit, von Anfang an darauf hinzuweisen, dass wir diese Art Spiel nicht mitspielen. Es hätte auch noch weitere Möglichkeiten gegeben: Manche Eltern verraten auch nach der Geburt nicht das Geschlecht ihres Kindes. Andere gehen sogar noch weiter und halten sich selbst dem Kind gegenüber mit einer Geschlechtszuschreibung zurück. Man mag das übertrieben finden, aber im Grunde wäre das nur folgerichtig. Denn es sind von Anfang an stets Fremdzuschreibungen. Obwohl es wie bereits erwähnt an vielen Komponenten hängt, wird Geschlecht zunächst rein genital bestimmt. Wenn es wie im Fall von Intersexualität nicht eindeutig bestimmbar ist, wird meist eine Operation vorgenommen. Eine nicht notwendige »kosmetische Operation« – Betroffene fordern nachdrücklich, dass diese endlich abgeschafft werden! Aber trotz der ausdrücklichen Empfehlung des UN-Kinderrechtsausschusses, die körperliche Unversehrtheit und Selbstbestimmung der betroffenen Kinder zu gewährleisten, ist die Anzahl dieser Operationen seit Jahren gleichbleibend hoch. Auf den Grund dafür hatte ich eingangs schon hingewiesen: Eltern beschädigen in den seltensten Fällen vorsätzlich Identität. Stattdessen machen sie sich Sorgen: Wie wird es dem Kind gehen? Was kommt an medizinischen Eingriffen auf das Kind zu, wenn es diese schon bewusst registriert? Wird man es auslachen und verächtlich machen? Was wird die Familie sagen? Also entscheiden sie sich für das, was sie für den leichteren Weg halten. Für den, der mehr Akzeptanz erhoffen lässt. Auch an dieser Stelle zeigt sich, dass Geschlecht zugleich überbewertet und unterschätzt wird.

Deswegen ist es umso wichtiger, die Räume für Identität zu erweitern und sie möglichst den Betroffenen offenstehen zu lassen. Weniger »Wer bist du?« fragen, mehr zuhören und darauf achten, wie sich jemand beschreibt. Ganz besonders bei Kindern. Denn die fordernden, übergriffigen Zuschreibungen haben gerade erst begonnen. Im nächsten Kapitel wartet schon ein Schnuller mit der Aufschrift »Bad Boy« auf Sie und Ihren Jungen.

3 | MIT PUPPEN SPIELT MANN NICHT

Ein »Bad Boy« also. Womöglich noch in einem dieser Strampler für Väter, auf denen mit Pfeilen angezeigt wird, wo was zu tun ist. Damit alle Bescheid wissen. Vielleicht haben Sie aber gar nicht das Bedürfnis, die Welt über das Geschlecht Ihres Babys zu informieren. So ging es auch den Eltern von Storm Stocker, die 2011 einiges an medialem Aufsehen dadurch erregten, dass sie ihrem Umfeld bewusst das Geschlecht ihres Kindes vorenthielten, damit dieses sich frei entfalten kann. Abgesehen davon, dass man diese Entscheidung unter vielerlei Gesichtspunkten kritisch sehen kann, ist bemerkenswert, mit wie viel Wut der Familie und dem Kind begegnet wurde. Fremde Menschen fuhren an dem Haus der Stockers vorbei und brüllten Storm »Junge« entgegen. Man kann und sollte sich fragen, was Storms Geschlecht mit diesen Menschen zu tun hat. Eigentlich nichts, aber anscheinend doch alles. Und auf die eine oder andere Weise begleitet diese Frage nach der Geschlechtsidentität Ihr Kind bis zu dessen Tod. Denn selbst wenn es die Phase hinter sich lässt, in der es anderen schwerfällt, anhand erkennbarer Merkmale das Geschlecht zu bestimmen, und mit zunehmendem Alter vorgeblich klarer wird, worum es sich handelt, wird diese Frage immer wieder gestellt und verlangt eine Antwort. Auch in Abwesenheit. Zum Beispiel wenn Sie in einem dieser Spielzeugfachgeschäfte stehen und Ihrem Kind etwas zum Geburtstag kaufen wollen. Die erste Frage, die Ihnen gestellt wird, ist nicht etwa die nach dem Alter oder nach Ihrem Budget. Auch nicht nach den Vorlieben des Kindes. Die erste Frage lautet mit an Sicherheit grenzender Wahrscheinlichkeit: »Junge oder Mädchen?« Und wenn Sie dann gestanden haben, wenn Sie stellvertretend für Ihr Kind die mündliche Geschlechtsprüfung abgelegt haben, dann werden Sie freundlich, aber bestimmt in die entsprechenden Ecken verwiesen. Rosa für Mädchen und Hellblau für Jungen. In dem Spielzeugbereich der Mädchen geht es um Kümmern, Haushalt, Pflege und Verschönerung. Bei den Jungs hingegen findet sich alles rund um Fahrzeuge, Bauen, Abenteuer und Technik. Mädchen sind Prinzessinnen, Jungen die Piraten. Das Ganze kommt einem Verdikt gleich, dem Sie sich besser nicht entgegenstellen. Denn sonst ...! Gender Marketing, also das gezielte Ansprechen von Geschlechtern durch Stereotype, ist nie nur Angebot, sondern immer auch eine Form von sublimer Drohung: Wenn du nicht mitmachst, wenn du für uns nicht identifizierbar und kategorisierbar bist, dann gehörst du nicht dazu und wirst entsprechend behandelt. Das ist auch der Grund, warum es herablassend wäre, einfach nur zu behaupten, Eltern würden zu wenig wissen und deshalb ihren Kindern lediglich stereotypes Spielzeug vorsetzen. In gewisser Hinsicht wissen Eltern nämlich zu viel. Sie sind sich vollkommen im Klaren darüber, was die Mehrheitsgesellschaft von Jungen und Mädchen erwartet, welches Spielzeug den meisten Menschen für welches Geschlecht angemessen erscheint und welche Verhaltensweisen mit Männlichkeit oder Weiblichkeit assoziiert werden. Deshalb ist es auch mit Aufklärung allein nicht getan. Die bloße Wissensvermittlung darüber, dass Rosa nicht schwul macht und Homosexualität nichts Unnatürliches ist, löscht die Vorurteile darüber nicht aus. Und schon gar nicht die Sorge davor, das eigene Kind könnte trotz einer vorurteilsbewussten Erziehung, nein, gerade wegen einer vorurteilsbewussten, geschlechtergerechten Erziehung durch andere Nachteile erleiden. Die Konfrontation mit der Realität ist nicht nur hier unvermeidbar. Darum muss es zugleich Aufgabe sein, für einen Prozess des Entlernens von Stereotypen zu werben und aufzuzeigen, warum dieser sich lohnt.

Deswegen sind Sie und ich ja auch hier. Nicht nur damit ich Ihnen lustige Anekdoten darüber erzähle, warum es nett wäre, Jungen mit Puppen spielen zu lassen. Sondern auch, damit wir darüber ins Gespräch kommen, wie defizitär die momentane Situation für Jungen ist. Wie sehr die Dinge in Schieflage geraten sind. Mit Puppen spielen zu dürfen ist für Jungen nicht nur ein netter Bonus, den wir ihnen im Zuge einer sich von Stereotypen emanzipierenden Gesellschaft vielleicht mal zugestehen könnten. Das Spiel mit Puppen, und darüber ist sich die Forschung einig, vermittelt Fähigkeiten, die für ein heranwachsendes Individuum von essenzieller Bedeutung sind: Soziale Interaktion, Kümmern, Pflege, Verantwortung, Sprachschatz, Vorstellungskraft – all diese Bereiche werden durch das Puppenspiel gefördert. Und übrigens nicht erst seit gestern. Puppen gehören zusammen mit Rasseln, Pfeifen und Reifen zu den ältesten bekannten Spielzeugen. Kinder spielen schon seit Jahrtausenden mit Puppen. Welchen Sinn sollte es also ergeben, Puppen für Jungen zu tabuisieren? Man könnte argumentieren, dass das Puppenspiel nicht zwingend erforderlich ist, um die genannten Fähigkeiten zu entwickeln. Zweifellos ist das richtig. Ich muss als Junge nicht mit Puppen gespielt haben, um meine sprachlichen Fähigkeiten zu entwickeln und soziale Interaktion zu lernen. Die Frage ist vielmehr, warum ich es nicht darf? Warum werden Jungen in einer von Frühförderung besessenen Gesellschaft von diesem Arsenal an positiven Entwicklungsmöglichkeiten ausgeschlossen? Die Antworten auf diese Frage bewegen sich irgendwo zwischen »Es ist nicht seine Aufgabe« und »Es schadet seiner Männlichkeit«.

Das leuchtet mir nicht ein. Wieso diese Beschränkung? Jungen haben ein Recht darauf, Kümmern, Pflegen, Fürsorge und Verantwortung spielerisch zu erfahren. Das hätte nicht zuletzt auch den schönen »Nebeneffekt«, dass wir uns nicht länger darüber wundern müssten, warum sie sich später, wenn überhaupt, nur zwei Monate Elternzeit nehmen oder die Pflege von Angehörigen mehrheitlich Frauen obliegt. Und wenn Männlichkeit wirklich dadurch beschädigt werden kann, dass Jungen mit Puppen spielen, dann braucht sie dringend ein Update. Wo Puppen eine Zumutung für die Männlichkeit von Jungen darstellen, wird Männlichkeit für Jungen zur Zumutung.

»Aber mein Junge spielt eben nur mit Autos und Bauklötzen, was soll ich denn machen?!« Wenn es um die Spielzeugvorlieben kleiner Kinder geht, sind sich Eltern relativ einig. Jungen spielen anders als Mädchen. Sie interessieren sich mehr für Bewegung, Mobilität und Dinge, die Geräusche machen. Sie schlagen gerne Sachen gegeneinander. Nur eines tun sie eher selten: mit Puppen spielen. Wenn man Eltern darauf hinweist, dass ihrem Sohn Puppen möglicherweise vorenthalten werden, reagieren sie häufig schmallippig und ungehalten. Schließlich hätten sie ihrem Sohn immer wieder alle möglichen Spielzeuge angeboten, aber er würde sich nun einmal nicht für Puppen interessieren. Und tatsächlich gibt es einige Studien, die zeigen, dass Jungen sich überdurchschnittlich häufig mit Fahrzeugen beschäftigen, während Mädchen sich eher für Puppen begeistern. Das klingt allerdings bedeutender, als es ist. Denn zum einen treffen diese Studien gar keine Aussagen darüber, dass Jungen überhaupt nicht mit Puppen spielen oder spielen sollten. Genau genommen gibt es keine einzige Studie, die belegt, dass Jungen nur mit Fahrzeugen oder Bauklötzen und nie mit Puppen spielen. Oder dass es in irgendeiner Weise ratsam wäre, Jungen nicht mit Puppen spielen zu lassen. Zum anderen übersehen diese Studien den Sozialisationsfaktor. Der Verstand eines Babys ist keine unbeschriebene Fläche, an der man eins zu eins ablesen kann, wie sich genetische Merkmale in Verhalten übersetzen. Um das nachzuweisen sind seit den 70er-Jahren immer wieder sogenannte Baby-X Versuche durchgeführt worden. In der Ursprungsvariante von 1975 untersuchten drei Forscherinnen der Universität von New York, wie sich Erwachsene verhalten, wenn sie aufgefordert werden, sich um ein drei Monate altes Baby zu kümmern. Die Ergebnisse zeigten, dass die überwiegende Mehrheit der Testpersonen das Baby mit stereotypen Spielzeugen beschäftigte. Wurde das Kind den Testpersonen als Mädchen vorgestellt, kamen Puppen zum Einsatz. Wurde das Kind als Junge bezeichnet, wurde zu Fahrzeugen und Bauklötzen gegriffen. Wurde das Kind neutral gekleidet und nicht auf das Geschlecht verwiesen, verschwand dieser Effekt fast gänzlich – bis auf eine kleine Präferenz in Richtung Jungenspielzeug, weil die Mehrheit der Erwachsenen das Kind, das eigentlich ein Mädchen war, für einen Jungen hielt. Dieser Versuch wurde seitdem in verschiedenster Abwandlung mehrfach wiederholt. Mit den immer gleichen Ergebnissen. Nur dass diese über die Jahre sogar noch deutlicher wurden. Selbst Eltern, die von sich sagen, dass ihnen eine geschlechtergerechte, stereotypfreie Erziehung wichtig ist, sind davon betroffen. Und es ist auch nicht nötig, dass Kindern das entsprechende Spielzeug weggenommen wird, um Präferenzen auszudrücken. Es genügen Vorschläge. Es genügt Bestärkung.

»Lass uns doch den Bagger nehmen. Toll hast du das gemacht. Was für ein großer Bagger für einen großen Jungen!«

Kein Junge muss mit Puppen spielen. Sie sind nicht das Allheilmittel gegen unsoziales Verhalten von Individuen oder der Gesellschaft. Ehrlich gesagt sind viele von ihnen ziemlich überteuert und absurd proportioniert. Die klassische Barbie wäre im echten Leben eine unfruchtbare, arthrosegeplagte, kurzatmige Frau mit Hammerzeh und Hüftdysplasie. Muss man nicht gut finden. Wenn Ihr Sohn also nichts auf Puppen gibt und stattdessen lieber Laster herumfahren lässt, Lego baut und kicken geht, ist das vollkommen in Ordnung. Auch diese Spiele sind richtig und wichtig für die kindliche Entwicklung – weswegen es umgekehrt auch völlig unsinnig ist, Mädchen etwas vorzuenthalten.

Aber bitte, bitte, mit Zucker obendrauf, Biencheneintrag für gutes Betragen in Ihr Karmaheft und ewige Dankbarkeit meinerseits: Nehmen Sie Ihren Jungs nicht die Puppen weg. Sagen Sie nicht, dass das nur was für Mädchen ist und Jungen andere Dinge tun sollten. Zahlen Sie nicht auf das Konto derjenigen ein, die wirklich glauben oder Ihnen zumindest weismachen wollen, dass Jungen, die mit Puppen spielen, sich falsch verhalten. Wenn unsere heutige Vorstellung von Männlichkeit wirklich angeboren wäre und beinhalten würde, dass Puppen nichts für Jungen sind, dann hieße das nichts anderes, als dass jeder Junge, der zu einer Puppe greift, angeblich gegen seine biologische Bestimmung verstößt. Lassen Sie sich auf solchen Unsinn nicht ein.

Eine kleine Farblehre

Das gilt auch für das sogenannte »Rosa-Gen«. Eltern berichten immer wieder davon, dass sie gegen die spezifische Farbvorliebe ihrer Töchter für Rosa und Pink überhaupt nichts machen könnten. Erfahrene rosagestählte Väter und Mütter tröstet da nur die Aussicht darauf, dass das eine Phase ist, die bei den meisten Mädchen später nachlässt. Da ist was dran. Allerdings etwas anders als gedacht. Denn ganz ähnlich wie bei den Spielzeugvorlieben ließen auch hier Studien Rückschlüsse darauf zu, dass die Vorliebe für Rosa und Pink bei

Mädchen in den Genen liegt. Forscherinnen und Forscher haben 2007 auf *cell.com* eine Studie mit dem Titel *Biological components of sex differences in color preference* veröffentlicht, in der sie die Farbwahrnehmung von 208 Freiwilligen auf geschlechtsspezifische Unterschiede testeten. 37 dieser Testpersonen stammten ursprünglich aus China. Die Prämisse war also, Menschen aus zwei unterschiedlichen Kulturräumen zu untersuchen, in denen Farben unterschiedliche Dinge bedeuten. Rosa und Pink werden in China nicht automatisch mit Weiblichkeit assoziiert. Wenn also Frauen trotzdem eine eindeutig erkennbare Vorliebe für diese Farben zeigen, ohne in einem Kulturraum aufgewachsen zu sein, der sie dazu anhält, sich aufgrund ihres Geschlechts damit zu assoziieren, dann wäre das durchaus ein Indiz für ein »Rosa-Gen«.

Und tatsächlich ließen sich geschlechtsspezifische Unterschiede in der Farbwahrnehmung von Männern und Frauen feststellen. Allerdings ließ sich der Studie auch entnehmen, dass die 37 chinesischstämmigen Testpersonen zum Zeitpunkt des Tests bereit sechs Monate bis zwei Jahre in Großbritannien lebten. Und wie sich dieser Umstand auf die Farbwahrnehmung auswirkt, war nicht Gegenstand der Untersuchung. In späteren Untersuchungen, die an Babys statt an Erwachsenen vorgenommen wurden, konnte man hingegen feststellen, dass es sich mit der Farbwahrnehmung etwas differenzierter verhält – und zwar geschlechtsübergreifend.

Babys verfügen über eine Vorliebe für Grundfarben wie Rot oder Blau. Ungefähr ab dem Alter von zweieinhalb Jahren entwickeln Mädchen in unserem Kulturkreis eine statistisch auffällige Vorliebe für Rosa, während Jungen diese Farbe auffällig oft ablehnen. Diese Farbvorliebe ist demnach nicht durch Geschlecht angeboren, sondern mit Geschlecht assoziiert. Im Grundschulalter nimmt diese Differenz noch zu, bis sie in der Pubertät von einem geschlechtsübergreifenden Interesse an Misch- und Pastellfarben abgelöst wird.

Rosa als Mädchenfarbe haben wir uns schlicht und ergreifend ausgedacht. Genau wie Hellblau für Jungen. Beides ist eine Erfindung des 20. Jahrhunderts und hat die vorangegangenen farblichen Zuschreibungen abgelöst. Nämlich (Purpur-)Rot und Pink für Jungen, die für Royales und Herrschaftlichkeit standen. Und Hellblau für Mädchen, weil diese Farbe der Jungfrau Maria zugeschrieben wurde, deren Tugendhaftigkeit es für Mädchen nachzueifern galt. Wenn Sie sich Medien aus der Mitte des 20. Jahrhunderts oder früher anschauen, dann können Sie diesen Wechsel nachvollziehen. Ein besonders plakatives Beispiel bietet die Disneyfassung von *Peter Pan* aus dem Jahr 1953: Wendy trägt ein hellblaues Kleid. Ihr jüngerer Bruder Michael hingegen einen rosa Schlafanzug. In der französischen Serienfassung aus den Jahren 2012–2016 sieht das hingegen ganz anders aus: Nun ist Wendy die mit dem pinken Oberteil und der kleine Michael trägt Hellblau.

Nicht nur daran merkt man, dass Menschen zur Historisierung ihrer gegenwärtigen gesellschaftlichen Entwicklung neigen: Wer den Status quo verteidigen will, der weist gerne darauf hin, dass etwas »schon immer« so gewesen ist. Ganz egal wie ahistorisch er oder sie dabei vorgeht. Die Autorin Cacilda Jetha hat mit ihrem Kollegen Christopher Ryan für dieses Phänomen in ihrem gemeinsamen Buch S*ex – die wahre Geschichte* (2016) einen sehr erhellenden Begriff gefunden: Flintstonisierung. Mit ihm erklärt das Duo, inwiefern die Zeichentrickserie *Die Familie Feuerstein* (*The Flintstones*) die Gegenwartskultur 1959–1966 als Blaupause für eine steinzeitliche Gesellschaftsfiktion verwendet, und überträgt dies auf unseren grundsätzlichen Umgang mit Steinzeitreferenzen. Denn darüber, wie unsere längst verstorbenen Vorfahren sich organisiert haben, welche Werte ihnen wichtig waren und was sie als geschlechtsspezifisch angesehen hätten, wissen wir erstaunlich wenig. Eine Serie über eine fiktive steinzeitliche Familie sähe heute ganz anders aus. Sie würde den aktuellen Entwicklungen Rechnung tragen. Das hätte Auswirkungen. Denn bei Farben und allen anderen Dingen, die mit geschlechtsspezifischer Bedeutung aufgeladen werden, ist die Aufladung wirkmächtig. Dabei spielt es zunächst keine Rolle, ob die Zuschreibung auf realen Fakten oder auf bloßer Fiktion basiert. Selbst wenn wir uns darüber einig sind, dass ein »Rosa-Gen« nicht existiert, zeigen Studien immer noch, dass Mädchen vor dem dritten Geburtstag bis hinein ins Grundschulalter eine deutliche Vorliebe für Rosa haben, die gleichaltrige Jungen so nicht aufweisen. Sie lehnen diese Farbe mehrheitlich als »mädchenhaft« ab. Es kommt also nicht nur darauf an, was Geschlecht ist, sondern was wir aus Geschlecht machen. In Büchern, mit Spielzeugen, durch Farben und weitere Zuschreibungen. Geschlecht ist – nicht nur, aber auch – ein andauernder performativer Akt. Es wird erzeugt. Ein Handeln, eine Behauptung, ein Raumnehmen, eine Zurechtweisung. Die Mädchenpräferenz für Rosa und Pink ist hier und heute real, weil wir diese Wirklichkeit konstruiert haben. Dass ich Sie mit meinem kurzen Exkurs in Wissenschaft und Geschichte darauf aufmerksam machen möchte, inwiefern Eigenschaften und Vorlieben nur behauptet genetisch verankert sind, stellt nicht einmal die Hälfte der zu leistenden Arbeit dar. Deswegen belasse ich es auch dabei, Forschungsergebnisse nur anzureißen. Wenn Sie darüber mehr wissen wollen, gibt es geeignetere Bücher als dieses hier. *Die Geschlechterlüge* (2012) der Neurowissenschaftlerin Cordelia Fine beispielsweise. Oder das leider nicht auf Deutsch erhältliche Werk *Gene Worship* (2003) der Verhaltenssoziologin Gisela Kaplan, in dem sie die übliche »Das liegt an den Genen«-Begründung umfassend seziert.

Das macht mein Buch natürlich angreifbar. Man kann mir ohne Mühe und viel Übertreibung vorwerfen, ich hätte nicht ausreichend Studien gelesen, mir würde für dieses und jenes das Fachwissen fehlen, von Erziehung hätte ich erst recht keine Ahnung und ganz allgemein die Geschlechterfrage auch nicht so richtig verstanden.

Aber zum einen werden mit solchen Vorwürfen auch Menschen überzogen, die deutlich wissenschaftlicher arbeiten als ich. Und zum anderen geht es hier um ein Gespräch über Jungen, mit denen wir leider nicht besonders gut umgehen. Darin stimmen mit mir auch diejenigen überein, die meine Thesen aus tiefster Überzeugung ablehnen. Ich möchte darum an dieser Stelle noch einen Schritt weiter gehen. Nehmen wir an, zusammen mit anderen hätte ich mich geirrt und würde Trugschlüssen aufsitzen. Nehmen wir an, es gäbe ein Rosa-Gen und die meisten Jungen hielten aufgrund ihres angeborenen Geschlechts überhaupt nichts von Puppen. Nehmen wir an, dass nicht, wie ich behaupte, in jedem Jungen zu gewissen Anteilen ein Prinzessinnenjunge steckt, sondern meinetwegen nur in jedem zehnten. Das entspricht ungefähr dem Anteil von Menschen mit linkshändiger Veranlagung in unserer Gesellschaft. Welche Konsequenzen sollten wir dann daraus ziehen: Ausgrenzung? Umerziehung? Umschulung auf Hellblau und Baukräne, damit nicht mehr zum rosa Puppenwagen gegriffen wird? Das kann nicht der Weg sein. Selbst wenn ein mitfühlender, weicher, verletzlicher, schutzbedürftiger, verschönerungsbegeisterter Junge »nur« die Ausnahme von der genetischen Regel darstellen sollte: Wäre es dann nicht unsere Aufgabe, ihn zu unterstützen? Müssten wir uns nicht vor ihn stellen und unmissverständlich klarstellen, dass wir all die unschönen »Was bist du denn für eine Pussy!«-Varianten nicht tolerieren? (An dieser Stelle sei Ihnen der dreiminütige Monolog des Comedian Trevor Noah darüber empfohlen, wie unsinnig es ist, mit dem Begriff »Pussy« Schwäche zu implizieren.) Womit sollten wir rechtfertigen können, solche Jungen künstlich abzuhärten, wenn es doch angeblich gegen ihre so nachdrücklich behauptete Natur geht? Auch wenn ich mich irren würde, liegen wir mit unserer Missachtung der Bedürfnisse und Gefühle von Jungen falsch. Die Umerziehung, die mir und anderen des von Gegnerinnen und Gegnern so genannten »Genderismus« unterstellt wird, findet nämlich längst statt. Und zwar durch sie selbst. Sie sind es, die sich dafür aussprechen, vielfältige Jungen zu einfältigen Männlichkeitsbildern »umzuerziehen«. Was ich Ihnen anbiete, hat hingegen nichts damit zu tun, dass Jungen auf Mädchenfarben getrimmt und verweichlicht werden sollen, aber alles damit, ihnen mehr Räume zu eröffnen, um sich auszuprobieren und zu verwirklichen. Dass Jungen eine Rosa-Option verdienen, ist etwas anderes, als sie zu Rosa zu verpflichten. Dieser Unterschied ist wichtig. Man kann das natürlich für spitzfindig halten. Aber mit der Haarspalterei habe ich noch nicht einmal angefangen.

Haarige Angelegenheiten

Mein 3-jähriger Sohn hat keine Lust mehr auf seine langen Haare. Es ist Sommer, ihm ist heiß und außerdem war sein bester Freund auch gerade erst beim Friseur. Also sitzt er mit großen Augen auf meinem Schoß, befühlt interessiert den Umhang, der seine Kleidung vor herabfallenden Haaren schützen soll, und wartet, was passiert.

»Wie darf ich schneiden?«, fragt der Friseur.

»Kurzhaarschnitt!«, sage ich. »Seiten rasieren, oben ein bisschen länger.« Der Friseur stutzt. Er läuft um uns herum und betrachtet meinen Sohn von allen Seiten.

»Kurz?«, fragt er zweifelnd.

»Ähm, ja, wieso?«

»Bin gleich wieder da.«

Der Friseur verschwindet in den hinteren Teil des Salons. Etwas ratlos schaue ich ihm nach. Auf meinem Schoß rutscht mein Junge unruhig hin und her, weil es jetzt endlich losgehen soll. Der Friseur kommt zurück. In den Händen hält er einen Frisurenkatalog, den er uns präsentiert. Mit leiser Stimme macht er mir Vorschläge.

»Schauen Sie doch mal hier.«

Ich betrachte verwirrt die Bilder. Sie zeigen mehr oder weniger kunstvolle Langhaarfrisuren. Bis ich merke, wo das Problem liegt, dauert es einige Momente. Schließlich verstehe ich und sage den alles entscheidenden, anscheinend erlösenden Satz:

»Er ist ein Junge.«

Der Friseur entschuldigt sich daraufhin wortreich und beginnt ohne Umschweife, meinem kleinen Kerl die Haare zu schneiden. Nach Beendigung des Schnitts ist er in den Worten des Friseurs »nun ein richtiger kleiner Junge«. Die Frisur finde ich gut. Alles andere aber nicht.

Die Mathematiklehrerin meines 9-jährigen Sohnes hat meine Lebenskomplizin und mich zu einem Gespräch eingeladen. Wir sprechen über seine Leistungen und Möglichkeiten, wie wir seine Begeisterung für Zahlen weiter füttern können. Es ist ein sehr nettes Gespräch. Mehr als einmal werfen die Lebenskomplizin und ich uns Blicke zu, um uns telepathisch darüber zu verständigen, dass wir froh sind, diese Frau als Mathelehrerin für unseren Sohn zu haben.

»Eine Sache wäre da noch. Es geht um die langen Haare Ihres Sohnes.«

»Wieso, was ist denn mit denen?«

»Sie fallen ihm beim Schreiben immer ins Gesicht. Er bräuchte für den Unterricht ein Zopfgummi, damit ihn das nicht so beim Arbeiten stört.«

Innerlich gebe ich ihr sofort recht. Das ist mir zu Hause auch schon aufgefallen. Ständig hängen ihm Haarsträhnen vor den Augen, weil er sich aus Zöpfen nichts macht. Ich bin schon dabei, einzuwilligen, als meine Lebenskomplizin noch eine Frage hat:

»Haben Sie den Eltern der Mädchen, die ihre langen Haare offen tragen, auch dazu geraten?«

»Nein, wieso?!«

Das sind nur zwei Beispiele dafür, warum Geschlechtsidentität für Jungen nach wie vor eine haarige Sache ist. Allen langmähnigen jugendlichen Subkulturen, Männermodels und Hipstern mit Man-Buns zum Trotz: Lange Haare bei Jungen sind immer noch ein Geschlechtspolitikum. Ganz ähnlich wie kurze Haare bei Mädchen. Für Erwachsene trifft das mittlerweile weniger zu. Der Friseur, der sich zunächst weigerte, meinem Sohn die Haare kurz zu schneiden, weil er ihn für ein Mädchen hielt, trug schulterlanges Haar zu einem Pferdeschwanz gebunden. Es war also nicht so, dass er sich Männer mit langen und Frauen mit kurzen Haaren überhaupt nicht vorstellen konnte. Nur bei Kindern hatte er damit so seine Schwierigkeiten. Und da ist er nicht allein. Denn die Erkennungsmerkmale, an denen wir Geschlecht für gewöhnlich zuschreiben, sind in jungen Jahren noch nicht besonders ausgeprägt. Stimmlage, Brustentwicklung, Bartwuchs, Muskulatur, weiche oder kantige Gesichtszüge – nicht nur die erwähnten Baby-X-Versuche zeigen, dass das Geschlecht von Babys und kleinen Kindern für uns gar nicht so einfach zu bestimmen ist. Mit der entsprechenden Farbwahl und einigen Accessoires wird aus Julian ganz schnell Julia (und umgekehrt) – und dementsprechend wird das Kind dann auch behandelt. Wenn es allerdings andere Merkmale gibt, die wir für eindeutig zuordenbar halten, fallen Haare nicht so sehr ins Gewicht. Zum Vergleich: Der Friseur meines Sohnes hat eine tiefe, leise Stimme, trägt einen Bart und sein Oberarmumfang entspricht etwa dem meines Kopfes. Er läuft in keiner Weise Gefahr, durch seine langen Haare als Frau gelesen zu werden.

Er hat seine Schuldigkeit hinsichtlich geschlechtlicher Identifizierbarkeit getan. Bei Babys ist das hingegen nicht der Fall. Wie tief die daraus resultierende Verunsicherung bei einigen geht, lässt sich an Produkten wie *Girlie Glue* ablesen. *Girlie Glue* wurde von der US-Amerikanerin Katie Hydrick entwickelt, die es nach eigenem Bekunden satt hatte, dass Haarbänder und -reifen auf dem Kopf ihrer kleinen Tochter nicht hielten. Also kreierte sie in der heimischen Küche einen biologischen Kleber aus Agavensaft und anderen Zutaten, um kleinen Mädchen Schleifchen an den Kopf kleben zu können. Anschließend vermarktete sie das Produkt mit dem Slogan »Es ist nie zu früh, ein echtes Girlie zu sein«. Damit entfachte sie allerdings nicht nur Begeisterung. Abgesehen davon, dass die Idee, Babys etwas an den Kopf zu kleben, doch eher befremdlich ist, ging es dabei vor allem um das Motiv. Das besteht nicht zuletzt auch darin, ein Baby geschlechtlich zu markieren. Hydrick selbst war sich darüber im Klaren, dass sie eine Tochter hat, fand es aber anscheinend einen unhaltbaren Zustand, dass ihre Umwelt darüber nicht informiert war. Und sie mit der entsprechenden Frage belästigte: Junge oder Mädchen?! Also signalisierte sie mit dem angeklebten Schleifchen Eindeutigkeit. Aber warum ist Mehrdeutigkeit so schwer auszuhalten? Warum frustriert es uns, wenn unser Kind für ein Mädchen gehalten wird, obwohl es ein Junge ist – und andersherum? Vielleicht haben Sie das, beispielsweise auf Spielplätzen, schon erlebt, vielleicht auch mit dem eigenen Kind? Die meisten Eltern berichtigen geschlechtsspezifische Ansprachen, die sie für falsch halten.

»Ihre Tochter hat ja tolle lange Locken« wird zumeist umgehend korrigiert: »Es ist ein Junge«. Warum ist das nötig? Was würde passieren, wenn wir es nicht tun? Wir könnten ja auch einfach abwarten, bis das Kind selbst fähig und willens ist, das richtigzustellen. Aber irgendwie scheint die Verwechslung des Geschlechts der Kinder eine Beleidigung der Eltern darzustellen. So als wäre mit ihrem Nachwuchs irgendetwas falsch. Als hätten sie es versäumt, ihren Eindeutigkeitspflichten nachzukommen. Auch an dieser Stelle bewerten wir die Geschlechtszuordnung über. Das hat nichts Verspieltes, nichts von Ausprobieren oder Entdecken. Wenn sie groß sind, sollen unsere Kinder werden können, was sie wollen, aber jetzt, hier und heute, in diesem Sandkasten wird dem Opa da drüben klargemacht, welches Geschlecht das Kind hat. Nachher denkt der noch was Falsches. Mit geradezu verbissener Ernsthaftigkeit teilen wir die Welt in zwei Geschlechter ein. Da hilft es auch nicht, wenn wie bei *Girlie Glue* darauf hingewiesen wird, dass die Geschlechtszuschreibung nur ein Angebot sei und das Produkt auch für Jungen geeignet. Lassen Sie sich davon nicht täuschen, das ist der älteste Trick des Gender Marketings überhaupt. Die Verpackung von Überraschungseiern ein bisschen pink einfärben, »nur für Mädchen« draufschreiben und anschließend behaupten, Jungen könnten das ja auch kaufen. Man müsse das alles ja nicht so ernst nehmen. Schon klar: Weil jede Art von Werbung vollkommen belanglos und irrelevant ist, nehmen die Konzerne jährlich Milliarden in die Hand, um sie entwickeln zu lassen und zu schalten. Weil *Girlie Glue* auch für Jungen sein kann, schreibe ich *Girlie* drauf. Was denn sonst?! Weil es uns ja »im Prinzip egal« ist, kleben wir Schleifchen auf kleine Mädchen.

Wenn Sie Ihre Jungen geschlechtergerecht erziehen wollen, ist es wichtig, sich möglichst nicht in die Tasche zu lügen. Darüber, dass man lange Haare bei Jungen ausschließlich ablehnt, weil man ihnen eigentlich nur etwas Gutes tun und sie vor Mobbing bewahren will. Selbstverständlich ist das ein gewichtiger, nicht zu unterschätzender Faktor. Zur Erinnerung: Die meisten Eltern wollen das Beste für ihr Kind und verabreden sich nicht diabolisch lachend zum nächtlichen Haareabsäbeln am Bett des Jüngsten, weil sie seine »Mädchenhaftigkeit« nicht mehr ertragen können. Trotzdem schützen sie damit auch ihre Vorurteile. Vorurteile sollten jedoch nicht gepflegt, sondern angetastet und von allen Seiten angeschaut werden. Gegebenenfalls braucht man sie nämlich gar nicht so dringend. Um Ihnen zu erklären, wie das zusammenhängt, brauche ich allerdings ungefähr noch eine Rocklänge Text.

Rocktage

Wenn man im Internet meinen Namen eingibt, dann erscheint ein ganz bestimmtes Foto. Und obwohl sein Entstehungsdatum schon einige Jahre zurückliegt und es heutzutage kaum mehr Verwendung findet, wird es wohl noch eine ganze Weile mit meinem Namen verbunden sein. Vielleicht sogar für den Rest meines Lebens. Ich möchte Ihnen erzählen, wie dieses Foto zustande gekommen ist, was es zeigt und wieso es immer noch nachwirkt. Denn es begründete nicht nur meine Variante der 15 Minuten Ruhm, von denen der Künstler Andy Warhol gesprochen hat, sondern ist ein bemerkenswertes Beispiel dafür, wie Männlichkeit wahrgenommen und (um)gedeutet werden kann. Zweifellos ist es ein Bild, das mehr als 1000 Worte sagt. Aber da es zu vielen verschiedenen Menschen überall auf der Welt unterschiedliche Dinge gesagt hat, will ich an dieser Stelle auch selbst noch ein paar Worte darüber verlieren:

Im Sommer 2012 lebten meine Lebenskomplizin und ich mit unseren beiden Kindern im baden-württembergischen Villingen. Dorthin hatte es uns verschlagen, weil wir wie viele junge Erwachsene nach dem Studium feststellen mussten, dass unsere Heimatstadt Berlin eben auch die Hauptstadt der unangemessen schlecht bezahlten Jobs ist – ganz besonders bei Berufseinstieg. Es gibt dort praktisch immer jemanden, der bereit ist, eine bestimmte Arbeit »für den Lebenslauf« zu machen. Also unbezahlt, damit er oder sie später diese Tätigkeit als Referenz angeben kann. Aber »für den Lebenslauf« bezahlt weder Miete noch Essen oder Kinderklamotten. Außerdem hatten wir Lust auf Veränderung. Berlin-Kreuzberg ist ein bunter, offener Bezirk mit vielen Kindern und Möglichkeiten zur nachbarschaftlichen Begegnung. Er ist aber auch hart, dreckig, laut, überfüllt und zunehmend gentrifiziert. Mitten in die Villinger Fußgängerzone zu ziehen war in vielerlei Hinsicht eine Erleichterung. Alles war fußläufig zu erreichen, meine beiden Kinder im Alter von fünf und sieben konnten sich innerhalb des Altstadtrings frei bewegen. Die Menschen waren höflich, entspannt und meilenweit von dem entfernt, was man gemeinhin als »Berliner Schnauze« bezeichnet. Das hinderte sie jedoch nicht daran, sich das Maul über meinen kleinen Jungen zu zerreißen, als er wie schon in Berlin Röcke und Kleider trug. Und er tat dies wie zuvor mit großer Selbstverständlichkeit. Schließlich trug seine große Schwester, sein absoluter Lieblingsmensch auf diesem Planeten, ja auch Röcke und Kleider und vererbte ihm diese, wenn sie selbst aus ihnen rauswuchs. Leuchtend bunt waren die und gerade im Sommer bei großer Hitze herrlich leicht und angenehm zu tragen. Zu Hause war das nie ein Problem. Von seinem liebsten Kleid sagte er, es könne fliegen. Weder seine Mutter noch ich haben es je für nötig befunden, ihn darauf hinzuweisen, dass Röcke und Kleider »nur etwas für Mädchen« sind. Kleidung hat nun einmal kein Geschlecht, auch wenn uns die gesellschaftliche Konvention etwas anderes vermitteln will. In Kreuzberg war das auch kein Problem. Kaum jemand störte sich daran. In seiner Kita freute man sich mit ihm, wenn er einen besonders schönen Rock anhatte. Auf dem Spielplatz fand er immer Kinder, die mit ihm herumtoben wollten. Ab und zu wurde nachgefragt, gelegentlich bemerkte er, dass Irritationen entstanden. Als er mir erzählte, dass jemand ihm gesagt hätte, Männer dürften keine Röcke tragen, borgte ich mir einen von einer Freundin und wir spazierten gemeinsam durch den Kiez. Wir fielen nicht besonders auf.

Aber in Villingen bemerkte mein kleiner Kerl sehr schnell, dass seine Kleiderwahl ein Problem war. Er wurde angestarrt, ausgegrenzt und verächtlich gemacht. Er wurde als schwul beschimpft. Als »Mädchen«, »Schwuchtel« und »Missgeburt«. Sowohl von Kindern als auch von Erwachsenen. Er war ein kleiner 5-jähriger Junge, der überhaupt nicht verstand, was daran falsch sein sollte, ein Mädchen zu sein. Seine Schwester war ein Mädchen. Seine Schwester war toll. Aber die Feindseligkeit, den zur Schau gestellten Ekel und die plötzlich ersterbenden Gespräche, wenn er irgendwo hinzutrat – all das registrierte er.

Er wurde immer bedrückter und verängstigter. Irgendwann hörte er auf, Röcke und Kleider anzuziehen. Zwei, drei Wochen ging das so, dann begann er, zumindest in der Wohnung wieder welche zu tragen. Und schließlich fragte er mich. Er wollte wissen, warum die Menschen so gemein zu ihm waren. Warum Männer keine Röcke tragen. Und vor allem wollte er wissen, wann ich mir wieder einen Rock anziehe. Ich gestehe an dieser Stelle gerne, dass ich keine besondere Vorliebe für das Tragen von Röcken habe. Einfach weil die meisten keine Taschen haben und damit für mich als Kleidungsstück nicht funktionieren. Seitdem mein Sohn mir diese Frage gestellt hat, habe ich vielleicht ein Dutzend Mal Röcke getragen, weil sie in heißen Sommern so viel besser sind als enge, schwitzige Hosen. Und ich habe sie einige Male mehr auf Bitten meines Sohnes getragen, wenn die Kommentare wieder übergriffig wurden und die Blicke unerträglich. Damals tat ich es auch. Ich dachte darüber nach, welche Nachteile mir und ihm daraus erwachsen könnten, ob das in irgendeiner Weise meine Männlichkeit gefährden würde oder zu viel verlangt wäre. Nein, war es nicht. Mein Prinzessinnenjunge bat mich einfach nur um Hilfe, also half ich ihm. Am nächsten Morgen zog er sich ein Kleid an, ich mir einen Rock und wir gingen gemeinsam hinaus in die Fußgängerzone. Von da an war alles anders, denn es passierte genau, was ich mir erhofft hatte. Die Leute hoben ihren Blick von ihm auf mich, weil sie einen berockten erwachsenen Mann noch viel absurder und herausfordernder fanden als einen kleinen Jungen in einem fliegenden Kleid. Eine Passantin starrte uns so lange hinterher, dass sie gegen einein Laternenmast lief. Ein älterer Herr empfahl mir, mich »vernünftig anzuziehen«. Ich entgegnete ihm, dass er braune Slipper zu einer beigen Hose und einem hellblauen Hemd trage. Seine Frau lachte. Wir richteten »Rock- und Kleidtage« ein, an denen wir entsprechend gekleidet gemeinsam unterwegs waren. Zum Wochenmarkt. In die Stadtbücherei. Zur Kita. Die Kinder waren am leichtesten zu überzeugen. Auf ihre Frage, warum wir so aussähen, antwortete ich einfach, dass heute Rock- und Kleidtag sei – ob sie das nicht wüssten? Die Reaktionen waren fast immer gleich: Ach so, nee, na dann ist klar. Die meisten Erwachsenen zogen sich auf reservierte Höflichkeit zurück. Manchmal betrat ich Geschäfte und entdeckte, dass ich schon vorher in Gesprächen anwesend war. Selten wurde eine abfällige Bemerkung in meine Richtung versucht, aber nicht oft. Vielleicht weil wir so offensichtlich Spaß bei der Sache hatten. Doch obwohl mein Kleiner sich seine neue Welt immer ungestörter und mit zunehmendem Selbstbewusstsein eroberte, beschäftigte mich diese Situation weiter. Ich tat, was ich immer tue, wenn mich Dinge nicht loslassen – ich schrieb darüber. Anschließend überlegte ich, wem ich den kurzen Text zur Publikation anbieten könnte. Ich bot ihn der Zeitschrift *Emma* an. Die Antwort, dass sie das gerne veröffentlichen würden, kam ziemlich rasch. Aber bitte mit Foto. »Okay«, schrieb ich zurück und plante, einfach beim nächsten Rock- und Kleidtag ein Foto zu machen. »Aber nur von hinten«, warf meine Lebenskomplizin ein. Ein Hinweis, für den ich ihr immer dankbar sein werde. Und so entstand dann der Schnappschuss, auf dem ich einen roten Rock trage und mein Sohn ein weinrotes Kleid. Wir laufen beide barfuß über die Pflastersteine der Villinger Altstadt. Er platzt beinahe vor Freude. Ich sehe glücklich zu ihm hinunter.

»Gutes Foto, wir bringen den Text dann demnächst«, kam als Rückmeldung. Einige Tage passierte nichts. Schließlich brachen wir an einem Freitag in den Sommerurlaub nach Sardinien auf. Dass der Text am selben Tag erschien, bekam ich nicht mit. Als ich eine Woche später an einer Strandbar mit Internet auf dem Laptop mein Postfach öffnete, starrte ich fassungslos auf den Bildschirm. Es war förmlich explodiert. Hunderte Nachrichten von Leuten, die ich nicht kannte, waren eingegangen, die meisten davon auf Englisch. Etwa zwanzig kamen von der *Emma*-Redaktion: Wo bist du, melde dich bitte, hier ist der Teufel los. Es stellte sich heraus, dass eine deutsche Bloggerin in meiner Abwesenheit den Text übersetzt hatte, um ihn ihren englischsprachigen Bekannten zu zeigen. Eine US-amerikanische Newsplattform griff die Übersetzung auf, eine andere suggerierte, mit mir über den Fall geredet zu haben. Im Prinzip geschah das, was man heute gemeinhin als »viral gehen« bezeichnet: Eine interessante Nachricht, ein Bild oder ein Meme wird über den Resonanzraum der sozialen Netzwerke so weit vervielfältigt, bis die Presse hellhörig wird und ihrerseits einen Resonanzraum bildet. Ich versuchte, mit der Situation einigermaßen zurecht zu kommen. Interviewanfragen aus den USA, Schweden und Brasilien fühlten sich sehr surreal an. Als mich aber schließlich einige Tage später eine chinesischstämmige Freundin anrief und mich fragte, warum ich in China in der Zeitung stehe, war mir klar, dass ich im Grunde nur zwei Optionen hatte. Entweder ich ziehe den Kopf ein und rede so lange mit niemanden darüber, bis der mediale Trubel vorbei ist, oder ich versuche irgendwie, das Beste daraus zu machen. Ich gebe zu, dass mir die erste Möglichkeit viel verlockender erschien. Nichts davon war geplant gewesen, ich hatte nicht darum gebeten. Es fühlte sich sehr fremdbestimmt und über meinen Kopf hinweg an. Also entschied ich mich dafür, Interviews zu geben, Texte zu schreiben und meinen Standpunkt zu vertreten. Ich sprach mit dem japanischen Fernsehen und dem kanadischen Radio. Ich schrieb Texte auf Englisch, die in den USA erschienen oder auf Spanisch übersetzt wurden und in Argentinien erschienen. Das Bild sprang von einem Land zum anderen, zuletzt kam es wie ein Bumerang nach Deutschland zurückgeflogen, wo ich mit dem Magazin *Spiegel* und anderen Medien sprach. All das konnte ich nur vor dem Hintergrund der Tatsache leisten, dass ich Villingen nie erwähnt hatte, mein Sohn nicht den gleichen Nachnamen wie ich trägt und sein Gesicht auf dem Foto nicht zu erkennen ist. Aufgrund dieser Erfahrung neige ich noch heute dazu, meine Familie hinter virtuellen Finten und Leerstellen zu verschanzen. Und das aus gutem Grund.

Vielfalt für alle

Mein 5-Jähriger und ich sind für diese Sache ziemlich hart angegangen worden. Noch bevor ich mich dazu entschied, auf einige Anfragen zu reagieren, war sein Verhalten in Internetkommentaren mit dem von Kindern verglichen worden, die schlagen, spucken, gar in der Öffentlichkeit auf den Boden kacken – immer mit der rhetorischen Frage verbunden, wer so etwas seinem Kind erlauben würde. Mir hingegen wurde vorgeworfen, dass ich einen Medienstunt auf Kosten meines Sohnes produzieren würde, um mich in den Vordergrund zu spielen. Dass ich meine eigene latente Homosexualität durch ihn ausleben würde. Oder dass ich einfach zu schwach wäre, meinem Sohn klare Grenzen darin zu setzen, was richtig und was falsch ist. Ist das so? Ist es falsch für einen Jungen, Röcke und Kleider zu tragen? Oder meinetwegen auch ein rosa Laufrad zu fahren, sich die Haare lang wachsen zu lassen und von glitzernden Einhörnern zu träumen. Ist das wirklich eine Art Fehlverhalten, das nicht toleriert werden sollte? Was genau wäre an dieser Stelle meine Aufgabe als Vater gewesen, der ich angeblich nicht nachgekommen bin?

Die für mich bemerkenswerteste Antwort darauf fand der britische Journalist Jake Wallis Simons. Anhand der Rockgeschichte überlegte er in einer Kolumne, wie er mit einer solchen Situation umgehen würde, und kam dabei zu dem Schluss, dass er ein solches Verhalten zwar unterstützen, aber nicht fördern würde. Simons weiß, wovon er spricht. Ein Jahr vor Erscheinen meines Artikels wurde seinem Cousin Philip Sallon, einem bekannten britischen Aktivisten für die Rechte von Homosexuellen, auf offener Straße der Schädel eingeschlagen. Er überlebte den Anschlag knapp. Simons ging es in seinem Kommentar also nicht darum, mich mit Dreck zu bewerfen, Homosexualität verächtlich zu machen oder mir irgendwelche unlauteren Motive zu unterstellen. Stattdessen ging es ihm darum, genau die begründeten Sorgen zu äußern, die viele Eltern von Prinzessinnenjungs haben: Wie schütze ich meinen Sohn vor Anfeindung, Ausgrenzung und Gewalt? Für Simons war wichtig, in notwendig und überflüssig zu unterscheiden. Wenn mein Junge den Drang verspürt, Röcke und Kleider anzuziehen, und sich überhaupt nicht dagegen wehren kann, dann müsste selbstverständlich alles getan werden, um ihn zu unterstützen. Wenn das aber erkennbar nur eine Phase ist oder gar ein einmaliges Ausprobieren, dann sollte man davon Abstand nehmen, ihn in der Öffentlichkeit als jemanden zu markieren, der gerne Röcke und Kleider trägt. In meinen Augen liegt Simons damit so richtig wie falsch. Selbstverständlich ist es wichtig, sich der Realität zu stellen und nicht so zu tun, als wäre alles eitel Sonnenschein, in den ein berockter Junge ungestört und unbelästigt hinaustreten kann. Sich der Realität stellen bedeutet aber auch, anzuerkennen, dass es niemals ganz gelingen wird, sich einer gewalttätigen, sexistischen Gesellschaft so anzupassen, dass auf keinen Fall etwas passieren kann. Ein Junge, der zeit seines Lebens augenscheinlich komplett dem vorherrschenden Ideal von Männlichkeit entspricht, kann in der Pubertät ohne Weiteres von jemand anderem als unmännlich markiert werden und entsprechende Repressionen erleiden. Womöglich wird er dabei sogar von einem Freund denunziert, der selbst Schwierigkeiten damit hat, seine eigene Identität mit den aktuellen Männlichkeitsvorgaben in Einklang zu bringen. Der Fehler liegt im System. Nicht daran, dass sich ein Prinzessinnenjunge nicht ausreichend tarnt. Auch nicht daran, dass ihm von seinen Eltern seine Prinzessinnenhaftigkeit nicht ausreichend verleidet und ausgetrieben wurde. Die Ansage: »So benimmt sich kein Junge« hilft niemandem weiter und sollte niemandes Aufgabe sein. Sie folgt lediglich der Logik, dass mindestens einer im Männlichkeitskarussell verlieren muss. Auf mindestens einen muss mit dem Finger gezeigt werden, weil die ganze Männlichkeitskonstruktion so fragil, so widersprüchlich ist, dass ihr eigentlich niemand vollumfänglich entsprechen kann. Eine kleine Abweichung, eine leichte Asymmetrie genügt schon, um ein Gefühl zu erzeugen, den Anforderungen an männliche Geschlechtsidentität nicht zu genügen. Und um nicht selbst dran glauben zu müssen, werden andere haftbar gemacht und sollen bluten.

Guck mal, der spielt mit Puppen.

Iiiih, der trägt ja Mädchenfarben.

Schau, der läuft im Kleid rum.

Das Besondere an Männlichkeit ist dabei nicht, dass sie als Gruppenzugehörigkeitsmerkmal durch Abgrenzung funktioniert: Wir sind männlich und du nicht! Das gilt nämlich für alle Gruppen. Männlichkeit zeichnet sich jedoch darüber hinaus in besonderer Weise durch Denunziation aus. Durch die Unterstellung, dass ein Junge oder Mann nicht dazugehört. Der Vorwurf der Unmännlichkeit gleicht einer von Männlichkeit ausgehenden Verschwörungstheorie. Männlichkeit scheint stets von Unterwanderung bedroht, von der Aushöhlung durch weibische Umtriebe. Kaum einmal ist sie sich selbst genug. Sie genügt sich erst, indem sie andere für ungenügend erklärt. Simons argumentiert, dass wir uns an die Regeln halten und das Spiel erst dann ändern sollten, wenn ein besonderer Mitspieler am Tisch sitzt. Beispielsweise ein Junge, dessen Identität so außergewöhnlich ist, dass sich seine Andersartigkeit nicht verbergen lässt – nur dann müssten sich alle extra viel Mühe geben. Ich würde argumentieren, dass es nicht unsere Aufgabe sein kann, Jungen dazu zu befähigen, dieses Spiel besonders gut mitzuspielen. Vielmehr ist es an der Zeit, die Regeln zu hinterfragen und sie dahingehend zu ändern, dass niemand leiden muss, um einem überkommenen Männlichkeitsideal zu genügen. Denn es ist höchste Zeit, sich mehr für das Wohl von Jungen und Männern zu interessieren.

Also, was tun? Was machen wir mit unseren langhaarigen, pinkbegeisterten Jungen, die sich auf dem Flohmarkt in ein Eiskönigin-Elsa-Kleid verlieben und im Drogeriemarkt gerne ein paar Haarspangen kaufen wollen? Erklären wir ihnen, dass sie diese Facetten ihrer Identität lieber zu Hause ausleben, weil draußen ja etwas passieren könnte? Oder fangen wir an, dafür zu sorgen, dass ihnen dafür nichts mehr passiert? Ich bin für Letzteres. Ich bin für Vielfalt für alle. Dabei will ich Ihnen nicht vorschreiben, das zu tun, was ich getan habe. Vieles davon war einfach Zufall und dem Gefühl geschuldet, dass ich es mir leisten kann. Stattdessen möchte ich Sie dazu auffordern, zu tun, was Sie können. Und das ist eine ganze Menge. Geben Sie Gegenständen, Farben und Verhaltensweisen kein Geschlecht. Erzählen Sie Ihren Söhnen nicht, dass dieses oder jenes nur für Mädchen sei und sich für Jungen nicht schicke. Werten Sie Weiblichkeit nicht ab und zwingen Sie Jungen nicht dazu, Weiblichkeit abzuwerten, um Ihr Wohlwollen oder Ihre Kameradschaft zu erringen. Immerhin bilden wir uns als Gesellschaft viel auf Authentizität ein und beglückwünschen Menschen dazu, »sich nicht verbiegen zu lassen«. Darum geht es. Nicht etwa darum, Jungen in eine uniforme, genderneutrale Gesellschaft zu biegen, sondern darum, endlich damit aufzuhören, an ihnen herumzuzerren, damit sie in stereotype Geschlechterrollen passen. Genau das tun wir immer noch so oft. Auf Biegen und Brechen.

Wenn Sie keine Lust haben, sich die Nägel zu lackieren und mit Ihren Prinzessinnenjungs eine Teeparty zu schmeißen, dann lassen Sie es. Aber brechen Sie ihrem Sohnemann nicht das Herz, wenn er sich zum Geburtstag ein rosa Fahrrad oder einen lila Rock wünscht. Und wenn andere Kinder ihn deshalb angehen, weil Röcke nichts für Jungen sind und Rosa angeblich eine Mädchenfarbe ist, dann stellen Sie das richtig:

Ein Rock ist ein Rock ist ein Rock ist ein Rock. Und Rosa und Pink sind für alle.

4 | WACHSTUMS-SCHMERZEN

Prinzessinnenjungs sind verletzlich. Sie stoßen sich mit dem Kopf an der überstehenden Arbeitsplatte der Kücheninsel oder verdrehen sich das Bein, wenn sie sich trauen, von einem überraschend hohen Mäuerchen zu springen. Sie sind traurig, wenn ihre Freundinnen und Freunde sie ausgrenzen, weil sie andere Kleidung tragen, anders spielen oder anders sprechen. Sie weinen, wenn ihnen etwas wehtut – körperlich oder emotional. Manchmal weinen sie auch, wenn eine Situation ihnen Stress verursacht, ohne dass ihnen selber klar ist, woran es liegt. Wenn sie sich langweilen zum Beispiel. Oder wenn sie Hunger haben, aber weit und breit nichts zu finden ist, was sie essen wollen.

Prinzessinnenjungs brauchen Trost.

Daran ist nichts falsch. Lassen Sie mich das noch einmal wiederholen: Absolut nichts ist daran falsch, Gefühle zu haben, Schmerzen zu empfinden und Trost zu brauchen. Das gehört zur menschlichen Existenz. Schmerzen sind ein Signal dafür, dass etwas nicht so ist, wie es sein sollte, und man sich besser darum kümmert. Trotzdem erziehen wir Jungen so, als wäre der Schmerz das Problem, mit dem sie fertig werden müssten, und nicht so, als wäre er ein legitimer Ausdruck ihrer Befindlichkeit. Wir lagern den Schmerz aus Jungen aus, wir entgrenzen ihn und machen ihn zum Feind. Diese Entgrenzung verbinden wir mit der Aufforderung, tätig zu werden: Da steht der Feind, Junge, mach! Greif an, pack zu. Worauf wartest du, ring ihn nieder.

Schmerz ist nicht der »Feind«, vielmehr gilt es zu identifizieren, worauf er hinweisen will. Während Mädchen damit aufwachsen, den Schmerz immer nur zu verinnerlichen, und zugleich daran gewöhnt werden, Schmerz als Begleiterscheinung der eigenen Weiblichkeit zu empfinden, bringen wir Jungen bei, dass Schmerzen übergangen, runtergeschluckt und abgetötet werden müssen. Damit wird zugleich alles zum Schweigen gebracht, wofür diese Schmerzen stehen könnten: Verletzungen, Enttäuschungen, Missbrauchserfahrungen, Einsamkeit, Ohnmacht. Aber eben nicht aufgelöst. Nicht ernst genommen, nicht getröstet, nicht geheilt. Je älter Jungen werden, umso weniger besteht die Möglichkeit, an diese Dinge heranzukommen und mit ihnen umzugehen. Bei einem Vorschulkind lässt man abweichendes Rollenverhalten hier und da vielleicht noch durchgehen. Aber spätestens in der Schule geht es immer mehr um Behauptung. Jungen lernen, eine für alle erkennbare Männlichkeitsversion ihrer Prinzessinnenhaftigkeit zu entwickeln. Wie für einen Krieg panzern sie sich gegen Anschläge auf ihre Identität, schlagen Kerben in die Rüstungen anderer Jungen und lachen über sichtbare Wunden, um davon abzulenken, wie wund sie selbst hinter ihrer Panzerung sind.

Und wir sehen ihnen dabei zu. Wir feuern sie an, sagen Sachen wie »Jungs sind eben Jungs« und reihen uns ein in die lange Kette derjenigen, die seit Jahrhunderten Jungen durch Verletzung zu Männern formen. Wir lassen unsere Prinzessinnenjungs im Stich. Sie gehen nicht daran zugrunde, dass die Gesellschaft sich hier und da weiterentwickelt hat und mehr emotionale Offenheit und Beteiligung fordert. Vielmehr verzweifeln sie daran, dass sie diese Forderung sehr wohl mitbekommen, man ihnen aber zugleich ins Gesicht schreit, dass sie sich gefälligst zusammenreißen sollen, weil sich so ein Mann, verdammt noch mal, nicht verhält. Manchmal sehen wir Eltern diese Verzweiflung und suchen Rat. Und dann hören wir von Bekannten, dass Jungen da eben durchmüssten. Wir lesen in Büchern, dass »diese verweiblichte Pädagogik« daran schuld sei, wenn Jungen heutzutage nicht mehr auf dem Schulhof raufen dürfen. Wir hören in Talkshows Leute darüber schwadronieren, dass Jungen nun einmal so seien und Mädchen ganz anders. Und dass Jungen deswegen das benachteiligte Geschlecht seien, weil sie nicht mehr so sein dürften, wie sie »in Wahrheit« sind.

Zur Wahrheit gehört, dass Jungen und Männer mit Schmerzen oft nicht adäquat umgehen können. Nach Ablauf der kinderärztlichen Standarduntersuchung fallen sie aus einer regelmäßigen medizinischen Betreuung heraus und reden sich fortan viel zu häufig ein, dass eine Krankheit erst dann real ist, wenn medizinisches Fachpersonal befindet, dass sie real ist.

Wir versorgen sie mit Vorbildern, die ihr Heldentum immer wieder dadurch unter Beweis stellen, dass sie sich selbst überwinden. Anstatt sie zu ermutigen, zu ihren eigenen Gefühlen zu stehen. Wir sagen Mädchen viermal so häufig wie Jungen, dass sie vorsichtig sein sollen, und weisen Jungen an, ein ums andere Mal über sich hinauszuwachsen. Wir zetteln einen Geschlechterkrieg an. Nicht nur Jungs gegen Mädchen, sondern auch Jungs gegen Jungs und Mädchen gegen Mädchen.

Stell dir vor, es ist Geschlechterkrieg und niemand geht hin. Es ist nicht unsere Aufgabe, uns einer Männlichkeitsvorstellung anzudienen, die nur Verachtung für unsere Jungen übrighat und sich wie bei antiken Gladiatorenspielen daran ergötzt, wer von wem am meisten in die Fresse kriegt. Es ist unsere Aufgabe, im Rahmen unserer Möglichkeiten einzuschreiten und die Dinge richtigzustellen: Prinzessinnenjungs müssen nicht abgehärtet werden. Wir müssen uns aufweichen. Und mit »wir« meine ich insbesondere die Männer. Die

Väter. Denn es sind gerade die Väter, die mit ihrem Verhalten ein Beispiel für Männlichkeit vorleben und an denen in ihrer Kindheit auf die eine oder andere Weise ein Exempel gegen ihre Prinzessinnenhaftigkeit statuiert wurde. Durch Abwesenheit, Nichtachtung oder auch Gewalt.

Männlichkeitswehen

2010 hielt der Aktivist und Antigewalttrainer Tony Porter einen Vortrag darüber, was es bedeutet, in seiner Männerrolle gefangen zu sein. Er nannte sie »man box« und beschrieb sie eindrücklich als Zwangsjacke aus Scham, Gewalt, Unfreiheit und Ignoranz. Um das zu veranschaulichen, wählte er unter anderem Beispiele aus dem Umgang mit seiner Tochter und seinem Sohn: »Meine Tochter konnte weinend zu mir kommen, es spielte keine Rolle, worüber sie weinte. Sie durfte auf meinen Schoß, sich ankuscheln, wurde getröstet und wusste, dass das alles ist, was zählt. Ihr Bruder war nur wenig älter. Wenn ich ihn weinen hörte, war es, als würde ein Alarm klingeln. Ich gab dem Jungen etwa 30 Sekunden. Das bedeutet, wenn er dann bei mir war, sagte ich bereits Dinge wie: *Warum weinst du? Nimm den Kopf hoch! Sieh mich an! Erklär mir, was los ist! Sag, was passiert ist! Ich kann dich nicht verstehen, wenn du weinst.* Und aus Frustration über meine Rolle und Verantwortung, ihn zu einem Mann zu erziehen, hörte ich mich Sachen sagen wie: *Geh einfach in dein Zimmer! Geh in dein Zimmer! Setz dich hin, reiß dich zusammen und komm wieder, wenn du mit mir wie ein Mann sprechen kannst.* Er war 5 Jahre alt. »Eine halbe Minute. Mehr nicht. Dann musste sich Porters Sohn erklären, weil ihm diese Art Emotionalität nicht zugestanden wurde. Wenn Söhne weinen, fragen insbesondere Väter viel zu selten danach, wie sie helfen können und ob sie trösten sollen. Stattdessen erkundigen sie sich sehr nachdrücklich, wo das Problem liege. *Was läuft falsch bei dir, Junge?!*

Negative Gefühle werden in unserer Gesellschaft sowieso eher kleingeredet statt ernst genommen. Sie können dies gerne überprüfen, indem Sie kurz überlegen, wie oft Sie den Satz »Das ist doch kein Grund zum Weinen!« schon gehört oder zu anderen bzw. sich selbst gesagt haben. Wir meinen damit oft einfach nur, dass die Situation womöglich nicht ganz so furchtbar ist, wie sie in den Gefühlen des Kindes gespiegelt aussieht. Tatsächlich aber tun wir das kindliche Gefühl damit ab. Wir erklären es für überproportioniert und deplatziert. Wieso maßen wir uns an zu entscheiden, was für unsere Kinder legitime Gründe zum Weinen sind? Wir würden ihnen doch auch nicht sagen, dass das Spielzeug, das die Großeltern zum Geburtstag geschenkt haben, überhaupt kein Grund zur Freude ist – nur weil wir selber mit dem Geschenk nichts anfangen können. »Hör auf, dich über den Schwimmbadbesuch zu freuen! Die Rutsche am Kinderbecken ist kaputt, Warmbadetag ist erst am Donnerstag und überhaupt ist das Ganze viel zu teuer.« Wer hätte so etwas schon jemals zu seinem Kind gesagt? »Hör auf, über die kaputte Rutsche zu heulen, so schlimm ist das nicht!« hingegen schon eher. Die emotionale Zurschaustellung von physischem oder psychischem Schmerz bereitet uns Unbehagen. Sie wird als Zumutung empfunden. Dies gilt umso mehr für Jungen, die für das Niederringen ihrer Schmerzen belohnt und für alles, was auch nur ansatzweise nach Kapitulation vor dem Schmerz aussieht, bestraft werden. Diese gesellschaftliche Vorgabe führt zu dem bemerkenswerten Phänomen, dass die Schmerzen von Jungen höher bewertet werden als die von Mädchen, während die Sichtbarkeit von Schmerz bei Jungen zugleich verächtlicher als bei Mädchen gemacht wird. Um das zu belegen, hat man für eine Studie Erwachsenen Filmaufnahmen gezeigt, in denen einem 5-jährigen Kind mit schulterlangem Haar in den Finger gepikt wurde. Die Erwachsenen sollten einschätzen, wie groß der Schmerz ist, den das Kind dabei empfindet. Die Gruppe, der man mitteilte, es handele sich bei dem Kind um einen Jungen, schätzte den Schmerz höher ein als diejenigen, denen man gesagt hatte, es sei ein Mädchen. Auf den ersten Blick scheint dies im Widerspruch dazu zu stehen, dass einem Mädchen eher Schmerzäußerung zugestanden wird. Bei genauerer Betrachtung wird die Annahme jedoch bestätigt: Die Erwachsenen gestanden dem vermeintlichen Jungen mehr Schmerzen zu, weil das Kind auf den Nadelpiks mit einem hörbaren Schmerzenslaut reagierte. Vor dem Hintergrund der für diesen Test abgefragten Geschlechtsstereotype hatten die Erwachsenen allen Grund, anzunehmen, dass sich der »Junge« hier richtig wehgetan hat. Andernfalls hätte er stoischer reagiert, weil Jungen beigebracht wird, bei Schmerz mit Härte gegen sich selbst zu reagieren. Wenn ein Junge also »Aua!« schreit, dann muss das verdammt schmerzhaft gewesen sein. Einem Mädchen in derselben Situation kann man wiederum ein gewisses Maß an Wehleidigkeit unterstellen, weil Mädchen nicht dazu angehalten werden, ihren Schmerz zu unterdrücken oder zu maskieren. Die Erwachsenen sehen, was sie sehen müssen. Bei einem Jungen erwarten sie eine geschlechtsspezifische Panzerung, die von einer Nadel durchdrungen wird und einen Schmerzensschrei hervorruft. Die Nadel zwingt ihn also, für einen Moment seine Männlichkeit preiszugeben, die ihm schon in diesem Alter besonders kostbar zu sein hat. Wenn man so will, sind dies die genau umgekehrten Vorzeichen wie bei dem Beispiel, das Tony Porter anhand seiner Kinder gegeben hat. Der aufschreiende »Junge« braucht seinen Schmerz nicht erklären. Alle Beteiligten haben gesehen, welche Ursache er hat. Also gehen sie davon aus, dass der Schmerz für ihn deutlich unangenehmer sein muss als für ein Mädchen, weil er sich andernfalls zu einer so unmännlichen Verhaltensweise gar nicht hätte hinreißen lassen.

Die Logik hinter dieser Annahme ist auch der Grund dafür, warum Männer mit psychischen oder internen Leiden sehr viel härter um Aufmerksamkeit kämpfen müssen als solche, die einen offenen Beinbruch oder eine Platzwunde vorzeigen können. In allen Situationen, in denen ihr Schmerz nicht unmittelbar selbsterklärend ist, gelten Männer als verdächtig, zu simulieren oder zumindest zu übertreiben. Ist die Schmerzursache allerdings unübersehbar, gilt er als besonders tief und real. Der Unterschied zwischen Waschlappen und Heroen bemisst sich an der unterschiedlichen Wahrnehmung einer Migräne und einer Fleischwunde. Deshalb wirkt es auch ultramännlich, wenn die Actionhelden im Kino Sätze wie »Ach, das ist doch nur ein Streifschuss« sagen. Sie strafen einen offenbar richtig fiesen Schmerz mit spöttischer Nichtachtung und ernten dafür Bewunderung. Diejenigen, die die Journalistin Nina Pauer 2012 für die *Zeit* in einem gleichnamigen Essay mal abfällig als »die Schmerzensmänner« bezeichnete, können mit ihren depressiven Phasen, ihrem Liebeskummer oder ihren schwierigen Kindheiten wenig bis gar nicht punkten. Sie gelten als die windelweiche Wohlstandsdegeneration einer Männlichkeit, die trotz aller Bemühungen und Erfolge in Sachen Gleichberechtigung und Emanzipation vor allem anderen immer noch hart, belastbar und entschieden zu sein hat. Zögerliche, suchende Männlichkeit ist wenig bis gar nicht gefragt. Angesichts der Tatsache, dass sich Kindheit und Jugend gerade auch durch das Ausprobieren der eigenen Identität und der unterschiedlichsten Rollen auszeichnet, wird das Dilemma, in dem Jungen stecken, besonders deutlich. Bis zu einem gewissen Alter dürfen sie ein kleiner Bub sein. Je nach Einstellung der Familie dürfen sie mit Puppen spielen, werden ihre Wunden bepustet und bekommen sie einen Gutenachtkuss, der sie sicher durch ihre Träume trägt.

Aber irgendwann ist endgültig Schluss damit. Auch wenn sich dieses »Irgendwann« schon ein ganzes Stückchen nach hinten verschoben hat und Männer heute mit dreimal so hoher Wahrscheinlichkeit Tränen vergießen können wie noch in der Generation ihrer Väter, ist es längst noch nicht so, wie es sein sollte. Denn um die dritte Klasse herum werden die Dinge richtig unangenehm. Und spätestens in der Pubertät gilt es dann um den Preis der eigenen Unversehrtheit, eine eisblockartige Distanziertheit zu inszenieren und sich bloß keine emotionale Teilnahme anmerken zu lassen. Um dort für Tauwetter zu sorgen, sind, wie bereits erwähnt, vor allem die Väter gefragt. Zugewandte, sich kümmernde Väter, die auch emotional im Leben ihrer Söhne präsent sind. Und zwar nicht nur mit Wut, Macht und Führungsstärke. Sondern mit Liebe, Zweifeln und Abgebenkönnen.

Vater Morgana

Im November 2012 bekamen meine Lebenskomplizin und ich Besuch von dem Journalisten Sascha Verlan. Er wollte für das Buch *Die-Rosa-Hellblau-Falle*, das er zusammen mit seiner Partnerin Almut Schnerring schrieb, mit uns über Geschlechterrollen und Erziehung sprechen. Als ich das Buch nach Erscheinen las, war ich über das Ergebnis einigermaßen überrascht. Nicht etwa, weil Verlan etwas aus dem Zusammenhang gerissen oder falsch zitiert hätte. Es war ein offenes, sehr gutes Gespräch, dessen Inhalt akkurat wiedergegeben war. Stattdessen hatte er eine Beobachtung beschrieben, anhand derer er sein eigenes Verhalten reflektierte: »Wir sitzen zu Hause bei Nils und Sarah in der Essecke, als das Telefon klingelt. Ihre Tochter ist vom Klettergerüst gefallen und hat Kopfschmerzen, sie wird gleich nach Hause gebracht. Als es kurz darauf an der Tür läutet, steht Nils auf, um sich um sein Kind zu kümmern, Sarah bleibt sitzen und führt unseren letzten Gedanken weiter. (...). Ich ertappe mich bei der Frage, ob Nils Pickert schon wieder eine bewusste Entscheidung getroffen hat, als *er* zur Tür ging. Könnte doch sein, dass er das extra für mich macht, um mir zu beweisen, wie ernst die beiden es meinen mit der gleichberechtigten Aufteilung von Beruf, Haushalt und Kindererziehung. Obwohl ich selbst ein ähnliches Modell lebe, ist doch der Anblick eines tröstenden, sich behutsam kümmernden Vaters bei anwesender Mutter so ungewohnt, dass ich im ersten Reflex an eine Inszenierung denke.«

Verlans Sichtweise auf die damalige Situation ist deshalb so interessant, weil sie offenlegt, wie befremdlich ein Mann wirkt, der sich kümmert und tröstet – auch wenn der Beobachter selbst genau für diese Dinge in seiner Familienkonstellation Verantwortung übernimmt. Bemerkenswert ist auch, dass ich nicht sicher bin, ob ich bei umgedrehten Vorzeichen Sascha Verlan nicht auch eine Form der Inszenierung unterstellt hätte. Und zwar aus den gleichen Gründen wie er: Nicht etwa, weil es sich besonders gut anfühlt, weit und breit der einzige kümmernde Mann zu sein, sondern weil man(n) damit erfahrungsgemäß grundsätzlich allein ist, sich permanent rechtfertigen muss und selten auf Gleichgesinnte trifft.

Eigentlich ist das Geschehen leicht zu erklären. Zum einen war meine Lebenskomplizin mitten in einem Satz. Wenn wir beide in der Lage sind, uns um unsere Tochter zu kümmern, dann ist es nur folgerichtig, dass ich mich an dieser Stelle erhebe, um genau das zu tun. Zum anderen entspricht das unserer Aufstellung als Elternpaar. Ich bin ein Sorgenvater. Bei größeren Verletzungen und Krisen neige ich zu Panikreaktionen. Das ist mit den Jahren und der Anzahl der Kinder zwar besser geworden, aber immer noch mein Grundmodus. Während meine Lebenskomplizin bei Löchern im Kopf und stundenlang vermissten Kindern die Ruhe bewahrt, raste ich aus und bin wenig hilfreich. Dafür bin ich im Alltagskümmern besser, weil ich mehr Geduld habe und mich die Bedürfnisse und sich wiederholenden Anforderungen der Kinder nicht so schnell nerven. Eine Tochter, die vom Klettergerüst gefallen ist, aber noch gehen kann und vor allem Zuwendung und Trost braucht, ist genau mein Ding. Ein Sohn, der mit dem Jochbein gegen eine Metallstange schlägt und ins Krankenhaus muss, ist hingegen ein Job für seine Mutter. All das konnte Sascha Verlan natürlich nicht wissen. Mein Argument ist jedoch, dass er es noch nicht einmal hätte ahnen können. Und ich in der umgekehrten Situation auch nicht. Denn in den Momenten, in denen man(n) auf andere Väter trifft, wirkt der Austausch oft hölzern und distanziert, weil es für eine solche Interaktion kaum Vorbilder gibt. Wir begegnen uns nicht in der Rückbildungsgymnastik und in Stillgruppen. Wir bieten uns auf Spielplätzen auch keine Feuchttücher an, falls der andere sie vergessen hat, oder haben ein Auge auf ein fremdes Kind, damit dessen Vater sich kurz einen Kaffee holen kann. Wir unterhalten uns nicht über Ausschläge im Windelbereich, über Einschlafrituale, Frühstücksvarianten, Trost und Rückschläge. Väter sind immer noch viel zu sehr damit beschäftigt, möglichst souverän ihre Männlichkeit zu beweisen. Deshalb lautet das Motto der Väterausgabe des Magazins *Men's Health* auch »Kind haben, Kerl bleiben«. Offenbar treiben Kinder einem die Kerligkeit prinzipiell so gründlich aus, dass mit aller Macht dagegengehalten werden muss. Als Mann brauche ich aufgrund meiner Vaterschaft Hilfe und Anleitung dabei, weiterhin männlich wirken zu können. Als Frau hingegen ist Mutterschaft so sehr der Inbegriff von Weiblichkeit, dass jeder Hauch von Abweichung sanktioniert wird. Und ich gegebenenfalls Unterstützung dafür brauche, meine Mutterschaft so überwältigend und alles durchdringend zu gestalten, dass sie meiner

Weiblichkeit gut zu Gesicht steht. Mutterschaft wird so zu etwas, das jede Frau mindestens zu leisten hat. Deswegen sind kinderlose Frauen auch hochverdächtig: Was machen die den ganzen Tag? Welchen Sinn glauben die ohne Kinder aus dem Leben ziehen zu können? Was meinen die, wie sie später im Alter mit der Einsamkeit klarkommen?

Vaterschaft hingegen gerät zu einer Mischung aus schlechtem Witz und überhöhter Heldentat. Selbst als immer wieder über längere Zeiträume hauptverantwortlicher Vater von vier Kindern bleibe ich die Aushilfskraft in meiner Familie, die es maximal annähernd so gut hinbekommen kann wie die Mutter, zugleich aber für die Verantwortlichkeit und das Kümmern übermäßig gefeiert wird. In den Augen der Gesellschaft bin ich als Vater eine Mischung aus *Pffft* und *Awwww.* Ich bin »Kann dir dein Mann am Wochenende nicht auch mal mit den Kindern helfen?« und »Guck mal, wie süß der sich um das Kind kümmert!« in einer Person. Wie sollen Jungen in diesem Setting lernen, was Vaterschaft wirklich bedeutet?

Über diese Frage habe ich mich 2016 für den Verein *Pinkstinks* mit der Redaktion des *Dudens* auseinandergesetzt. Eine Leserin hatte uns darauf aufmerksam gemacht, dass es in den jeweiligen Definitionen von Mutterschaft und Vaterschaft einen eklatanten Unterschied gibt.

Zu Mutterliebe hieß es dort: Fürsorgliche, opferbereite Liebe einer Mutter zu ihrem Kind.

Zu Vaterliebe hingegen lediglich: Liebe eines Vaters zu seinem Kind.

Das bedeutet nichts anderes, als dass der Grad an Liebe zu einem Kind durch das Geschlecht bestimmt wird. Mutterliebe hat immer fürsorglich und opferbereit zu sein. Darunter ist es nicht zu machen. Im Gegensatz dazu ist Vaterliebe zu Fürsorge und Opferbereitschaft prinzipiell nicht in der Lage.

Die Dudenredaktion hat die Definition schließlich abgeändert. Wenn Sie heute »Mutterliebe« oder »Vaterliebe« in das

Onlinelexikon eingeben, bedeutet beides die Liebe des jeweiligen Elternteils zu seinem Kind. Und genau das ist es, wofür ich hier plädieren möchte. Denn das heißt nicht, dass fürsorgliche, opferbereite Liebe ausgeschlossen wird. Es heißt nur, dass sie nicht qua Geschlecht verpflichtend beziehungsweise unmöglich ist. Wenn wir aufhören wollen, Prinzessinnenjungs das Lächeln aus dem Gesicht zu wischen und ihnen die Flügel zu brechen, mit denen sie alles hätten erreichen können, dann müssen wir Vaterschaft transformieren. Zweifellos bedeutet das auch, dass sich Elternschaft ganz allgemein verändern muss, und das schließt Mütter mit ein. Aber insbesondere emotional sich selbst und anderen verantwortliche Vaterschaft ist nach wie vor ein Ding der Unmöglichkeit. Selbst Männer, die sich mehr oder weniger erfolgreich an diesem Konzept versuchen, sind nicht in der Lage, sich gegenseitig zu erkennen oder gar wertzuschätzen, sondern fragen sich eher, was mit dem anderen los ist und ob das alles echt sein kann. Sie sind oftmals Einzelgänger in Müttergruppen, denen das Auftauchen eines anderen Vaters eher verdächtig erscheint, als dass es sie innerlich jubeln lässt. Das schließt mich explizit mit ein. Und zwar nicht, weil man(n) Gefahr läuft, seine Stellung als Hahn im Korb zu verlieren (die ist auch einfach nicht so toll, glauben Sie mir), sondern weil man(n) sich selbst für ein Ding der Unmöglichkeit hält. So bekommt man(n) es ja auch immer wieder gespiegelt. Wenn Schule oder Kita bei der Mutter anrufen, obwohl x-mal klargestellt wurde, dass die Mutter grundsätzlich nicht in der Stadt ist und der Vater sich kümmert. Wenn sich die Arzthelferin erkundigt, ob sich der 3-Jährige gut von der Mutter trennen kann, und sich Vater und Sohn mit dem gleichen Ausdruck des Unverständnisses dabei anschauen. Wenn niemals, wirklich niemals in beruflichen Zusammenhängen gefragt wird, wie man als Vater die Betreuung seiner Kinder organisiert hat, um hier gerade seinen Job machen zu können.

Aber die Arbeit an einer anderen, besseren Version von Vaterschaft lohnt sich trotzdem. Und auch die Mühen der scheinbar unmöglichen Vernetzung sollten Väter häufiger auf sich nehmen. Denn kein Junge hat es verdient, seine Schmerzen maskieren zu müssen und für sein Grundbedürfnis nach Trost und Geborgenheit bestraft zu werden. Kein Vater sollte auf emotionaler Distanz bleiben müssen, um sich und anderen die eigene Männlichkeit zu beweisen, während sein Junge unter dieser Behandlung allmählich zu den Verhaltensweisen erstarrt, die wir cool nennen. Das können wir besser.

Schmerzhaft gut

Ein vorurteilsbewusster Umgang mit der Sache ist alles andere als einfach. Nicht nur wegen der Wirkmächtigkeit der Rollenstereotype, sondern auch weil der antrainierte männliche Umgang mit Schmerzen ein Gefühl der Kontrolle vermittelt. Wer bei jeder Art Schmerz nur die Zähne zusammenbeißen braucht, um ihn in den Griff zu bekommen, kann immer weitermachen. Aber gleichzeitig wissen die meisten Männer, dass das nicht stimmt – oder ahnen es zumindest. Wer glaubt, immer weiter funktionieren zu müssen, bricht irgendwann unweigerlich zusammen. Und wer Jungen dazu motiviert, sich wie Maschinen zu verhalten, der kann darauf warten, dass sie daran kaputtgehen. Das kann, nein, das darf so nicht weitergehen. Deshalb ist jeder noch so kleine Schritt in die richtige Richtung ein guter Schritt. Sie brauchen keine Emotionen vorzutäuschen, wo keine sind. Sie müssen nicht von heute auf morgen dreimal täglich in Tränen ausbrechen. Sie müssen sich nicht verbiegen, um Prinzessinnenjungs ein guter Vater zu sein. Das hier ist kein Appell an Sie, Ihre komplette Persönlichkeit aufzugeben. Vielmehr ist es eine Einladung, darüber nachzudenken, wo man Sie bereits verbogen hat und wieso und wofür Sie Ihren Jungen verbiegen. Ist das wirklich nötig? Wem schulden Sie Mannhaftigkeit? Warum trimmen wir unsere Jungen auf Stereotype? Und wenn Ihnen all diese Fragen zu anstrengend oder unangenehm sind, dann möchte ich Sie bitten, zumindest vor dieser einen nicht zurückzuschrecken: Hören Sie auf, sich zu fragen, was Sie für Ihre Männlichkeit tun können, und fragen Sie sich stattdessen, was Ihre Männlichkeit für Sie tut.

Der US-amerikanische Rapper und Unternehmer Jay-Z hat genau das getan. In einem Interview mit der *New York Times* sagte er 2017 in Bezug auf Emotionen Folgendes: »Das Stärkste, was ein Mann tun kann, ist weinen. Deine Gefühle preiszugeben, vor der ganzen Welt verletzlich sein. Das ist echte Stärke. Wenn du denkst, du musst diese gepanzerte Person sein: Das ist nicht echt. Das ist fake.«

Das ist eine Zustandsbeschreibung auf halber Strecke. In der allgemeinen Konzeption von Männlichkeit ist ein Weinen, das bewusst zugelassen wird und nicht aus Versehen und schamhaft geschieht, ein sehr machtvolles Mittel, um der Geschlechterfalle zu entkommen. Gleichzeitig markiert dieses Zitat die Absurdität der Rollenklischees, die Männer zu bedienen haben. Ein ganz normaler körperlicher Vorgang wie weinen soll das Stärkste sein, wozu Männer in der Lage sind? Was bringen wir unseren Jungen eigentlich bei, wenn das die ultimative Fessel ist, die es zu sprengen gilt?

Vielleicht brauchen wir das Thema ja nicht ganz so hoch zu hängen:

Am 29. September 2019 schlug der französische Tennisspieler Nicolas Mahut den deutschen Philipp Kohlschreiber bei den *French Open*. Von Emotionen überwältigt beginnt er vor Freude zu weinen, holt seinen 7-jährigen Sohn von der Tribüne und umarmt ihn lange. Zwei Tage später das gleiche Bild nur unter anderen Vorzeichen. Mahut verliert in einem harten Spiel gegen den argentinischen Tennisspieler Leonardo Mayer. Nach der Niederlage sitzt er zusammengesunken auf seinem Platz und weint sich die Frustration und die Enttäuschung aus dem Leib. Sein Sohn stürmt von der Tribüne, umarmt seinen Vater innig und tröstet ihn. Das gesamte Publikum, einschließlich des Kontrahenten, applaudiert. Mayer ist sichtlich gerührt und den Tränen nahe. Die Aufzeichnung dieser Szene landet wenig später auf Twitter und geht viral. Auch virtuell applaudieren Tausende Menschen.

Sie brauchen weder ein berühmter Tennisspieler zu werden noch Ihre Erfolge und Misserfolge beweinen. Versuchen Sie es stattdessen mit dem Maß an Nahbarkeit, das sich für Sie richtig anfühlt. Weiß Ihr Junge, wer Sie sind und was Sie empfinden? Kann sich Ihr Sohn vorstellen, dass Sie etwas schmerzt – und zwar nicht nur bei einem versehentlichen Schnitt mit dem Küchenmesser oder einem Hammerschlag auf den Daumen? Kennt er Sie traurig? Und lassen Sie ihn traurig sein, ohne diesen Zustand gegen seine Männlichkeit aufzurechnen? Schlussendlich lässt sich dieses Kapitel in einer Empfehlung zusammenfassen, die klingt, als wollte ich mich von Ihnen in einer E-Mail verabschieden: Achten Sie gut auf sich und Ihre Lieben.

5 | WER COOL SEIN MUSS, ERFRIERT

Ich habe meinen besten Freund verloren und ich kann ihn einfach nicht wiederfinden. Und dabei habe ich wirklich überall gesucht. In unserer gemeinsamen Heimatstadt, in Gesprächen mit gemeinsamen Bekannten, im Internet. Ich verlor ihn gegen Ende unserer Schulzeit. Ich mochte ihn, weil er eine unglaubliche Zuversicht und Unbekümmertheit ausstrahlte. Sascha (er hieß nicht wirklich Sascha, aber seinen richtigen Namen möchte ich nicht nennen, weil ich ihn leider nicht fragen kann, ob ihm das recht wäre) hatte eine Schwäche für Außenseiter. Im Grunde genommen war er selbst einer, aber ihm war die Meinung anderer auf so unnachahmliche Weise egal, dass viele sich trotzdem gerne in seiner Nähe aufhielten und versuchten, sein Interesse zu wecken. Wenn es nicht funktionierte, wurden sie wütend. Wir waren uns in vielen Dingen ähnlich, aber wir sprachen nie darüber. An den Wochenenden gingen wir gemeinsam schwimmen, unter der Woche hingen wir die Nachmittage miteinander rum, schnitzten Bumerangs, sammelten Pfandflaschen und versuchten, aus Elektroschrott und Metallteilen eine Fluchtmaschine aus der DDR zu bauen. In manchen Dingen unterschieden wir uns, aber auch darüber redeten wir nicht. Ich zum Beispiel trat den Jungpionieren bei. Unter anderem auch, weil ich da reichlich Publikum für meine enorm große Klappe hatte. Ihm hingegen wäre das im Traum nicht eingefallen. Ich muss dazu kurz erklären, dass eine Mitgliedschaft bei den Pionierorganisationen der DDR nicht wirklich optional war. Theoretisch war zwar niemand dazu verpflichtet, in der Praxis jedoch ließ man das nur Kindern von Eltern durchgehen, die sich stark in der Kirche engagierten. Für Sascha gab es also keinen Grund, den Pionieren nicht beizutreten. Außer dem, dass er die scheiße fand. Das formulierte er genau so. Und so war es nicht weiter verwunderlich – zumindest in der Welt, in der ich damals lebte –, dass er sich bei den Lehrerinnen und Lehrern nicht nur unbeliebt machte, sondern sie auch Mittel und Wege fanden, um ihn zu bestrafen. Einmal wurde unter irgendeinem fadenscheinigen Vorwand die ganze Klasse dazu aufgefordert, Sascha ins Gesicht zu schlagen. (Ich weiß, das klingt schwer vorstellbar, aber so war es damals. In der Kita hatten wir beispielsweise mit einem Topf auf dem Kopf in der Besenkammer zu stehen, wenn wir etwas ausgefressen hatten.) Wir hatten uns also in einer Reihe aufzustellen, und er hatte vor der Tafel auf das zu warten, was geschah. Viele nutzten die Gelegenheit und schlugen ihn mit voller Wucht. Sascha starrte sie nur böse an. Manche gaben sich viel Mühe, es zwar nach einem Schlag aussehen zu lassen, ihm aber möglichst nicht wehzutun. Er registrierte es mindestens so aufmerksam wie die Lehrerin. Als ich an der Reihe war, weigerte ich mich. Ich wollte meinen besten Freund nicht schlagen, ich war stinksauer, ich nahm mir vor, das Leben meiner Lehrerin von da an zur Hölle zu machen. Sie forderte mich auf, es zu tun. Ich tat nichts. Sie forderte mich nachdrücklicher auf. Ich sagte »Nein!«. Sie schrie. Alle anderen starrten mich an, Saschas Blick war eine Mischung aus Angst und erwartungsvollem Interesse. Ich hob meine Hand und streichelte seine Wange. Es war das erste und einzige Mal, dass ich ihn auf diese Weise berührte. Gelegentlich haben wir uns später verbal Mut zugesprochen oder uns gegenseitig auf den Rücken geklopft, wenn etwas schlecht lief. Aber getröstet haben wir uns nie. Nicht nach Prügeleien, nicht bei Ärger zu Hause und auch nicht bei Stress mit Mädchen. Wir haben uns niemals umarmt. Ich habe ihn nie wieder gestreichelt. Mehr als ein Handshake und Schulterkontakt war nicht drin. Nur in dieser einen Ausnahmesituation, die so absurd wirkt, dass sie selbst in meinen Ohren unglaubwürdig klingt, waren wir in der Lage, unsere grundsätzliche Distanz zu überbrücken. In unserer Grundsatzdistanziertheit waren wir unzertrennlich. Wir kümmerten uns immer um Dinge, die wir gemeinsam taten, aber nie wirklich um uns. Nach der Sache erhielten wir beide einen Tadel und man lud unsere Mütter vor. Meine Mutter sagte nach diesem Gespräch, dass sie stolz auf mich ist. Ich wusste, dass seine ihm das Gleiche sagen würde. Wir haben nie wieder darüber gesprochen. Unsere Freundschaft hielt auch noch in der Nachwendezeit – was angesichts der Tatsache, dass wir nach dem Fall der Mauer auf unterschiedliche Schulen gingen, keine Selbstverständlichkeit war. Wir trugen zusammen Zeitungen aus. Wir gingen gemeinsam zum Kampfsport. Wir horteten Silvesterknaller, um sie im Frühjahr in Mülltonnen zu zünden. Er hatte seinen Freundeskreis und ich hatte meinen. Aber wenn wir zusammen waren, funktionierte es immer noch zwischen uns beiden. Eine Zeit lang zumindest. Irgendwann begann er, sich schwarz zu kleiden und schwermütige Musik zu hören. Etwas stimmte nicht, aber ich fragte nicht. Er zog aus, von WG zu WG, wir verbrachten kaum mehr Zeit miteinander. Als wir uns das letzte Mal sahen, borgte ich ihm und einem gemeinsamen Bekannten einen Zwanziger, weil sie auf eine Party wollten. Als sich die Tür der S-Bahn schloss, nickte er mir knapp zu. Seitdem fehlt er mir. Ich will nicht mein Geld, ich will meinen Freund zurück. Aber die Chancen dafür stehen schlecht. Denn wir haben uns so gründlich voreinander versteckt, dass wir uns nicht mehr finden können.

Maskenball

Es ist natürlich möglich, dass das nur ihn und mich betrifft. Dass wir zwei seltsame Jungen waren, die aus unerfindlichen Gründen unser Gefühlsleben nicht nur vor allen anderen, sondern auch noch voreinander maskiert haben und die trotz eines tiefen Gefühls von Verbundenheit keine emotionale Nähe zueinander finden konnten. Aber nicht nur Sie und ich wissen, dass das nicht stimmt. 2015 legte die Schauspielerin und Filmemacherin Jennifer Siebel Newsom ihren zweiten Dokumentarfilm mit dem Titel *The Mask You Live In* vor. Hatte sie sich 2011 in *Miss Representation* der verzerrten und sexistischen Darstellung von Frauen und Mädchen in den Medien gewidmet, beschäftigte sie sich in ihrem Nachfolgewerk mit Männlichkeit: wie sie unter Jungen konstruiert wird und wirkt. Die Ergebnisse waren erschütternd. Die Mehrheit der Jungen in diesem Film war sich einig darüber, dass Jungen gut miteinander klarkommen, solange es gut läuft, aber sich allein gelassen fühlen, wenn es Probleme gibt. So als würden ihnen Hilfe, Nähe und Trost nicht zustehen. Die Möglichkeit, die Frage, was man andere Menschen nicht sehen lässt, anonym zu beantworten, nutzten beinahe 90 Prozent einer Gruppe von Jungen, um »Schmerz« und »Wut« anzugeben. Die Antworten waren nicht vorgegeben. Sie hätten alles schreiben können. Schmerz und Wut also. Das ist eine gefährliche Kombination. Was passiert mit Menschen, die sich abgewöhnen, völlig normale Gefühle auszudrücken? An deren emotionalem Grundgerüst permanent gerüttelt wird? Was geschieht, wenn Gefühl nur noch in einer Übersetzung in die Außenwelt transportiert werden kann? Also weder vollumfänglich noch in Echtzeit gelebt werden darf? Die Auswirkungen dieses Umgangs mit Jungen und deren Gefühlen spüren wir jeden Tag. In dieser Welt leben wir.

Nicht, dass wir uns missverstehen: Ich will hier weder den Teufel an die Wand malen noch so tun, als sei in den letzten Jahrzehnten überhaupt nichts passiert. Im Gegenteil: Dass wir über dieses Buch miteinander ins Gespräch kommen, ist vielmehr ein Indiz dafür, dass es besser wird. Männlichkeit wird langsam und in sehr kleinen Schritten umdefiniert. Weg von einem unanfechtbaren Anspruch auf Macht, Dominanz und Kontrolle, hin zu der Erkenntnis, wie sehr diese Dinge verletzen. Wie stark sie überfordern. Mit zunehmendem Alter müssen sich Jungen immer mehr beweisen. Wir alle beobachten das. Die gesellschaftlichen Veränderungen der letzten Jahre und Jahrzehnte haben bewirkt, dass wir ihnen mehr und mehr eine Phase zugestehen, in der sie weich und »gefühlig« sein dürfen. Im Vorschulalter lassen wir das noch ein bisschen laufen. Und darüber, dass ein Junge in der ersten Klasse mitten im Unterricht aufsteht und seine Lehrerin umarmt, weil sie ihn für eine richtige Antwort gelobt hat, schmunzeln wir. Aber irgendwann ist Schluss mit lustig. Spätestens beim Eintritt in die Pubertät hat es sich ausgekuschelt, dann ist Härte angesagt. Sie müssen sich beweisen. Wir fragen uns viel zu selten bis gar nicht, was das konkret bedeuten soll. Was beweisen? Wem beweisen?

Jungen sind doch da. Sie sind wirklich, sie sind konkret, sie haben echte Bedürfnisse, Ängste und Träume. Das könnten wir einfach zur Kenntnis nehmen. Ohne es mit der ständigen Forderung zu versehen, sich validieren zu müssen. Stattdessen schauen wir ihnen dabei zu, wie sie sich hinter Masken verstecken und sich an der Maskenhaftigkeit anderer orientieren. Es ist ein deprimierender, aggressiver Mummenschanz mit viel Geschrei und ausladender Pose. Seine Bühnen sind Schulen, Sportplätze, Bushaltestellen und Sportvereine. Seine Helden sind Männer, die so cool sind, dass sie unberührt durch ein Meer von Unwägbarkeiten und ein Meer von Feinden waten und dabei mit maschinengleicher Präzision und Härte alles ausräumen, pulverisieren und umlegen, was sich ihnen in den Weg stellt. Möglichst mit einem ironisch-distanzierten Spruch auf den Lippen. Quasi mit einem Raketenwerfer ein Hotel in Schutt und Asche legen und dem verdatterten jungen Mann im Vorbeigehen zuknurren, dass die Tür geklemmt hat. Solche Männer haben immer eine Mission. Sie müssen irgendwohin, irgendetwas ist zu erledigen, irgendjemand muss gerächt werden. Als Motivation dafür wird oftmals »Liebe« benannt. Aber diese Liebe wird dabei nur behauptet, nicht gestaltet. Die Liebste wird zwar befreit oder gerächt, aber ihre Bedeutung bleibt vollkommen vage. Sie ist nur Mittel zum Zweck, um die Heldengeschichte des Mannes zu erzählen. Es ist wichtig, diesen Aspekt so deutlich wie möglich herauszustellen, weil er in der Fabrikation von Männlichkeit von zentraler Bedeutung ist: Andere Personen, ganz besonders Mädchen und Frauen, sind für diese Art Männlichkeit nur Mittel zum Zweck, um mit sich selbst in anderen Jungen und Männern ins Gespräch zu kommen. Oder glauben Sie ernsthaft, es geht bei den Schulhofgesprächen unter Jungen oder bei dem, was Donald Trump als »Umkleidekabinengespräch« bezeichnet hat, wirklich um die Mitglieder des anderen Geschlechts, die man »schon geknallt« haben will oder »sich mal gönnen würde«? Nein! Der Götze Männlichkeit monologisiert über sich selbst, lässt die Muskeln spielen und prüft ab, ob alle Anwesenden seine Essenz ausreichend und vorschriftsgemäß verinnerlicht haben. Das ist einer der Gründe, warum es Männern in Gruppen, die sich eindeutig falsch und übergriffig gegenüber Frauen verhalten, so schwer fällt dagegenzuhalten. Der Autor und Erziehungswissenschaftler Jackson Katz hat diesen Aspekt des Zuschauereffekts in Bezug auf Männlichkeit untersucht, bei dem es eben nicht darum geht, dass man an einem fremden Ort mit unbekannten Leuten die Situation nicht abschätzen kann, Angst vor physischer Gewalt hat und daher nicht eingreift. Sondern darum, dass junge Männer mit dem Handy die Vergewaltigung einer Mitschülerin filmen, sie tagelang belustigt in Chats kommentieren und niemand sich bemüßigt fühlt, zu sagen, wie falsch das ist. Weil es dabei eben nicht um sie geht, sondern um ihn. Um die Validierung von Männlichkeit – sowohl die der Täter als auch die der Mitwisser. Es geht um den festen Sitz seiner Maske und nicht um ihr schmerzverzerrtes Gesicht. Bros before Hoes. Kumpel gehen vor Schlampen. Das bedeutet nicht etwa, dass man sich besonders für seinen Kumpel interessiert oder ihn wirklich unterstützt. Es bedeutet, dass man demselben Götzen dient und keinen für andere sichtbaren Abfall vom Glauben riskieren will.

Sie fragen sich vielleicht gerade, wie wir hier hineingeraten sind. Eben waren wir doch noch bei Schuljungen, die cool tun müssen, um einigermaßen zurechtzukommen und jetzt sind wir plötzlich bei sexualisierter Gewalt. Es tut mir leid, Ihnen das schon an dieser Stelle sagen zu müssen, aber genau darauf steuern wir zu. Genau so fängt es an. Wir werden darüber noch an anderer Stelle detaillierter sprechen, hier nur so viel: Wenn wir eine Kultur schaffen, in der Jungen sich ständig beweisen und ihre Emotionen in wenige akzeptierte Ausdrucksformen pressen müssen, dann kommt genau das dabei heraus: Männer, die verzweifelt und maskiert um Aufmerksamkeit für ihre Bedürfnisse schreien und denen dabei alles egal ist. Ganz besonders Frauen. Und wir feiern sie auch noch dafür. Wir erzählen diese Geschichte millionenfach in kulturellen Erzeugnissen als Heldengeschichten.

Natürlich gibt es immer wieder Beispiele der Gegenkultur, die zeigen, was für ein reiches Reservoir an Gefühlen hinter den Masken steckt. Diese Gegenkultur kennt Helden, die sich sehr von den üblichen erbarmungslosen, verflachten Männlichkeitsdarstellern unterscheiden. Das zeigt sich in romantisch-gefühligen Figuren wie Goethes Werther und setzt sich fort bis zu so verzweifelt-zerrissenen Männern wie Kurt Cobain, dem verstorbenen Sänger der Band *Nirvana*. Die deutsche Popwelt wird momentan von jungen Männern definiert, die über Liebe, Verlust oder auch Vaterschaft singen. Aber die sind nicht cool. Die Vorbilder in Sachen Coolness holen sich Jungen im Hip-Hop ab. Und zwar nicht bei denen, die über ihre Söhne rappen, sondern bei denen, die sich über ihre Maske noch eine andere Maske ziehen und mit ihr eine noch fratzenhaftere Form der Männlichkeit repräsentieren: Macher sein. Anführer sein. Alpha sein. Kein Scheitern, kein Mitlaufen, kein Ducken. Führen. Immer.

Dass diese Art Coolness auch schützt, steht außer Frage. Vor den alltäglichen Erfahrungen wie Angst, Stress, Trennung der Eltern, Misserfolgen, Zweifel. Coolness ist wie eine Wand, die Distanz zwischen Jungen und der Tiefe ihrer Gefühle schafft. Aber Jungen müssen wir nicht ändern und Gefühle können wir nicht ändern. Es ist die Wand, an die wir ranmüssen.

Denn in Wahrheit sind es nicht unsere Jungen, die bei diesem Maskenball etwas falsch machen. Wir sind diejenigen, die sie im Stich lassen und uns unserem eigenen Versagen nicht stellen wollen. Jungen spielen unsere Ratlosigkeit aus. Unseren Unwillen, Männlichkeit offen, freundlich und inklusiv zu definieren. Trotz erfreulicher Fortschritte in Sachen Gleichberechtigung machen wir unsere Söhne immer noch zu oft zu den Trümmerhaufen eines »Männer sollten sich nehmen, was sie wollen, und auf alles scheißen«-Konzepts und bewegen uns zugleich gesellschaftlich immer mehr in einen Bereich, in dem es nicht okay ist, sich ungefragt zu nehmen, was man will, und nichts auf andere zu geben. Was sollen Jungen aus dieser Ansage machen? Wir sehen ihnen dabei zu, wie sie Widerstände umgehen oder brechen, und feuern sie dabei an. Gleichzeitig schaffen wir richtigerweise immer mehr Regeln und Aufmerksamkeit dafür, dass Nein auch Nein heißt. Die Masken, hinter denen sich Jungen zu verbergen haben, sind eiskalt. Sie verursachen Erfrierungen in Gesichtern, von denen wir sie und sie sich glauben machen, dass sie es nicht wert sind, gezeigt zu werden. Dass sie es nicht wert sind, gestreichelt zu werden, außer in einem sexuellen Kontext oder von der Mutter, wenn sie noch sehr jung sind. Aber Prinzessinnenhaftigkeit hat in unseren Augen ein Verfallsdatum. Ab einem gewissen, meist sehr frühen Alter geht es in die Eishölle. Wer länger braucht und offensichtlich auf Trost und Zärtlichkeit angewiesen bleibt, ist ein Muttersöhnchen.

Muttersöhnchen

Ich lade Sie an dieser Stelle ein, mit mir gemeinsam zu überlegen, ob es ein Pendant zu dem Begriff »Muttersöhnchen« gibt. Vatersohn? Muttertöchterchen? Nichts davon findet sprachlich wirklich statt. Das hat etwas damit zu tun, dass der Begriff nur sehr nachrangig dazu eingesetzt wird, um die Beziehung eines Jungen zu seiner Mutter zu charakterisieren. Vielmehr geht es darum, ihn eines überzogenen, unmännlichen Nähebedürfnisses zu bezichtigen. Allerdings nur, solange er nicht erwachsen ist. Einem erwachsenen Muttersöhnchen wird mit dieser Beschimpfung darüber hinaus auch Unselbstständigkeit vorgeworfen und mangelndes Engagement im Haushalt. Davon wird noch zu reden sein. Einstweilen werden wir uns mit dem Umstand auseinandersetzen, dass das Muttersöhnchen tatsächlich von einem anderen Begriff flankiert wird, und zwar dem des »Hurensohns«. Auch hier kann man interessanterweise wieder feststellen, dass es keine Hurentöchter oder Strichersöhne zu geben scheint. Bei Verwendung der Beleidigung »Muttersöhnchen« geht es darum, einen Jungen für sein emotionales Bedürfnis nach Bestärkung, Trost und Zärtlichkeit herabzusetzen. Beim »Hurensohn« hingegen darum, die Ehre eines Jungen mit Verweis darauf anzukratzen, dass seine Mutter Sex gegen Geld anbiete. Beide Abwertungen des Jungen drehen sich wie so oft im Kern um eine Abwertung des Weiblichen. Als »Muttersöhnchen« und/oder »Hurensohn« bezeichnet zu werden ist deshalb so verletzend, weil zunächst ein moralischer Tiefpunkt definiert wird, in dessen Richtung Jungen anschließend verbal geschubst werden. Dieser moralische Tiefpunkt wird mit Aussagen über Weiblichkeit beschrieben:

So schwach, weich und bedürftig willst du sein, was ist denn mit dir los, du Memme!

Deine Mutter, der du dich verbunden fühlst, weil sie dich geboren hat, umsorgt und liebt, fickt Männer gegen Geld.

(Ich kann Ihnen diese Sprache leider nicht ersparen, weil sie auch unseren Söhnen zugemutet wird. Wenn wir einen unverstellten Blick auf das werfen wollen, was schiefläuft, müssen die Dinge beim Namen genannt werden. Andernfalls könnte sich der eine oder die andere im Anschluss an die Lektüre fragen, wo eigentlich das Problem liegt.)

Beides munitioniert sich an einem Unwohlsein gegenüber Frauen und Mädchen, an dem Unwillen darüber, dass deren Verhalten für Männer angeblich irrational und unkontrollierbar wirkt. Und beides umreißt die ganze Ausweglosigkeit der Situation für Jungen. Während das »Muttersöhnchen« mit einem abwertenden Verweis auf eine liebevolle, nahe Beziehung eines Jungen zu seiner Mutter der Unmännlichkeit bezichtigt wird, packt man den »Hurensohn« bei dem Gefühl, dass seine Mutter für ihn das Größte zu sein hat und auf gar keinen Fall so etwas Entehrendes wie Sexarbeit leisten darf. Mal ganz abgesehen davon, dass man nicht nur fragen darf, sondern fragen muss, was das für ein Konzept von Ehre sein soll, bei dem Millionen Prostituierte frequentieren und Pornografie konsumieren und sich zugleich moralisch über die in diesem Feld tätigen Menschen erheben. Es ist wichtig, sich die ganze Dimension der Widersprüchlichkeit zu vergegenwärtigen. »Gefühle können gegen dich verwendet werden« versus »Liebst du deine Mutter nicht über alles?!«.

Stellen Sie sich vor, Sie würden folgende Arbeitsanweisung für einen Job bekommen, den Sie in Kürze neu antreten: »Achten Sie darauf, dass Sie nicht so wirken, als würden Sie der Chefetage in den Arsch kriechen; denken Sie dabei aber immer daran: Die Chefetage geht über alles!« Was ist das denn für ein Job?

Diese widersprüchlichen Ansagen haben nur den Sinn, Jungen in Bereitschaft zu halten, sich zu verteidigen und allzeit ihre Männlichkeit zu belegen. Und zwar mit allen Mitteln. Was würden Sie sagen, wann das anfängt? Wann vermitteln wir Jungen, dass sie sich allmählich lange genug haben verwöhnen lassen und ihre Zeit dafür abgelaufen ist? Ab wann laufen Jungen Gefahr, »Muttersöhnchen« zu werden, und müssen auf Zuruf sofort klarstellen, dass sie kein »Hurensohn« sind? Wann fing das bei Ihnen an, bei Ihren Söhnen, Ihren Brüdern, Vätern, Onkeln? Ich frage, weil ich Ihnen das Ausmaß des Problems verdeutlichen will. Im Zuge der Rockgeschichte wurden sowohl mein kleiner Sohn als auch ich wahlweise als »Muttersöhnchen« oder als »Hurensohn« bezeichnet. Gelegentlich sogar im gleichen Satz. Auf dem Bild waren aber gar keine Mütter zu sehen. Weder seine noch meine. In der Geschichte ging es um ihn und mich, um unseren Umgang mit den Zumutungen von scheinbar allgemeingültigen Männlichkeitsanforderungen. Trotzdem hielten es viele für angemessen, meinen kleinen Kerl mit Verweis auf Frauen wüst zu beschimpfen. Trotzdem glaubten Hunderte von erwachsenen Männern, das Schlimmste, was sie mir über meine Mutter sagen könnten, wäre, dass sie sich prostituiert. So sieht Männlichkeit in ihrer erbärmlichsten Version aus. Dabei könnte alles so einfach sein:

Das Schlimmste, was ich über meine Mutter erfahren könnte, ist, dass sie schwer verletzt oder tot ist. Das Schlimmste, was sie mir sagen könnte, ist, dass sie mich nicht liebt.

Ich würde an dieser Stelle nicht so sehr auf den Abwertungsreferenzen an Weiblichkeit im Allgemeinen und Mütterlichkeit im Speziellen herumreiten, wenn es nicht für das Verständnis davon, warum und wie Jungen und Männer erfrieren, erforderlich wäre. Im Gegensatz dazu, was heute vielfach behauptet wird, legt die sogenannte Verweiblichung der Gesellschaft der Männlichkeit keine Fesseln an. Stattdessen wird Männlichkeit dadurch beschränkt, dass problemfreie, sinnvolle, gewinnbringende oder auch vollkommen belanglose Eigenschaften als weiblich und somit eben als unmännlich definiert werden. Und (selbst)schädigendes Verhalten zum Markenkern von Männlichkeit gemacht wird. Deswegen sehen wir keine halbwüchsigen Jungs, die sich noch an der Hand nehmen, sich umarmen, trösten und emotional unterstützen. Deswegen belegen wir Zärtlichkeit, Zuneigung und Achtsamkeit mit Strafe. Deswegen entlassen wir unsere Söhne in ein Erwachsenenleben, in dem sie viel zu häufig mit ihrem eigenen Körper umgehen, als wäre er ein austauschbarer Gebrauchsgegenstand, mit anderen Männern, als wären sie Statisten für die eigene Heldenrolle, und mit Frauen, als wären sie die Objekte, an denen Mann zum Held wird. Deswegen habe ich meinem besten Freund nur ein einziges Mal über die Wange gestreichelt. Ich habe ihn nicht umarmt. Ich habe unsere Beziehung psychisch zensiert und ihm nie gesagt, wie viel er und seine Freundschaft mir bedeuten. Ich habe unseren Umgang miteinander physisch zensiert, indem ich jede unserer Gesten und Annäherungen dahingehend überprüft habe, ob sie imaginäre oder reale Dritte als schwul auslegen könnten. Wir haben zugelassen, dass wir einander weniger gute Freunde waren, nur um diesem beschissenen Männlichkeitsbild zu entsprechen.

Jetzt könnte man natürlich einwenden, dass wir einfach nur unreif waren. Nicht erwachsen genug, um unsere Beziehung entsprechend gestalten zu können. Ist das so? Warum waren wir dann als Vorschulkinder in der Lage, Freundinnen und Freunde zu umarmen und uns von ihnen trösten zu lassen? Warum können Mädchen mit ihrem Kummer zu ihrer besten Freundin gehen, aber Jungen damit nicht zu ihrem besten Freund? Warum machen wir es Jungen so verdammt schwer?

Frühlingserwachen

Die *New York Times* formulierte es 2018 so: Mittlerweile gibt es viele Wege, ein Mädchen zu sein, aber immer noch nur einen, um ein Junge zu sein. Jungen orientieren sich immer noch an athletischen Körpern und stoischem Verhalten. Und genau aus dieser Sackgasse müssen wir raus. Die Maxime »Fake it till you make it«, also so tun, als ob man etwas kann, bis man es kann, ist keine adäquate Handlungsanweisung für männliche Identität. Männlichkeit, das ist viel zu oft das Vortäuschen angeblich männlicher Tatsachen. Die Maske, die mit Tränen und Angstschweiß ans Gesicht geklebt wird, damit bloß niemand sieht, wer dahintersteckt und was wirklich passiert. Die Furcht besteht darin, dass die Sichtbarmachung der Tränen und des Angstschweißes zu noch mehr negativen Emotionen führt. Zu einer Abwertungsspirale, in der Mann schlussendlich als ein Häufchen Elend sitzt, das sich gegen Mobbing, Ausgrenzung und Anfeindungen nicht mehr zur Wehr setzen kann. Um das zu vermeiden, stählt sich Männlichkeit in der Eishölle. Bis unsere Prinzessinnenjungs erfrieren. Alles, was ihnen in dieser Situation angeboten wird, ist Ausweglosigkeit. In meinen Augen erfüllt das den Tatbestand der unterlassenen Hilfeleistung. Wir lassen unsere Söhne hängen. Jungen werden mit so vielen widersprüchlichen Signalen darüber bombardiert, wie sie zu sein haben, dass sie sich keine klare Vorstellung davon machen können, wie sie Männlichkeit für sich definieren könnten. Dabei ist genau das ihr Recht. Und es ist unsere Aufgabe, ihnen zu diesem Recht zu verhelfen. Ich weiß, dass das ziemlich viel verlangt ist. Aber es ist zugleich das Mindeste, was wir tun können, also fangen wir besser heute als morgen an. Zum Beispiel, indem wir uns ehrlich fragen, wo Jungen sich sicher fühlen und wonach sie sich sehnen. Oder indem wir damit beginnen, unsere über die Jahre perfektionierte Widersprüchlichkeit Schritt für Schritt aufzulösen. Dafür ist es allerhöchste Zeit. Denn beim momentanen Stand der Dinge verdeutlichen folgende zwei Sätze, wie unsere Jungs mit widersprüchlichen Forderungen konfrontiert werden. Aussagen über Männlichkeit klingen für unsere Söhne in etwa so:

Junge, sei kein Arschloch sein ist ziemlich geil.
Heulst du jetzt gleich und fragst nach deiner Mama ist die Beste.

Also lassen Sie uns das gemeinsam entwirren. Und lassen Sie uns den Jungen die Chance geben, großartige Jungs zu sein und tolle Männer zu werden. Dafür müssen weder Sie noch Ihre Jungs sich verstellen. Geschlechtergerechtigkeit, Gleichberechtigung und Fairness sind kein Theaterstück, das es zu inszenieren gilt. Die Inszenierung läuft bereits. Das Stück, das gegeben wird, heißt *How to be a man*, die Kritiken sind ziemlich durchwachsen, die Darsteller wirken sehr gezwungen. Und Sie haben das sichere Gefühl, dass Ihnen Schlimmes droht, wenn Sie sich hier nicht blicken lassen, am Ende klatschen und auch noch »Zugabe« rufen.

Lassen Sie uns damit aufhören. Ich verspreche Ihnen, dass wir dafür sorgen können, dass das Stück abgesetzt wird. Und dass dann alle viel freier aufspielen können. Denn die Hölle, das sind in diesem Fall nicht nur die anderen. Die Eishölle, das sind auch wir. Unsere Ansprüche, unsere Sorge, jemand könnte vorbeikommen und überprüfen, ob wir unsere Jungen auch mit den richtigen Männlichkeitskarten ausgestattet haben. Aber es kommen nur Leute vorbei, die das auch nicht so genau wissen und genau deswegen anderen vorschreiben wollen, was ihre Jungen zu tun und zu lassen haben. Leute, die zweifelnd bis missmutig auf ihre Söhne schauen, wenn sie zum pinken Trinkbecher der Schwester greifen, und denen dann allen ein und dasselbe Wort ins Bewusstsein geschrieben steht: schwul!

6 | »SCHWULE MÄDCHEN«

Erinnern Sie sich an die Vereinbarung, die wir eingangs getroffen haben? Ich bat Sie, sich auf dieses Buch einzulassen, und versprach Ihnen im Gegenzug, nicht so zu tun, als wären Sie schlechte Eltern, die mit Absicht Dinge tun, um Ihrem Kind zu schaden. Auf diese Vereinbarung muss ich nun zurückkommen, denn in diesem und den folgenden Kapiteln werden Themen verhandelt, mit denen es richtig ans Eingemachte geht: sexuelle Präferenz und Identität, Sexualität, Gewalt, Liebe. Große Themen, um die wir nicht herumkommen werden, wenn wir wirklich ernsthaft über Jungen ins Gespräch kommen wollen. In diesem Kapitel geht es um schwule Homosexualität. Darum, wieso wir uns auf der einen Seite als fortschrittliche Gesellschaft begreifen, die für die Ehe für alle und Toleranz (»Ich hab ja auch schwule Freunde«) eintritt, und auf der anderen Seite »schwul« immer noch eines der herabwürdigsten Schimpfwörter ist, mit dem man einen Jungen oder Mann belegen kann.

Weil mir sehr daran gelegen ist, dass wir uns zu diesen Themen auf Augenhöhe begegnen, nehme ich zu Ihren und meinen Gunsten an, dass Sie keinen Hass gegen Schwule hegen. Keinen Ekel, keine Verachtung, keine religionsspezifische Abscheu. Sondern, dass Sie sich als Eltern vielmehr Sorgen darüber machen, dass Ihr Sohn womöglich aufgrund von Homosexualität ausgegrenzt werden könnte, leiden müsste und sich seine Wünsche hinsichtlich einer Familienplanung mit Kindern nur unter schwierigen Bedingungen erfüllen könnte – wenn überhaupt. Vorurteile sind okay. Darüber können wir sprechen. Über alles andere nicht. Schwule Identität ist nicht verhandelbar, sie wird hier nicht infrage gestellt und nicht angefeindet. Schwulenfeindlichkeit ist keine Meinung, sie ist in jeder Hinsicht schlicht und ergreifend inakzeptabel. Das hier ist das falsche Buch, um über Konversionstherapien zu sprechen, die Homosexualität »heilen« sollen. Wir schnacken auch nicht nett über »Pray Against Gay«, und es gibt keine Empfehlungen für Vereine, die Ihrem Jungen in dieser Hinsicht mal »den Kopf waschen«. Ich kann, will und werde Ihnen nicht anbieten, Homosexualität zu einem unnatürlichen Problem zu erklären, das es zu bekämpfen gilt. Auch nicht mit dem billigen Taschenspielertrick, »den Sünder zu lieben, aber die Sünde zu hassen«, wie ihn die katholische Kirche auffährt. Alles, was Sie bei mir bekommen, ist ein Gesprächsangebot darüber, wie und warum insbesondere schwule Homosexualität zu einem Problem gemacht wird, wie sich das auf die Jungen auswirkt und was sich dagegen unternehmen lässt.

Schwule Sau

Ich möchte Ihnen erzählen, inwiefern ich das Gleiche, was ich gerade mit Ihnen gemacht habe, vor ein paar Jahren mit meinem ältesten Sohn und seinen Freunden gemacht habe. Er war damals gerade acht Jahre alt geworden. Röcke trug er schon nicht mehr und interessierte sich stattdessen immer mehr dafür, von gleichaltrigen Jungs als einer der ihren akzeptiert zu werden. Als Mitglied im nicht ganz so geheimen Club *Männlichkeit*. Das ist vollkommen in Ordnung. Das Tragen von Hosen war und ist für ihn ebenso wenig verpflichtend wie das Tragen von Röcken. Wenn wir einfach nur einen Zuschreibungszwang durch einen anderen ersetzten, dann wäre ja überhaupt nichts gewonnen. Und wenn mein Sohn seiner eigenen, von mir durchaus geliebten, Prinzessinnenhaftigkeit entwächst und stattdessen lieber mit seinen Jungs Computerspiele spielt oder zum Kampfsport geht, dann steht ihm das frei. Genau darum geht es ja: Um die Freiheit, zu sein, wie man ist. Dieser 8-Jährige also hatte sich zu seinem Geburtstag einen Ausflug in den Hochseilgarten mit seinen beiden besten Freunden gewünscht. Er liebt Klettern bis heute, kann mit affenartiger Geschwindigkeit selbst an Überhängen bouldern und würde gerne den ganzen Sommer über in Baumwipfeln leben. Ein guter Geburtstagswunsch also und darum machte es mir auch gar nicht so viel aus, den Elterntaxidienst zu übernehmen. Stündchen hinfahren, Stündchen zurück, zwischendrin die Jungs betreuen, kein Problem. Seine Freunde waren nett, die Eltern informiert und frohen Mutes, dass ich ihre Söhne heil wieder zurückbringen würde, und ich war relativ entspannt. Zwar waren alle drei bereits in dieser »Alter, scheiße, das ist ja voll krass«-Phase und begannen bereits mit sehr üblichen Männlichkeitsreviermarkierungen, aber sie freuten sich sichtbar auf den Ausflug. Irgendwann begannen sie, über Urlaub zu reden, und erzählten sich gegenseitig, wo sie schon überall waren und wo sie gerne noch hinfahren würden. Mein Geburtstagsohn war ganz in seinem Element und hatte Spaß. Bis zu dem Moment, als einer seiner Freunde fallen ließ, dass es doch wohl total schwul sei, in den Herbstferien nicht wegzufahren. Mein Junge wusste, dass es jetzt ein Problem gab. Er schielte in einem Anflug von Panik zu mir nach vorne, weil er befürchtete, dass ich das wohl nicht auf sich beruhen lassen würde. Denn wir hatten darüber gesprochen. Über das Abwerten von Menschen und Mobbing im Allgemeinen und über Schwulenfeindlichkeit im Speziellen. Aber das war ihm verständlicherweise nicht das Wichtigste. Er hatte Angst, ich könnte etwas sagen, das seinen ganzen Geburtstag in Gefahr bringt. Weil ich den Oberlehrervater raushängen lasse und die Kinder anderer Eltern über Dinge belehre, die sie womöglich sehr anders sehen oder gar nicht wissen wollen. Er hatte Angst, dass seine Freunde ihn uncool finden, beim Klettern nicht richtig mitmachen, stattdessen die ganze Zeit meckern und sich anschließend bei allen Menschen, die sie kennen, über ihn beschweren. Zusammengefasst: Er hatte Sorge, dass ich ihn richtig schlecht aussehen lasse.

Diese Sorge war mir sehr bewusst. Entgegen den Anschuldigungen, die mir im Zusammenhang mit der Rockgeschichte gemacht wurden, denke ich sehr viel darüber nach, welche Auswirkungen mein Verhalten auf meinen Sohn hat und ob es ihm das Leben wohl schwerer machen wird. Mir war darüber hinaus ebenso klar, wie es Ihnen vermutlich in diesem Moment klar ist, dass das nicht aus böser Absicht geschah. Der Freund meines Sohnes hatte nicht wirklich vorgehabt, Schwule herabzusetzen. Er hat sich lediglich einer Unkulturtechnik bedient, bei der sich die Mehrheit bestimmter Bezeichnungen für Minderheiten bedient, um diese synonym für Schlechtigkeiten zu gebrauchen. Was der Junge eigentlich hatte sagen wollen war, dass er enttäuscht darüber wäre, in den Herbstferien nicht zu verreisen – auch weil er dann seinen Freunden nichts zu erzählen hätte. Aber wozu viele Worte machen, wenn er einfach »schwul« sagen kann. Immerhin hat die Gesellschaft, die wir ja alle gemeinsam bilden, ihm genau das beigebracht. Mein Junge schickte mir also die dringliche Mentalanfrage, ich möge es doch bitte, bitte lassen. Immerhin war das ja sein Geburtstag und so schlimm wäre das ja auch alles nicht.

Was hätten Sie getan? Wäre Ihnen das Wort überhaupt aufgefallen? Hätten Sie sich daran gestört, aber lieber nichts gesagt, um nicht aus einer Mücke einen Elefanten zu machen? Oder hätten Sie den Jungen zurechtgewiesen? Ich jedenfalls brauchte einige Augenblicke, um eine Entscheidung zu treffen. Gegen das unmittelbare Bedürfnis meines Sohnes wog ich meine Erfahrungen mit Homosexuellen und mit dem Begriff »schwul« als Beschimpfung ab. Als Bezichtigung. Als verbalen Schlag ins Gesicht. Homosexualität ist für mich keine abstrakte Vorstellung, die es zu verteidigen gilt, obwohl das ausreichen müsste und würde, um genau das zu tun. Menschenrechte gelten für alle. Aber meine Kindheit und Jugend waren geprägt von liebevollen, kreativen, großartigen schwulen Männern und lesbischen Frauen. Ich habe homosexuelle Freundinnen und Freunde, denen ich unendlich dankbar bin, dass sie Teil meines Lebens sind. Ich will nicht, dass sie beleidigt und verletzt werden. Ich will auch nicht, dass mein Junge über die Bande Homosexualität als verweichlicht und verweiblicht abgewertet wird. Weder Jungen noch Mädchen haben das verdient. Hinter mir saß mein ehemals rock- und kleidbegeisterter Sohn und wischte sich nervös eine seiner langen Haarsträhnen aus dem Gesicht. Wie viele Jungen mit langen Haaren kennen Sie, die sich schon einmal anhören mussten, sie seien eine Schwuchtel? Eine schwule Sau? Wie oft mussten Sie sich das selbst anhören oder waren dabei, als Männer so bezeichnet wurden? So als wäre es wirklich verwerflich, jemanden zu lieben und zu begehren, der dem eigenen Geschlecht angehört. Ich jedenfalls hatte das oft genug gehört und gesehen. Zu oft. Ich wurde als schwul bezeichnet, weil ich einen besten Freund hatte, mit dem ich an Wochenenden gerne schwimmen ging – Sie durften Sascha bereits kennenlernen. Ich wurde Schwuchtel genannt, warmer Bruder, Homo, Mädchenmann, Arschgefickter, Schwulibert und Tunte. Und einige dieser Begriffe nahm ich auf und warf sie auf andere. Obwohl ich es besser wusste und wissen musste. Um mal zu sehen, wie es sich anfühlt, schlagartig die Oberhand zu haben. Um dazuzugehören und nicht außen vor zu sein. Um jemanden, den ich für einen eingebildeten Blödmann hielt, nicht erst argumentativ in die Schranken weisen zu müssen, sondern einfach umstandslos verbal zu entmannen. Und während ich versuchte, mich halbwegs auf den Verkehr zu konzentrieren, fragte ich mich, wer eigentlich all die Jungen verteidigt. Die schwulen und die heterosexuellen. Wer kümmert sich um zärtliche, gütige, mitfühlende, sanfte Prinzessinnenjungs? Um die, die wir haben, um die, die wir gewesen sind, und um die, die wir selbst verletzt haben? Mein Sohn war zu jung, um zu verstehen, dass ich nicht aus einer Mücke einen Elefanten machen würde, sondern dass der Elefant längst da war und bereits seit Längerem mitten im Raum steht. Woher hätte er das auch wissen sollen? Wer soll ihm denn erklären, wie menschenverachtend es ist, schwules Begehren und schwule Identität als Inbegriff der Unmännlichkeit, der Schwäche und des Versagens zu benennen? Wer außer mir? Also sagte ich, wie es ist. Hört mal, Jungs, soundso. Nicht mit mir, nicht in meinem Auto, nicht in meiner Gegenwart. Am besten gar nicht. Aus Gründen. Das Gespräch erstarb für volle acht Minuten. Dann war der eine sogar schon mal in Griechenland, Alter. Und mein Sohn entspannte sich sichtlich. Am Ende des Tages fragte er mich entnervt, ob das denn wirklich hatte sein müssen. Ich sagte ja und er beschied, dass das ja wohl voll peinlich gewesen war.

Der Punkt ist nicht, dass er damit recht hatte. Der Punkt ist, dass die Alternative noch peinlicher, noch viel ätzender und unzumutbarer gewesen wäre. Und ich erzähle Ihnen das nicht, weil ich bei Ihnen ein bisschen Applaus für meine ach so glorreiche Tat abgreifen will. Ich erzähle Ihnen das, weil ich anhand dieser Situation verdeutlichen möchte, wie schwer es mir gefallen ist. Wie lange ich überlegt habe. Wie unsicher ich war, ob ich die richtige Entscheidung treffe. Dabei brauchen wir über Richtigkeit überhaupt nicht zu reden.

Sie wissen das ebenso gut wie ich. Sie wissen, dass es falsch ist, Homosexuelle abzuwerten und schwul als Schimpfwort zu benutzen. Und trotzdem ist dieses Verhalten ganz selbstverständlich ein sehr machtvoller Teil der Herausbildung von Männlichkeit. Ich würde sogar so weit gehen zu sagen, dass es gegenwärtig keine Männlichkeit gibt, die nicht in homofeindlichen Feuern geschmiedet wird. Auch keine schwule Männlichkeit. Auch und gerade schwuler Männlichkeit wird die Identität verbrannt und vermittelt, sie sei wahrer Mannhaftigkeit unwert und unwürdig. Schwule Jungen wachsen unter dem Eindruck auf, etwas sei mit ihnen ganz und gar nicht in Ordnung. Dabei ist in Wahrheit etwas mit uns nicht in Ordnung. Denn die Selbstverständlichkeit, mit der selbst durchschnittlich aufgeklärte Menschen wie Sie und ich uns an der Gleichsetzung von schwul mit schlecht beteiligen, ist eine Schande. Wir machen uns damit mit denen gemein, die nichts als Verachtung und Gewalt für Menschen übrighaben, die vermeintlich so andersartig sind.

Haben Sie noch den Cousin meines englischen Kritikers in Sachen Rockgeschichte vor Augen? Den, dem am Picadilly Circus der Schädel eingeschlagen wurde? Wie viele haben im Leben seines Angreifers zuvor die Gelegenheit verstreichen lassen, zumindest den Versuch zu unternehmen, ihn davon zu überzeugen, dass an schwuler Identität nichts hassenswert und falsch ist? Oder erinnern Sie sich an den Fall aus dem Erzgebirge, wo 2018 drei junge Männer einen schwulen Bekannten zu Tode gefoltert haben. Ich weiß, dass solche Beispiele in einem Buch über Kindererziehung schwer auszuhalten sind. Ich würde mir wünschen, dass sie hier nichts zu suchen hätten. Aber sie gehören hierher. Je früher wir aufhören uns einzureden, wir wären für intolerante gesellschaftliche Gesinnungen wie Homophobie nicht verantwortlich, desto besser. Das Schicksal, das wir unseren Jungen gerne ersparen würden, die Ausgrenzung, die Verächtlichmachung und die erhöhten Suizid- und Depressionsraten bei homosexuellen Jugendlichen – all das ist real und wird von uns selbst erschaffen. Jedes Mal, bei dem wir nicht einschreiten, wenn wir homofeindliche Sprüche abnicken, über einen dieser »Bück dich nicht in Gefängnissen nach der Seife«-Witze lachen oder der Meinung sind, dass Männer sich mit ihrem Schwulsein ganz schön affektiert und danebenbenehmen, machen wir mit. Wir sind die, die unseren Jungs das Leben schwer machen. Zusammen mit den anderen. Und dabei wollten wir doch, und da waren wir uns einig, das Beste für unsere Kinder. Also lassen Sie uns ruhig darüber reden, ob Schwulsein angeboren oder anerzogen ist und ob die Farbe Rosa Jungen homosexuell macht. Das sind relevante Fragen, für die sich niemand zu schämen braucht. Menschen wegen ihrer Vorurteile zu verspotten löst kein einziges Vorurteil auf. Aber diese Themen können wir uns nur dann vornehmen, wenn wir uns darauf verständigen, die Arbeit an einer besseren, weniger schwulen- und frauenfeindlichen Welt nicht nur unseren Jungs zu überlassen.

Angeboren oder anerzogen?

Die Frage danach, ob Homosexualität angeboren ist oder nicht, ist selbst für Wissenschaftlerinnen und Wissenschaftler, die sich mit dem Thema näher befassen, nicht klar zu beantworten. Trotzdem gibt es viele Menschen, die sich in elterlicher Verantwortung sehr stark dazu positionieren. All die moderneren Entwicklungen hinsichtlich Entkriminalisierung und Akzeptanz sollen und können nicht darüber hinwegtäuschen, dass diese Frage immer noch mit einiger Dringlichkeit gestellt wird. Sie wird jedoch zumeist, und das ist in der Tat ein Fortschritt, mit weniger Verachtung für das vorgeblich Fremde formuliert, vielmehr mit einem irritierten oder besorgten Blick auf das Eigene: Was hat das mit mir zu tun? Habe ich irgendetwas dazu beigetragen? Hätte ich das verhindern können? Nun haben wir bereits etabliert, dass Homosexualität nichts ist, das verhindert werden müsste. Nicht die Homosexualität macht uns Probleme, sondern wir machen Homosexuellen Probleme. Vor diesem Hintergrund wäre es durchaus angebracht, überhaupt nicht mehr mit sich reden zu lassen. Homosexuelle Identität wurde lange genug infrage gestellt, man könnte auch einfach verlangen, dass sich »besorgte Eltern« und andere damit abfinden sollen. Aber so einfach funktioniert das nicht. Denn die Lebenswirklichkeit von Familien mit homosexuellen Kindern bleibt von dieser Forderung vollkommen unberührt. Die Ausgrenzungen und Anfeindungen gegen Homosexuelle bleiben auch dann real, wenn die Gründe dafür wissenschaftlich unhaltbar und aus der Luft gegriffen sind. Deshalb plädiere ich für eine Doppelstrategie. Auf der einen Seite sollte man hinter Forderungen nach rechtlicher Gleichstellung und gesellschaftlicher Akzeptanz nicht zurücktreten. Auf der anderen Seite muss man im Blick behalten, dass Vorurteile dadurch nicht zwingend beseitigt, sondern im schlimmsten Fall in den Köpfen der Leute konserviert werden und somit unangetastet bleiben. Mit Vorurteilen muss man umgehen. Man muss sie anheben, anschauen, wenden, durchlüften und modifizieren. Dafür genügt es nicht, Recht einzusetzen. Etwas zu verfügen ersetzt keine Präventions- und Überzeugungsarbeit. Sonst hätte ich Ihnen auch nur eine Nachricht mit der Anweisung »Ab jetzt sind Zartheit und Verschönerungsbegeisterung Bestandteil von Männlichkeit. Widerstand ist zwecklos!« zukommen lassen können. Aber sosehr ich hoffe, dass sich Widerstand wirklich als zwecklos erweisen wird, so deutlich ist er immer noch vorhanden. Er findet sich zum Beispiel in der Bezeichnung des CSU-Politikers Alexander Dobrindt von Homosexuellen als »schrille Minderheit«. Oder in den Petitionen von Eltern, die gegen einen Bildungsplan aus Baden-Württemberg protestieren, weil er sexuelle Vielfalt in die Lehrpläne miteinbeziehen will. Und natürlich in jedem einzelnen »no homo«, das heranwachsende Jungen sich gegenseitig versichern, um deutlich zu machen, dass ihr Respekt für und ihre Berührung von anderen Jungen nicht irgendwie schwul gemeint ist. Das ist die Art von Widerstand, gegen die wir angehen können und müssen, um Überzeugungsarbeit zu leisten. Aber immer da, wo es an die Existenzberechtigung von Homosexuellen geht, ist keine Überzeugungsarbeit, sondern Verfügungsmacht gefragt. Denn es ging und geht nach wie vor immer auch um die Existenzberechtigung.

So auch 1993, als der Genetiker Dean Hamer mit der Studie *A Linkage Between DNAMarkers on the X Chromosome and Male Sexual Orientation* an die Öffentlichkeit trat, die sich mit der genetischen Verankerung der sexuellen Orientierung von Männern beschäftigte. Er fand heraus, dass homosexuelle Brüder mit höherer Wahrscheinlichkeit als der Durchschnitt über gleiche molekulare Marker auf dem X-Chromosom verfügen. 2012 wurde dieses Ergebnis in einer Vergleichsstudie mit über 400 Probanden bestätigt. Und obwohl Hamer mit der Bewertung der Ergebnisse vorsichtig und sich darüber im Klaren war, dass man dadurch nicht den einen Grund für Homosexualität bei Männern identifiziert hatte, machte die Presse daraus »das Schwulen-Gen«. Und schrieb, wie im Fall der konservativen britischen *Daily Mail* über »Abtreibungshoffnung nach Fund von Schwulen-Gen«. Noch existenzieller geht es kaum. Der Begriff »Schwulen-Gen« geistert bis heute durch Reportagen, Artikel und Dokumentationen, obwohl Studie um Studie herausgearbeitet wird, wie unterkomplex er ist. Um nur ein Beispiel zu nennen: Hamers Ergebnisse beziehen sich auf das X-Chromosom, während die Studie *Male homosexuality and maternal immune responsivity to the Y-linked protein NLGN4Y* aus dem Jahr 2018 belegen konnte, dass Mütter bei der Geburt eines Sohnes Antikörper gegen bestimmte Proteine auf dem Y-Chromosom entwickeln, was dazu führt, dass weitere Söhne mit 15 Prozent höherer Wahrscheinlichkeit homosexuell sind. Wenn Sie und ich angesichts dieser Ergebnisse den Eindruck haben, dass das alles ganz schön kompliziert ist, dann ist das noch untertrieben. Es ist für wissenschaftliche Laien wie uns auch nicht wichtig, wie genau sexuelle Orientierung durch die Genetik bestimmt wird. Fest steht, dass die Genetik darauf Einfluss hat, und zwar nicht durch das eine ganze bestimmte Gen, sondern durch eine Vielzahl an genetischen Vorbedingungen, die aber eben nicht zwingend dazu führen müssen, dass Männer schwule Identität ausbilden. Ganz konkret am Beispiel des folgenden Horrorszenarios: Wenn die »Abtreibungshoffnung«, die die *Daily Mail* formuliert hat, weltweit verwirklicht wäre, hätte es immer noch schwule Männer gegeben. Und auch manche Jungen, die Einzelkinder sind, interessieren sich für das gleiche Geschlecht. Wenn Sie diese Tatsachen mit den Forschungsergebnissen der sozialwissenschaftlichen Queer Studies kombinieren, dann ergibt sich das von mir eingangs bereits angesprochene Bild des Kontinuums. Die Queer Studies gehen unter anderem der Frage nach, wie Identität unter den Labeln und Zuschreibungen wirklich aussieht. Sie stellen dabei ein ums andere Mal fest, dass die nicht eindeutige genetische Verortbarkeit von Homosexualität auch damit zu erklären ist, dass fast ausschließlich innerhalb binärer Denkmuster geforscht wird. Wenn Hamer und andere sich also die Frage stellen, wie eine homosexuelle Orientierung bei Männern genetisch zustande kommt, dann fragen die Queer Studies, was »homosexuell« und »Männer« in diesem Zusammenhang eigentlich genau heißen soll. Sie fragen nach den Grautönen, die hinter der Behauptung stecken, es gäbe immer nur Schwarz oder Weiß.

Denn letztendlich liegt die These, dass im Zweifelsfall so viele Geschlechter existieren, wie es Menschen gibt, näher an der Wahrheit als die Vorstellung von der unabänderlichen Zweigeschlechtlichkeit, die ausschließlich in binärem Kontext liebt und begehrt. Aber genug jetzt mit diesem Theorieexkurs: Was heißt das für die Praxis, was bedeutet das für Sie und mich? Ihr Junge wird nicht davon schwul, dass er mit Puppen spielt, auf rosa Glitzereinhörner und auf Röcke steht. Diese Dinge sind nicht einmal Erkennungsmerkmale dafür, dass er schwul ist. Ist es möglich, dass ein homosexueller Junge sich gerne die Fingernägel lackiert und Modelsendungen schaut? Aber selbstverständlich. Können sich auch heterosexuelle Jungen für solche Dinge begeistern? Da können Sie und ich getrost unsere Vorurteile drauf verwetten. Die Genforschung zum Thema Homosexualität ist und bleibt wichtig. Schon allein, um immer detaillierter den Vorwurf zu entkräften, eine gleichgeschlechtliche Orientierung sei eine Lifestyleentscheidung oder eine Charakterschwäche. Darüber hinaus aber sollten wir uns bemühen, Identität und Verhalten weder zu biologisieren noch als rein anerzogen. (à la »Du hast ihm ja immer Röcke angezogen, kein Wunder, wenn der Junge irgendwann schwul wird«) zu definieren. Nach dem jetzigen Forschungstand ist sexuelle Orientierung biologisch angelegt, aber nicht vererbbar. Deswegen sind Kinder aus Regenbogenfamilien auch nicht häufiger homosexuell als Kinder von heterosexuellen Paaren. Genauso wenig wie sie homosexuell gemacht werden können, wenn sie in der Schule über Vielfalt, Identität und Sexualität aufgeklärt werden.

Es ist an der Zeit, sich von dem Gedanken zu verabschieden, Homosexualität würde sich bei Jungen und Männern durch »weibliche Verhaltensweisen« äußern. Denn erstens sind die von uns identifizierten Verhaltensweisen nicht weiblich und zweitens hat Schwulsein nichts mit Frausein zu tun. Deshalb noch einmal: Wenn ich mich ab morgen nur noch in schicke Ballkleider werfe, Männer küsse und mich in jeder Hinsicht so verhalte wie die klischeehafte Darstellung des Proseccoschwulen aus Bully Herbigs *Traumschiff Surprise*, dann bin ich immer noch genauso männlich wie heute. Daran hätte sich nichts geändert. Und wenn Sie mich fragen, wie man denn nun »männlich« definieren könnte, kann ich Ihnen die Frage nicht beantworten.

Ich kann Ihnen nur sagen, dass Männer nicht Gefahr laufen, unmännlich zu sein. Es gilt nichts zu beweisen, nichts zu belegen. Jungen sind heterosexuell, homosexuell, bisexuell, asexuell und noch ganz viele andere Dinge, die ich gar nicht alle aufzählen kann. Ich bin davon überzeugt, dass sie alle bis zu einem gewissen Grad Prinzessinnenjungs sind. Und zwar in dem Sinne, wie ich dieses Wort verwende: Dass sie sich alle nach Nähe und Geborgenheit sehnen, Trost im Scheitern gebrauchen können, schöne Dinge mögen, gerne gelobt werden, Anerkennung und Liebe brauchen. Nichts davon hat damit zu tun, dass sie schwul sind. Alles hat damit zu tun, dass sie Menschen sind.

Schulhofschwuchteln

Ich weiß nicht, wie es bei Ihnen auf dem Schulhof war. Ob Sie Teil einer Jungengruppe waren, die sich untereinander, wie Harald Schmidt es in einem *Talk 2000*-Gespräch mit Christoph Schlingensief einmal ausdrückte, »bei jeder Gelegenheit an die Eier gepackt hat, dass es nur so kracht«, während man sich dabei gegenseitig als Schwuchtel beschimpfte. Oder ob Sie von außen kopfschüttelnd auf eine solche Gruppe geblickt und sich gefragt haben, was genau die da eigentlich machen. Nun ja, die haben ein Spiel gespielt. Es hat zwar eigentlich keinen Namen, aber zum besseren Verständnis nenne ich es hier »Einer muss immer die Schwuchtel sein, damit es die anderen nicht sind«. Man kann es wahlweise auch als »Oder bist du eine Pussy?!« und »Bist du schwul, oder was?!« bezeichnen, aber das tut hier nichts zur Sache. Obwohl ich mich über mangelnde homosexuelle Vorbilder in meiner Kindheit und Jugend wirklich nicht beklagen kann (Danke, Mama!), hat dieses Spiel meine Wahrnehmung von schwuler Identität maßgeblich geprägt. Schwul, das war immer der fieseste Tiefschlag, zu dem ausgeholt werden konnte, egal zu welchem Zeitpunkt und egal in welchem Zusammenhang. Wir teilten dieses Wort wie Peitschenhiebe aus und hofften dabei inständig, nicht selber einstecken zu müssen. Mir vorzustellen, dass tatsächlich ein homosexueller Junge diese perfide Männlichkeitsgenese mitbekam oder von ihr betroffen war, beschämt mich noch immer. Ich möchte, dass Sie versuchen, sich das vorzustellen. Denken Sie an einen Begriff, der zu Ihrer Identität gehört und zumindest in Teilen ausdrückt, wer Sie sind. Ihr Nachname zum Beispiel. In meinem Fall also Pickert. Und dann fangen Sie an, den ganzen Reigen an erniedrigenden Zusammenhängen durchzuspielen, in den der Begriff schwul gewöhnlich gestellt wird. Gibt ja genug Möglichkeiten.

Die Fußballversager des Lieblingsvereins? Alles Pickerts.

Mit 14 noch keine Freundin haben? Wie Pickert kann man sein!

Kleiner Pimmel, keinen hochkriegen, im Sport nichts reißen, nicht mal richtig saufen können, vor einer Schlägerei weglaufen, Schlagermusik, weicher Händedruck, Tränen, gut in der Schule sein, Bücher mögen, sich in den Hintern ficken lassen – was Pickerts halt so machen.

Wie fühlt es sich an, wenn Sie an dieser Stelle Ihren eigenen Nachnamen einfügen? Mir ist es mittlerweile ziemlich egal geworden. Aber es gab Zeiten, da hätte ich einiges, um nicht zu sagen alles getan, um nicht mit diesen Dingen assoziiert zu werden. Bis dahin war es ein langer Weg, auf dem ich immer wieder bewusst Dinge entlernen musste. Denn obwohl ich nie bewusst homosexuelle Jungen und Männer direkt herabgesetzt habe, tat ich es doch zumindest über den Umweg, ihre sexuelle Orientierung und ihre Identität für die Abwertung anderer zu benutzen. Verstehen Sie mich bitte nicht falsch: Auseinandersetzungen gibt es immer wieder. Und manchmal muss man fluchen, was das Zeug hält. Aber warum greifen Jungen, wie ich einer war, dafür ständig auf eine Gruppe zurück, die mit großer Wahrscheinlichkeit gar nicht in der Konfliktsituation präsent ist, mit der man nichts zu tun und über die man nur ein paar klischeetriefende Fiktionen parat hat?

Schwul als Synonym für unmännlich ist der kleinste gemeinsame Nenner, auf den sich alle verständigen können und der in den meisten Situationen verstanden wird. Unter heterosexuellen Männern funktioniert das geradezu universell. Wo Sie sich auch aufhalten und mit welchem Typen Sie auch sprechen mögen – eine Sache, einen Prozess oder eine Person als schwul zu bezeichnen, löst außer in LGBTQ-Refugien bei beinah allen Männern wo auch immer die gleichen unangenehmen Assoziationen aus: Damit will ich nichts zu tun haben, so will ich nicht sein. Also entlehnt sich die Schulhofkultur unserer Jungen ihre Rituale und Praxen hypermännlichen Domänen wie Sport, Rap-Musik, Kampfkunst, Gaming, auftrumpfend-aggressivem Flirtverhalten gegenüber dem anderen Geschlecht oder pornografisch inszenierter Sexualdominanz. Mir ist klar, dass ich hier wie einer dieser Mahner klinge, die seit Jahr und Tag mit Variationen des »Die Jugend ist so verdorben«-Slogans durch die Lande tingle und dabei von früher erzähle. Der Unterschied besteht allerdings darin, dass ich weder Jungen an sich ablehne (die sind wie gesagt im Grunde ziemlich großartig) noch die angesprochenen Domänen. Sport ist eine gute Sache. Es gibt fantastische Rap-Musik. Und sich bei einvernehmlichem Sex gerne dominant zu verhalten, dagegen spricht auch nichts. Nur haben die Jungs auf dem Schulhof gar nicht die Option, herauszufinden, wie sie zu diesen Dingen stehen. Vielleicht mögen sie ja Helene Fischer, begeistern sich für Schach, halten nichts von Raufereien und sind so schüchtern, dass sie knallrot anlaufen, wenn ein hübsches Mädchen ihren Namen sagt. Aber das alles gilt als unmännlich. Echte Männer machen so schwules Zeug nicht. Jungen, die echte Männer sein wollen, arbeiten spätabends an ihrem Sixpack, behandeln Mädchen eher herablassend und abonnieren die *YouTube*-Kanäle von Typen in ihren Mittzwanzigern, die andere Leute verarschen und ihre Kumpel auffordern, sich das Krasseste überhaupt zu trauen: stark geschminkt in die Öffentlichkeit zu gehen. Quasi nicht mehr als Mann erkennbar. Nimmt man das alles zusammen, dann entsteht dabei nicht nur ein relativ tumbes Bild von Männlichkeit, sondern auch noch eines, das durch seine generische Universalstrahlkraft nur noch ätzender und stumpfer wirkt. Weil es so alternativlos erscheint. Identität wird so nicht vielfältig begriffen, sondern einfältig vorgegeben. Spätestens an diesem Punkt laufen Sie Gefahr, Ihren Prinzessinnenjungen zu verlieren. Und was noch viel schlimmer ist: Er läuft Gefahr, sich selbst zu verlieren. Der Gruppendruck steigt, die Verpflichtung, sich als männlich zu beweisen, nimmt stetig zu. Das ist auch der Moment, wo viele Jungen lieb gewonnene Hobbys, Freizeitbeschäftigungen oder auch Freunde ablegen, weil sie nicht den aktuellen Männlichkeitsstandards entsprechen. Zweifellos hat das auch etwas mit der veränderten Interessenlage in der Pubertät zu tun. Das meine ich aber nicht. Ich spreche nicht davon, dass der Sohnemann mit 13 keinen Bock mehr auf dreimal die Woche Chor hat, weil ihm Basketball mehr Spaß macht und seine Schule ein gutes Team zusammenstellt. Ich spreche von den Sachen, die er wirklich gerne tut.

Von den Pfadfindern, zu denen er nicht mehr geht, weil alle seine Freunde ihn damit aufziehen, wie schwul das mit den ganzen Mädchen dort sei. Eigentlich ist es genau sein Ding: zelten, draußen sein, Lagerfeuer, Messerschein, reisen und Gemeinschaft. Genau wie in Büchern zu schmökern oder Albereien mit seinen jüngeren Geschwistern. Bis vor Kurzem hätte er sich vorstellen können, ein Praktikum in einer Kita zu machen, aber das kommt jetzt nicht mehr infrage. Das kriegen die anderen doch raus. Die anderen sind übrigens genauso am Rotieren. Sie trennen sich von besten Freunden, die eine Lebensversicherung gegen das Erfrieren hätten sein können, nun aber einfach für nichts mehr cool genug sind. Die wenigsten tun das aus Überzeugung oder gar böser Absicht. Sie tun nur schlicht und ergreifend, was sie scheinbar tun müssen. Bei aller Kritik, allem Abarbeiten an stereotypen Geschlechterrollen, die Jungen und Männern mittel- bis langfristig eher schaden als nützen, muss klar sein, dass sich Jungen davon einen Nutzen versprechen und nicht einfach mal eben so Dinge und Menschen aufgeben, an denen ihnen etwas liegt. Sie tun es leichtfertig, aber schweren Herzens. Leichtfertig, weil sie die Folgen nicht wirklich absehen können und weil es zur Männlichkeitsmaskerade gehört, derlei Entscheidungen gleichmütig unbeeindruckt zu treffen. Dann höre ich eben auf mit meiner Lieblingsbeschäftigung. Dann ist der halt weg. Bisschen Schwund ist immer. Schweren Herzens, weil sie es nicht freiwillig tun und sie nicht wirklich ein eigenes Interesse daran haben, Teile ihrer Persönlichkeit zu amputieren, um ohne störende Angriffsfläche im Strom der sich erhärtenden Jungs mitschwimmen zu können. Es scheint nur keinen anderen Weg zu geben. Männlichkeit, wie sie bislang überwiegend definiert wird, ist ein Verkaufsschlager. Darüber sollte man sich nicht hinwegtäuschen. Deshalb unternehmen Jungen ja auch so große Anstrengungen, um als männlich zu gelten. Wenn wir also wirklich etwas daran ändern wollen, dass Jungen mit dem Einsetzen der Pubertät aus purer Not Eigenschaften, Vorlieben und Träume von sich abspalten, die so sehr zu ihnen gehören, dass sie noch Jahrzehnte später als erwachsene Männer darum ringen, sie zurückzubekommen, dann müssen wir Alternativen zu diesem starren Männlichkeitsbild eröffnen, statt es einfach nur zu verurteilen. Was das bedeutet, werden Sie alle auf die eine oder andere Art mitbekommen haben. Stereotype, wütende, übergriffige, prahlerische Männlichkeit ist in den letzten Jahren zunehmend in die Kritik geraten. Das ist gut und richtig so – und zwar für alle Beteiligten. Zugleich wird sie dabei aber auch zunehmend in eine Ecke gestellt und beginnt, sich wie ein verwundetes Tier aufzuführen. Was also ist die Alternative zu dem beschriebenen Schulhofverhalten? Dazu, immer wieder Schulhofschwuchteln auszumachen, damit man in der Pubertät im Windschatten der Herabwürdigung Einzelner und der Diskriminierung einer ganzen Gruppe in die Männlichkeit hineinreift? Mit Glückskekssprüchen und Moralfloskeln kommen wir da nicht weit genug. Sei nett zu anderen, verzichte auf Gewalt, benimm dich anständig! Das genügt nicht, um spezifische Identität auszubilden. Wir müssen Vorbilder bieten und Männlichkeit nicht länger nur durch Negation erzeugen. Nicht schwul, kein Mädchen – das reicht einfach nicht. Wir müssen endlich anfangen, über gelingende Männlichkeit zu sprechen, und aufhören uns einzureden, dass sich Männlichkeit unveränderlich von selbst ergibt. Der Prozess der Abhärtung und der Entfremdung von den eigenen Bedürfnissen und Ängsten ist nicht natürlich. Er ist künstlich erzeugt. Wenn wir ihn stoppen und keine Alternativen anbieten, fallen Jungen ins Nichts. »Junge, hör auf, dich wie ein Arsch zu benehmen!« ist kein Konzept. Es ist lediglich eine Negation. Die Frage bleibt: Wie denn sonst? Diese ganz spezielle Form der Ratlosigkeit werden wir uns im Kapitel über Liebe und Sex noch einmal genauer anschauen. Denn dort wirkt sie besonders verheerend. Hier nur so viel: Die Ratlosigkeit unserer Söhne ist im Zusammenspiel mit unserer eigenen Ahnungslosigkeit darüber, was Männlichkeit auszeichnen kann und sollte, keine gute Kombination. Wir verraten unsere Prinzessinnenjungs an unsere eigene Einfallslosigkeit. Richtige 31er. Sie wissen nicht, was das ist? Kommen Sie mal mit, wir klären das.

Ist doch nur Rap

Der Begriff 31er bezieht sich auf den Paragrafen 31 des deutschen Betäubungsmittelgesetzes. Er besagt im Kern, dass Strafen abgemildert oder erlassen werden können, wenn die beschuldigte Person bei den Ermittlungen behilflich ist und so beispielsweise dazu beiträgt, andere Straftaten zu verhindern. Sie kennen 31er vielleicht noch als Petze oder Verräter. In der Welt des Hiph-Hops sind 31er diejenigen, die mit den Behörden kooperieren und die eigenen Leute ans Messer liefern. Der Rapper Bushido ist ein 31er, weil er gegen den Clanboss ausgesagt hat, mit dem er jahrelang geschäftliche und private Beziehungen gepflegt hatte. Der Rapper Capital Bra hingegen ist kein 31er, weil er so etwas nicht tun würde und das Musiklabel von Bushido aufgrund dessen »Verrats« verlassen hat. Sie müssen die beiden nicht kennen. Aber Sie können davon ausgehen, dass Ihre Jungs sie kennen. Der eine hat den Bambi für Integration gewonnen, mehrere Millionen mit seinen Songs verdient und darüber gerappt, dass er »Politikerschwuchteln foltert«. Der andere hatte in einem Jahr dreizehn Nummer-eins-Hits in den deutschen Musikcharts und ist gemessen daran erfolgreicher als die Beatles. Sie und ich können also gerne so tun, als sei das lediglich das immer gleiche irrelevante Bumbum. Aber erstens haben das unsere

Eltern zu unserer Musik auch schon gesagt. Und zweitens ändert es nichts an der Dominanz, mit der Rap als Teil von Hip-Hop inzwischen den globalen Musikmarkt beherrscht. Wenn wir also herausfinden wollen, warum sich Jungen Beleidigungen wie »dumme Schwuchtel« an den Kopf werfen, können wir Rap nicht ignorieren. Das gilt ganz besonders für Straßenrap oder Battlerap. In diesen Unterkategorien geht es darum, den Gegner auf möglichst kreative, wirksame Weise zu beleidigen und bloßzustellen und dabei zugleich die eigene Dominanz zu etablieren: Ich bin der Größte, du bist kein Gegner für mich. Das kann man für plump oder einfallslos halten. Fakt ist aber, dass die besten Vertreter des Genres immer wieder beweisen, dass es eine Kunstform ist. Gerade im Battlerap, also in der direkten Konfrontation im Kreis oder auf der Bühne vor Publikum, geht es darum, sich verbal zu duellieren und sich eben nicht physisch zu verletzen. Es gibt Regeln: kein offener Rassismus, kein Körperkontakt, nicht reinreden. Außerdem hat man sich an die Vorabsprachen mit seinem Kontrahenten zu halten, wenn er darum bittet, bestimmte Themen oder Personen nicht zu erwähnen. Innerhalb dieser Grenzen ist alles erlaubt. Elaborierte Geschichten über Mütter und Schwestern, die gefickt werden. Anspielungen auf das echte Leben eines Kontrahenten, haltlose Unterstellungen, Mord- und Vergewaltigungsfantasien. Und genau da schält sich heraus, was mit »schwul« wirklich gemeint ist. Es geht um »ficken oder gefickt werden«. Schwul ist, wer sich ficken lässt. Cool ist, wer fickt. Ein Battlerapper kann sich ohne Probleme darüber auslassen, dass er aktiven Analverkehr an einem Gegner vollzieht, solange er es sexuell nicht genießt. Analsex aus Verachtung. Analsex, um anzuzeigen, wie schwul der andere ist.

Nicht umsonst ist das Ziel eines Battles die »Zerfickung« des Gegners. Denn wer etwas zerfickt, der macht es kaputt. Die dahinterliegende Vorstellung, dass eine spezifische sexuelle Praktik auf die jeweilige Orientierung schließen lässt, ist so absurd wie wirkmächtig. Nicht die Tatsache, dass zwei Männer miteinander Sex haben, definiert sie nach dieser Logik als schwul. Als »schwul« gilt derjenige, der oral oder anal penetriert wird. Somit werden nicht Sexualpartner beschrieben, sondern Opfer und Täter benannt. Es bleibt alles beim Alten. Wir haben den Schulhof nicht wirklich verlassen. Wir spielen immer noch »Einer muss immer die Schwuchtel sein«. Sogar die Kreissituation und das urteilende Publikum sind immer noch da. Der Götze Männlichkeit verlangt Opfer und will sich an Tätern erfreuen. Dafür verspricht er Dominanz und Macht. Um ein bekanntes Zitat abzuwandeln: Wer sich in den Arsch ficken lässt oder gegen seinen Willen in den Arsch gefickt wird, hat die Kontrolle über sein Leben verloren. Wer fickt, hat die Kontrolle. Und hier schließt sich der Kreis.

Die Herabwürdigung von Homosexualität ist nur Mittel zum Zweck, um heterosexuelle Männlichkeit gegen andere zu ermächtigen. Das heißt nichts anderes, als dass sie im Grunde ohnmächtig ist. Sie ist so zerbrechlich, dass sie sich aus Schutzgründen für die Dauersituation eines Präventivkrieges gegen das vermeintlich Unmännliche entscheidet. Lieber einmal mehr um sich schlagen, als sich selber eine einfangen. Männlichkeit ist ein Kriegszustand. Angriff und Verteidigung, permanent Angriff und Verteidigung. Wenn, wie bei dem US-Rapper Kanye West, eine Ex-Freundin, die mittlerweile mit einem anderen Rapper liiert ist, in einer öffentlichen Fehde behauptet, dass man gerne ihren Finger im Hintern hatte, dann muss reagiert werden. Andernfalls ist man der Gefickte. Also erklärt man, dass natürlich nie irgendjemand auch nur in der Nähe des eigenen Hinterns war, dass man »so eine Scheiße« nicht macht und mit der eigenen Frau (wichtig: aktuelle Sexualpartnerin erwähnen!) ganz andere Dinge tut.

Würden nicht so viele unter diesem Setting leiden, wäre es einfach nur lächerlich. Erwachsene Männer, die ihre Identität über Ausgrenzung und Abwertung von vollkommen unproblematischen Dingen definieren, die sie nicht kennen und auch nicht kennen wollen. Heranwachsende Jungen, die diesen Erwachsenen dabei zusehen und denken: »Ja krass, das bedeutet es also, ein Mann zu sein.«

Also den Kindern Rap-Musik verbieten? Klarstellen, dass das nichts für sie ist, Handy wegnehmen, Streamingabo kündigen? Sie wissen, dass das nicht funktioniert. Das gibt der Sache nur noch einen zusätzlichen Reiz des Verbotenen. Außerdem ist Rap ist nicht schuld daran, dass Männer schwulenfeindlich und frauenverachtend werden. Rap ist der Katalysator, mit dem eine schwulenfeindliche und frauenverachtende Gesellschaft zugespitzt durch die musikalische Oberfläche gerammt wird. Wir haben uns die Suppe schon selber eingebrockt und müssen sie daher auch auslöffeln. Rap war schon immer auch anders als das, was ich beschrieben habe. Lustig, verspielt, ernst oder traurig. Rap war von Anfang an gegen das System gerichtet und hat schon immer sehr laut dazu aufgefordert, nicht so scheinheilig zu tun. Er feuert offen sexistische und schwulenfeindliche Bars zu unseren verdeckt sexistischen und schwulenfeindlichen Beats ab. Rap verändert sich, wenn wir uns verändern. Und er hat damit längst begonnen. Indem er weiblicher wird, Minderheiten in Schutz nimmt und seine eigene Widersprüchlichkeit aufdeckt. Im April 2018 kehrte Ben Salomo, der Gründer der erfolgreichen Battlerap-Plattform *Rap am Mittwoch*, der Szene den Rücken. Der jüdische Künstler begründete seine Entscheidung mit dem »Antisemitismus innerhalb der Rap-Szene – oftmals unter dem Deckmantel des Antizionismus, des Hasses auf Israel«. Außerdem sprach er Rassismus, Homophobie und Frauenverachtung an. »Ein richtiger 31er«, dachten sich viele und machten einfach weiter wie bisher. Aber andere eben nicht.

Die Rapperin Sookee verbindet seit Jahren Musik mit klar antirassistischer und antisexistischer Message. Sie erschafft Kunst und leistet politische Arbeit. Und auf den Battlerapplattformen wächst eine Generation heran, der allmählich dämmert, dass schwul keine Punchline ist. Keine Beleidigung an sich. Die Zeilen darüber rappt, dass man sich als Mann schon mehr Kleider angezogen als der Gegner irgendjemandem ausgezogen hat und ihn für seinen zur Schau gestellten Schwulenhass mit »Vollkontaktkuscheln« bedroht. Sie sehen, es wird besser. Wenn wir es besser machen.

Besser schimpfen

Ich leihe mir mal eine Zeile vom Battlerapper Mighty Mo und gehe Sie damit direkt an: »Wenn mein Hund Ihr Gesicht hätte, würde ich ihm den Arsch rasieren und beibringen, rückwärts zu laufen.« Wen außer Ihnen habe ich damit beschimpft? Niemanden. Ich habe noch nicht einmal den Hund beleidigt. Das ist einfach eine relativ kreative Art, Ihnen zu sagen, dass Sie hässlich sind. Nun sind Sie und ich uns darüber einig, dass man als Erwachsener so mit niemanden umgehen sollte. Zugleich haben wir ausreichend Erfahrung, um zu wissen, dass Zorn, Aggressivität und deren Ausdruck in Form von Schimpfen zum Leben dazugehören. Der Sprung von unserer jetzigen Situation zu den achtsamen, gewaltfreien Pazifisten, die wir in unseren besseren Momenten gerne wären, ist unrealistisch und viel zu groß. Es wäre der zehnte Schritt vor dem ersten. Also fangen wir doch besser mit dem ersten an: besser schimpfen. Beleidigen Sie niemanden, den Sie nicht auch meinen. Der Autofahrer vor Ihnen ist nicht behindert, weil er Sie ausbremst. Menschen mit Behinderungen haben damit überhaupt nichts zu tun. Anderen

Gewalt anzutun ist nicht krank. Es ist falsch, schlecht, böse, gemein. Vielleicht ist der Täter oder die Täterin tatsächlich krank. Aber jemanden, der unter Depressionen oder Schizophrenie leidet, verbal mit einem Massenmörder in eine Schublade zu stecken ist der falsche Weg. Wenn Sie fluchen müssen, fluchen Sie präzise. Widersprechen Sie, wenn andere Minderheiten für Ungemach oder Schlechtigkeiten verbal mitverantwortlich machen. Und arbeiten Sie am Entlernen alteingesessener Vorurteile. Sie könnten beispielsweise für einen Tag in Gedanken die Worte »wunderschön«, »großartig« und »toll« durch den Begriff »schwul« ersetzen. Das ist einfach nur ein kleiner Trick aus der Psychologie, genauer aus dem Neuro-Linguistischen Programmieren, aber ich verspreche Ihnen, dass er funktioniert. Nicht nur bei Ihnen. Und wenn Sie keine Lust haben, so große Anstrengungen für etwas so Abstraktes wie »die anderen« oder »die Gesellschaft« auf sich zu nehmen, dann tun Sie es für sich. Tun Sie es für Ihren Jungen. Denn wenn Sie andere vor Ausgrenzung durch Ihren Jungen schützen, dann schützen Sie letztendlich auch Ihren Jungen.

Und das wäre doch ziemlich schwul, oder?

7 | GEWALT IST (K)EINE LÖSUNG

Meine Lebenskomplizin und ich haben in der Erziehung unserer Kinder einen großen Vorteil: Wir kennen uns schon so lange, dass wir vieles von dem, worauf wir heute in der Erziehung unserer Kinder setzen, bereits vor ihrer Geburt fixiert haben. Selbstverständlich fällt so manch ein naiver, vorkindlicher Plan der Realität des Familienalltags zum Opfer, aber einiges bleibt bestehen. Zum Beispiel, dass wir einander vor den Kindern nicht in den Rücken fallen. Wenn ich für mich beschlossen habe, dass meine Großen in den Ferien um 10 Uhr ins Bett müssen, sie aber von der Mutter die Ansage »11 Uhr« bekommen, dann diskutieren wir das nicht vor Publikum aus, sondern regeln das unter uns. Das funktioniert vor allem auch deshalb, weil wir uns, was die Erziehung anbelangt, im Großen und Ganzen einig sind – mit einer signifikanten Ausnahme. Für meine Lebenskomplizin gilt die Maxime, dass Gewalt keine Lösung ist. Als Kreuzberger Göre aus einem friedensbewegten Haushalt ist das kein Lippenbekenntnis, sondern sehr ernst gemeint. Ich bin anders aufgewachsen. Für mich war Gewalt immer eine Option. Ich habe Gewalt erfahren und ich bin gewalttätig gewesen. In meiner Welt gab es immer wieder Situationen, denen ich mich nicht dadurch entziehen konnte, dass ich der Klügere bin und nachgebe. Ich musste andere Jungen mit Gewalt dazu bringen, von mir abzulassen. Häufig mit der nicht nur auf physischer Ebene schmerzhaften Erkenntnis, dass ich sie nicht davon abhalten kann, dass sie mir auf jeden Fall wehtun werden. Oft genug musste ich mich entscheiden, Schläge entweder einfach hinzunehmen oder mich zur Wehr zu setzen. Geschlagen wurde so oder so. Damit deckt sich meine persönliche Erfahrung nicht mit dem Wissensstand auf dem Gebiet der Gewaltprävention. Da heißt es – für meine Begriffe mantraartig, dass Deeskalation die beste Strategie ist und man Situationen vermeiden soll, in denen Gewalt entstehen könnte. Nicht zuletzt auch deshalb, weil Gegengewalt die Gewalt mehrt. Als erwachsener Mann nicke ich zu solchen Aussagen und versuche nach Kräften, mich daran zu halten. Aber mit Blick auf mein jugendliches Ich schüttelt dieser erwachsene Mann auch den Kopf darüber und lacht bitter über Formulierungen wie »Situationen vermeiden, in denen Gewalt entstehen kann«. Ich hätte also nicht zur Schule gehen sollen? Und wenn doch, hätte ich eben besser nicht die dortigen Toiletten benutzen sollen? Ich wäre wohl auch besser nicht Mitglied in einem Sportverein geworden, hätte aber auf jeden Fall dort nicht die Umkleidekabine nutzen sollen. Öffentliche Bolzplätze hätte ich meiden und nicht Zeitungen zur Aufbesserung meines Taschengeldes austragen sollen. Mir bei einem Schnellimbiss etwas zu essen zu bestellen ist wohl eine schlechte Idee gewesen. Genauso wie eine Kommilitonin anzusprechen, denn sie konnte ja einen Freund haben. Ich hätte besser die Straßenseite gewechselt. Ich hätte besser nicht die Straßenseite gewechselt. Das sind nur einige der Situationen, in denen mir Gewalt durch andere Jungen und Männer nicht nur angedroht wurde, sondern es zu handfesten Auseinandersetzungen kam. Meistens waren sie kurz und für alle Beteiligten mehr oder weniger schmerzhaft. Manchmal schienen sie sich endlos zu wiederholen. Womöglich hätte sich jede dieser Situationen durch mehr Achtsamkeit und umsichtigere Deeskalationsmaßnahmen entschärfen lassen. Aber warum ist das eigentlich meine Aufgabe? Wieso muss ich dem Jungen, der in irgendeinem Hauseingang einen Teleskopschlagstock zückt, weil er an mein Geld will, dabei helfen, nicht zum Täter zu werden, wenn mir mein Instinkt sagt, dass ich nicht schnell genug rennen kann, um mich einem Angriff zu entziehen, wohl aber schnell genug bin, um ihm heftig genug aufs Maul zu hauen, damit er seine Waffe fallen lässt? Ich soll mich also nicht provozieren lassen, im Kopf haben, dass zurückschlagen nicht zwingend als Notwehr eingestuft werden muss, und im Auge behalten, dass ich dafür zivilrechtlich belangt werden kann und keine Gewalt sowieso viel besser ist. Wieso stellen wir Gewaltattacken eigentlich beinahe ausschließlich als Scheitern des Opfers dar und nicht als Totalversagen des Täters?

Die Frage nach dem Ursprung der Gewalt berührt den dunkelsten Kern der Männlichkeitssozialisation. Er liegt im tiefsten Kreis der Hölle. Und wie wir bereits gesehen haben, werden unsere Söhne von uns oder anderen in sehr jungen Jahren in diese Hölle hinabgestoßen. Für mich persönlich war Gewalt immer eine Option. Ich wünschte, es wäre anders gewesen. Dass ich Mittel und Wege gehabt hätte, mich der Gewalt gegen mich zu entziehen und mich nicht über andere durch die Anwendung von Gewalt zu erheben. Aber dafür hätte ich sehr viel mehr als nur die andere Wange hinhalten müssen. Und das war mir schlicht nicht möglich. Deshalb beantworte ich die Frage meines Sohnes, ob er zurückschlagen darf, wenn jemand anders ihn peinigt und dabei einfach nicht von ihm ablassen will, anders als meine Lebenskomplizin. Während sie voller (tatsächlich guter und brauchbarer) Vorschläge ist, wie er sich der Situation entziehen und ein mögliches Problem lösen kann, springe ich gedanklich zum Ende all dieser Bemühungen. Dann frage ich mich für meinen 12-jährigen Sohn und mein 12-jähriges Ich, was genau passiert, wenn all diese Dinge nicht funktionieren. Wenn irgendein älterer Junge dir unter vier Augen »sein Butterflymesser zeigt«, um sein trauriges Verständnis von Männlichkeit an dem aufzurichten, was er an dir als angeblich unmännliche Furcht identifiziert. So als hätte die Angst vor Schmerzen oder der Wunsch nach körperlicher Unversehrtheit ein Geschlecht. Dann rate ich meinem Sohn, zu tun, was er für richtig hält. Wenn er sich der Situation, zum Beispiel durch Weglaufen, entziehen kann, großartig. Wenn er es schafft, die andere Person von einem gewaltfreien Miteinander zu überzeugen, umso besser. Aber wenn er sich nicht anders zu helfen weiß, als sich aus einer unmittelbaren, Furcht einflößenden und existenziellen Bedrohung zu prügeln, wird er von mir nicht hören, dass das falsch ist. Meine Aufgabe als Vater ist es, meinen Kindern beizubringen, was richtig und was falsch ist und die Verantwortung für sich selbst und ihr Handeln zu übernehmen. Wenn sie darüber hinaus regelmäßig die Kraft und die Zuneigung aufbringen, auch für andere Verantwortung zu übernehmen, dann habe ich einen richtig guten Job gemacht. Aber es ist nicht Bestandteil dieses Jobs, meinen Kindern beizubringen, dass sie für das Handeln anderer Personen Verantwortung zu übernehmen haben. Ebenso wie ich in ihnen nicht die Erwartung schüre, andere würden oder sollten an ihrer statt die Verantwortung für ihr Handeln übernehmen. Der leider viel zu früh verstorbene Journalist und Autor Christopher Hitchens hat diese Maxime mit Bezug auf seine eigene atheistische Motivation zur Ablehnung der christlichen Religion wohl am schärfsten formuliert. In zahlreichen Debatten wies er seine Kontrahenten immer wieder darauf hin, dass über das Fehlen der entsprechenden Belege für die Existenz Gottes hinaus ihn die schiere Idee, jemand würde ihn um seine Verantwortung erleichtern, moralisch anwiderte. Man kann, so sein Beispiel, die Schulden einer anderen Person begleichen. Aber man kann sie nicht von Schuld befreien, indem man diese auf sich nimmt. Lässt man den metaphysischen Überbau dieser Formulierung beiseite, dann trifft sie genau ins Schwarze. Stellen Sie sich vor, Sie hätten einen furchtbaren Tag gehabt. Sie wurden auf der Arbeit runtergeputzt, haben fürs Falschparken schon wieder einen Strafzettel bekommen und das Wetter beginnt, Ihnen Migräne zu verursachen. Zu Hause wollen Sie eigentlich nur Ihre Ruhe haben, geraten aber stattdessen mit Ihrem Kind aneinander, das Sie wieder und wieder mit seinen Bedürfnissen belästigt, frech wird, Sie beschimpft und einfach nicht von Ihnen ablässt. Irgendwann platzt Ihnen der Kragen und Sie schlagen zu. Etwas, darüber sind Sie und ich uns sicher einig, das niemals geschehen sollte, aber dennoch zu vielen zu oft geschieht. Sie erschrecken vor sich selbst und verlassen umgehend den Raum. Ihr Partner beziehungsweise Ihre Partnerin übernimmt die Situation, tröstet das Kind, erklärt, versichert glaubhaft, dass Sie so etwas nie wieder tun werden. Benennt Beispiele, die verdeutlichen sollen und können, wie sehr Sie Ihr Kind lieben und warum man vor Ihnen grundsätzlich keine Angst haben braucht. Selbst wenn man all das für Sie tut und selbst wenn Ihr Kind Verständnis aufbringen und Ihnen verzeihen sollte, sind Sie immer noch die Person, die ihr Kind geschlagen hat. Nichts hat sich daran geändert, Ihre Verantwortung bleibt vollständig bestehen. Es ist weder die Aufgabe des Kindes, damit gut umzugehen, noch die Aufgabe der Partnerin oder des Partners, die Dinge für Sie zu regeln. Schön, wenn das klappt, aber trotzdem sind Sie am Zug. Es steht einem Täter oder einer Täterin nicht zu, von potenziellen oder tatsächlichen Opfern ein Verhalten zu erwarten, das dazu hätte beitragen können, die Tat zu verhindern. Und ganz bestimmt sollten wir als Gesellschaft bei diesem Prozess nicht auch noch assistieren. Trotzdem tun wir genau das. Und zwar ständig. Wir kehren das eigentliche Opfer-Täter-Verhältnis um und stellen infrage, wie und warum jemand zum Opfer werden konnte, anstatt Täterschaft zur Verantwortung zu ziehen. Wir wollen wissen, warum junge Frauen nachts alleine durch den Park gehen, aufreizend gekleidet sind oder sich in einer Bar betrinken, statt mit unserer Erziehungsarbeit dafür zu sorgen, dass das niemals und für niemanden eine Einladung zu irgendetwas ist. Wir lesen mit Interesse in Zeitungen über einen »bis dato unauffälligen Familienvater«, der so sehr Anspruch auf Liebe, Sexualität und Gehorsam zu haben glaubt, dass er, konfrontiert mit einer Trennungssituation, Ex-Partnerin und Kinder ermordet. Das Ganze unter der Überschrift »Familientragödie«. So als handelte es sich dabei um einen Auszug aus Thomas Manns *Die Buddenbrooks* und nicht um einen weiteren Beleg dafür, dass unsere handelsübliche Männlichkeitszurichtung Männer produziert, die sich viel zu oft mit dem Rücken zur Wand wähnen und glauben, sie hätten nichts zu verlieren. Am Ende, und auch darüber werden wir sprechen müssen, stehen auch Fragen an verletzte kleine Jungen, wieso der Priester DAS wohl mit ihnen gemacht hat. Wo er doch ein Mann Gottes und immer so nett gewesen ist. An dem Satz »Lass dich nicht vergewaltigen!« ist nichts okay. Wir müssen die ersten beiden Wörter dieser Aufforderung mit größtmöglichem Nachdruck streichen und uns der unangenehmen Situation stellen, dass Gewalt nicht nur in unserer Gesellschaft ein Geschlecht zu haben scheint. Wenn jemand mit einem Schnellfeuergewehr aus einem Hotel in die Menge ballert, seine ehemalige Schule überfällt, einen Menschen mit Säure verätzt oder ein Fahrzeug in eine Menge steuert, dann ist diese Person zumeist männlichen Geschlechts. Gewaltherrscher, Warlords, Drogenbarone, Waffenschmuggler – die offenkundige Gemeinsamkeit liegt nicht in Herkunft oder Hautfarbe begründet, sondern vielmehr in der Geschlechtszugehörigkeit. Frauen begehen nur einen Bruchteil aller Straftaten. Gerade mal 5,3 Prozent der in Deutschland inhaftierten Personen sind Frauen. In Sicherungsverwahrung befinden sich fast ausschließlich Männer. Und seit über 100 Jahren ist die Zahl der weiblichen Verurteilten nahezu gleich geblieben.

Dies an dieser Stelle klar zu benennen ist unumgänglich. Und doch – einmal mehr – geht es eben gerade nicht darum, Jungen als geborene Gewalttäter zu markieren. Wenn sie das wirklich wären, dann wäre es nicht nur angebracht, sondern praktisch unumgänglich, jene Maßnahmen zu ergreifen, die nationalistische und rechtskonservative Kräfte dem emanzipatorischen Feminismus unterstellen: Jungen müssten gleich zu Beginn an eine sehr kurze Leine genommen werden und mit ihrer eigenen Gefährlichkeit konfrontiert werden. Zum Wohle aller müsste ihr Recht auf Selbstentfaltung beschnitten werden, weil es sich um gewalttätig geborene Subjekte handelt, die unwiederbringlich dazu prädestiniert sind, durch Gewalt Leid zu erzeugen. Das kann ich unmöglich so hinnehmen und Sie sollten das auch nicht.

Meine Analyse ist eine andere: Wir halten Jungen bereits an einer viel zu kurzen Leine. Wir beschneiden ihre Selbstentfaltung von Anfang an und befeuern ein nahezu unstillbares Bedürfnis nach Intimität und Liebe, während wir genau diese Sehnsucht als unmännlich abtun und tatenlos dabei zusehen, wie sie in eine gewalttätige Vision von Überlegenheit, Macht und Kontrolle pervertiert wird. Kontrolle wird da gebraucht, wo kein Vertrauen ist. Macht ist da erforderlich, wo Kooperation auf Augenhöhe unmöglich ist. Und Überlegenheit wird da kultiviert, wo Zuneigung und Zärtlichkeit verdinglicht und als Leistung von anderen eingefordert werden. Diese Formen der Gewalt bekommen wir nicht in den Griff, indem wir sie für beendet erklären oder uns ihnen so lange entziehen, bis wir uns ihnen nicht mehr stellen müssen. Und schon gar nicht dadurch, dass wir Opfern erklären, wie sie sich weniger opferhaft verhalten können, um die Tat nicht noch einmal erleiden zu müssen. Das ist es, was ich meine, wenn ich meinem

Sohn die Option auf Gegenwehr einräume – und damit auf Gewalt. Die Widersprüchlichkeit dieser Vorgehensweise ist mir dabei durchaus präsent. Und ich hege große Sympathien für einen pazifistischen Traum von Gewaltfreiheit, in dem alle Menschen gut zueinander sind und die Grenzen anderer wie die eigenen respektieren. Aber Gewalt ist ewig und unzerstörbar. Solange es Menschen gibt, wird es Gewalt geben und Strategien, um sie einzuhegen und zumindest zeitweise zu unterbinden. Es mag sein, dass bei dieser Einschätzung das Gewaltopfer oder auch der Gewalttäter aus mir spricht. Ich wurde als Kind mit und für Gewalt abgerichtet, um zum Mann heranzuwachsen. Diese Gewalt habe ich immer noch in mir, sie verlässt mich nie ganz. Die Erwartung, dass sich jemand mir gegenüber gewalttätig verhält, ist genauso unveränderlicher Bestandteil meines Lebens wie die grundsätzliche Bereitschaft, zu Gegengewalt zu greifen. Ich funktioniere in diesem Sinne ähnlich wie ein trockener Alkoholiker. Auch wenn mein Leben glücklicherweise schon lange nicht mehr von Gewalt geprägt ist, werde ich diese Struktur nicht mehr los. Ich bin darauf eingestellt. Aber es ist nicht nur das. Ganz abgesehen davon bin ich der tiefen Überzeugung, dass Gewalt immer Bestandteil unserer Menschlichkeit sein wird. Das kann man durchaus pessimistisch finden. Ich nenne es realistisch. Selbst unter den bestmöglichen Voraussetzungen werden wir keine gewaltfreie Gesellschaft erschaffen können. Auch nicht mit einem so hübschen Gedankenexperiment wie dem »Schleier des Nichtwissens« des US-amerikanischen Philosophen John Rawls (aus *A Theory of Justice*, 1971). Der ging nämlich davon aus, dass sich eine gerechte Gesellschaft dadurch erzeugen ließe, dass eine Gruppe von Menschen sich Regeln für ein gemeinsames Zusammenleben ausdenkt, in dem sie ihre Identität nicht festlegen können. Vereinfacht gesagt: Stellen Sie sich vor, Sie bekommen mit ein paar anderen Leuten die Aufgabe, neue Regeln festzulegen, an die sich alle zu halten haben. Der Clou daran ist, dass Sie selbst in der Gesellschaft leben werden, für die Sie Regeln schaffen sollen, ohne zu wissen, welche Identität Sie in ihr haben werden. Das heißt, dass es in Ihrem eigenen Interesse liegt, Regeln zu machen, die Sie auf gar keinen Fall schlechter stellen als andere. Ob reich oder arm, jung oder alt, mit Behinderung oder ohne (und was der diskriminierenden Faktoren mehr sind) – das alles würden Sie auf die Gefahr hin, selbst betroffen zu sein, aus purem Eigennutz gleichberechtigen. Dabei käme meiner Ansicht nach zweifellos eine sehr viel gerechtere Gesellschaft als unsere jetzige heraus. Und auch eine viel gewaltfreiere. Aber da Gewalt, Vorteilnahme, Egoismus und Ignoranz genauso in uns stecken wie Liebe, Mitgefühl, Selbstlosigkeit und Neugier würde auch eine solche Gesellschaft Mittel und Wege finden, andere zu diskriminieren und mit Gewalt zu terrorisieren. Nach Kriterien, die wir uns heute nicht einmal ausdenken können. Wir sind also, wenn Sie mir gestatten, diesen kurzen Theorieexkurs wieder auf unsere aktuelle Situation herunterzubrechen, nicht nur eine Gesellschaft, die neben vielen anderen Dingen zutiefst von Gewalttätigkeit geprägt ist, sondern auch eine, die sich großflächig darauf verständigt zu haben scheint, diesen Aspekt unseres Mit- beziehungsweise Gegeneinanders Jungen und Männern zuzuweisen. Deshalb ist heranwachsende Männlichkeit auch von diesen Einübungen im Ausrasten und Eskalieren geprägt. Und ich glaube, dass sie sich durch dieses Zuschieben potenziert. Anstatt Ihnen also das Märchen von einer absolut gewaltfreien Gesellschaft aufzutischen, habe ich Ihnen etwas weniger Erfreuliches, dafür aber sehr viel leichter Umsetzbares anzubieten: Ich bin dafür, dass wir das gesellschaftliche Gewaltpotenzial besser verteilen und dabei zugleich an einer allgemeinen Deeskalation und Sensibilisierung für die Bedürfnisse anderer arbeiten. Statt Zorn und Aggressivität männlich zu konnotieren oder gar ganz aus dem Spektrum menschlicher Empfindungen zu verdammen, erkennen wir diesen Gefühlen ihren Wert zu und arbeiten mit dem, was nun einmal alle haben, Männer aber den Stereotypen zufolge haben müssen und Frauen nicht haben dürfen. Wir werden nicht alle wie von Zauberhand für immer sanfte Lämmchen, sondern gestehen uns zu, dass wir den anderen gelegentlich auch ein Wolf sind, und schaffen dafür ganz konkrete Regeln, Pläne und Vorsichtsmaßnahmen. Damit wir möglichst großflächig vermeiden, dass jemand zu einer blutrünstigen Bestie wird.

Was ich Ihnen anbiete, ist der Verzicht auf Extreme. Lassen Sie uns einen Pakt schließen, in dem wir festhalten, dass wir Jungen nicht mehr dazu auffordern, ihre Männlichkeit durch Facetten von Gewalttätigkeit zu belegen. Zugleich einigen wir uns darauf, dass es nicht nur nicht notwendig, sondern auch unfair und kontraproduktiv ist, von Jungen eine vollumfängliche Zahnlosigkeit zu verlangen, weil sie angeblich alle aufgrund ihres Geschlechts über einen Beißreflex verfügen. Wir müssen aus Jungen nicht pauschal bessere Menschen machen, weil sie nie pauschal schlechtere waren. Und schon gar nicht müssen wir sie zu Gewaltfreiheit umerziehen. Das wäre nämlich nur eine Fortführung der unfairen Verteilung des gesellschaftlichen Gewaltpotenzials mit anderen Mitteln. Außerdem leistet das genau der Art Frustration Vorschub, der wir in den letzten Jahrzehnten immer wieder beiwohnen müssen und die mehr und mehr Opfer verlangt. Wenn wir Gewaltbereitschaft und Männlichkeit praktisch deckungsgleich definieren und zugleich vollkommen zu Recht auf ein Höchstmaß an Gewaltfreiheit innerhalb einer Gesellschaft bestehen – wohin dann mit Frust, Enttäuschung, Verletzung und Aggression? Was machen Jungen damit? Wie bringen wir ihnen einen verantwortlichen Umgang damit bei?

Wir drücken uns davor, alle miteinander. Wir weigern uns, neue, gelingende Erzählformen von Männlichkeit zu entwickeln, weil es unfassbar mühselig und kleinteilig ist.

Weil uns die Sprache fehlt. Als die britische Premierministerin Theresa May im Nachgang des Selbstmordattentats auf ein Popkonzert in Manchester 2017 vor die Presse trat, sprach sie von einer »ganz neuen Kategorie der Feigheit«. Donald Trump nannte den Attentäter und seine Unterstützergruppe eine Bande von »bösartigen Verlierern«. Anstatt sich also darauf zu fokussieren, dass gute Menschen (gerne auch gute Männer) so etwas nicht tun und was sie stattdessen tun können und sollten, wurde das Ganze wieder einmal zu einem Lehrstück über die beiläufige Definition von Männlichkeit. Diese ungute Definitionsarbeit leisten wir andauernd. Und zwar in abwertenden und defizitären Zusammenhängen oder in strahlenden Glorifizierungen des gegenteiligen Verhaltens: Gute Männlichkeit ist nicht feige, sondern mutig. Echte Männer sind keine Verlierer, sondern Gewinner. Ich will Sie nicht entmutigen, aber wenn wir so weitermachen, dann kommen wir aus unserer eben auch selbst verschuldeten Misere mit unseren Jungen niemals heraus. Denn gute, echte, wahre, schöne, liebenswerte, fantastische Jungen sind manchmal unglaublich feige. Und weil das Leben so ist, wie es nun einmal ist, verlieren sie gelegentlich. Das gehört dazu. Das ist männlich, weil menschlich. Niemals feige sein zu dürfen ist unmännlich, weil unmenschlich. Niemals zu verlieren ein Ding der Unmöglichkeit. Trotzdem verlangen wir genau das.

Schlagen müssen

Die maximale Verkörperung eines Prinzessinnenjungen im abwertenden Sinn ist ein Junge, der sich nicht zur Wehr setzt. Wehrhaftigkeit in diesem Sinne ist keineswegs auf die Art Verteidigung beschränkt, die ich meinem eigenen Sohn und jeder anderen Person zugestehen würde. Also auf einen Widerstand gegen einen ganz konkreten gewalttätigen Angriff, dem man sich nicht aussetzen will und zugleich nicht entziehen kann. Fehlende Wehrhaftigkeit meint hier eine ganz elementare Passivität dem Leben gegenüber und Leben meint eine Aneinanderreihung von Angriffen auf das männliche Ich. Ob nun die schlechte Note in der Schule, die Beleidigung »schwul« im Kreis der Freunde, die ausstehende Beförderung oder die Beendigung der Beziehung durch die Partnerin – stets ist es »das Andere«, das von außen auf Männlichkeit eindringt und sie vorgeblich in ihrer Existenz bedroht. Das Andere funktioniert hier wie bereits erwähnt als eine Art Verschwörung, die an Jungen und Männer mit einem konkreten Plan heranrückt: sie ihrer Männlichkeit und damit zugleich ihrer Ehre zu berauben und sie somit vor anderen als unmännliche, ehrlose Person schlecht aussehen zu lassen. Dieses Schicksal gilt es, um jeden Preis zu vermeiden. Deshalb werden die Wachstumsschmerzen und die lebenserfrierende Coolness in sehr konkrete Handlungen übersetzt. Anstatt sich darum zu kümmern, was wirklich vorhanden ist und zu verkümmern droht, wird der Status verteidigt. Also das, was vage bleibt und allenfalls am Rande mit der eigenen Identität zu tun hat. Status hat immer mindestens genauso viel mit der Identität derjenigen zu tun, die den Status anerkennen sollen. Das ist insofern wichtig zu verstehen, als die umfassende Verschwörung, gegen die man(n) sich zur Wehr setzt, häufig nur eine gefühlte ist. Damit will ich nicht sagen, dass es überhaupt keine konkreten Übergriffe und Infragestellungen von Männlichkeit gibt. Wenn dem so wäre, hätte ich die letzten Kapitel nicht geschrieben. Trotzdem fällt auf, dass es in den Reaktionen kaum bis gar keinen Unterschied auf eine echte Kränkung oder eine vermutete Kränkung gibt. Ähnlich wie beinahe jede junge Frau leider die Situation kennt, in der ihr hinterhergepfiffen und sie mit Obszönitäten eingedeckt wird, kennt beinahe jeder junge Mann die Situation, in der ihm eine angriffslustig wirkende Männergruppe entgegenkommt und er nicht so recht weiß, wie er damit umgehen soll. Denn erfahrungsgemäß wird sich jemand aus dieser Gruppe von ihm provoziert fühlen und die ganze Sache eskalieren wollen. Stellen Sie sich also vor, wie mein 16-jähriges Ich am frühen Abend die Naunynstraße in Berlin-Kreuzberg entlangläuft. Angeblich eine der gefährlichsten Ecken Deutschlands, aber ganz in der Nähe wohnt meine Freundin (Ihnen auch unter »Lebenskomplizin« bekannt) und deshalb muss ich da häufiger lang. Mir kommt eine fünfköpfige Gruppe von etwa gleichaltrigen Jungen entgegen. Sie sehen nach Stress aus. Woher ich das weiß? In drei von fünf solcher Situationen hat es in meinem bisherigen Leben in irgendeiner Form Stress gegeben: Beleidigungen, Anrempler, Nackenschellen, Prügeleien und so weiter. Welche Optionen habe ich? Die erfolgversprechendste ist tatsächlich die, möglichst unbeeindruckt einfach seinen Weg fortzusetzen und sich überhaupt nicht auf die Situation einzulassen. Aber auch dann kann es Stress geben. Ebenso, wenn ich die Straßenseite wechsle. Alles kann als Vorwand dienen: Ob ich Blickkontakt suche oder ihm bewusst ausweiche, auf Ansagen reagiere oder nicht. In vielen Fällen nimmt es sich nichts. Die Reaktion fällt aus, als hätte ich eine Beleidigung ausgesprochen oder mich provokant verhalten. Da könnte ich den Betreffenden auch gleich vor die Füße spucken und sie fragen, was fünf hässliche Putzlappen wie sie in meiner Straße zu suchen hätten. Dafür gäbe es auf jeden Fall Stress. Aber zurück zur Ausgangslage: Warum hängt hier so wenig von meinem konkreten Verhalten ab? Ganz einfach: Die Männlichkeitsmaxime »Schlagen müssen« war schon da, bevor ich in die Straße eingebogen bin. Es spielt nicht wirklich eine Rolle, was ich tue. Meine Anwesenheit als heranwachsender Mann ist Provokation genug. Sie provoziert dazu, mit der eigenen Männlichkeit vor ausgewähltem Publikum mein Mannsein zu dominieren und es dabei für lächerlich beziehungsweise inexistent zu befinden. Die Frage »Willst du Schläge?« ist demzufolge eine Maskierung der Feststellung »Ich will mich schlagen«. Und noch genauer: »Ich will dich mit Gewalt vor Publikum erniedrigen, um mich selbst dabei aufzuwerten. Außerdem dient mir das als präventive Schutzmaßnahme vor anderen, die gerne mit mir ähnlich verfahren würden, weil die womöglich vom Publikum gesteckt bekommen, dass mit mir nicht zu spaßen ist.« Was also nach einer stumpfen Herausforderung klingt, ist eine hochwirksame soziale Positionierung vermittels der Androhung von Gewalt. Mein 16-jähriges Ich hat darauf unterschiedlich reagiert. Manchmal ist es so schnell weggerannt, wie es konnte, manchmal ist es einfach stumm weitergelaufen und hat sich dafür in den Nacken spucken lassen und manchmal ist es stehen geblieben und hat auf die Frage »Willst du Schläge?« geantwortet, dass das nach einer guten Idee klingt und eine Schlägerei jetzt genau das Richtige wäre. Meistens musste ich mich dann nicht schlagen. Gelegentlich schon. Alles ziemlich unerfreulich, aber das tut hier gerade nichts zur Sache. Wichtig ist, den Impuls zu einer gewalttätigen Auseinandersetzung als soziale Positionierung zu verstehen. Lassen Sie sich nicht von Leuten in die Irre führen, die Ihnen erzählen wollen, dass Jungen einfach Lust daran haben, sich körperlich zu messen. Wenn es nur darum ginge, hätte der »Willst du Schläge?«-Typ das ja schon längst haben können. Er hätte sich mit seinen Freunden bei irgendwem treffen können und dann hätten sie gerauft oder Wrestling nachgespielt oder was auch immer. Ein Kampfsportverein wäre sicher auch keine schlechte Wahl. Und wenn ich ihn wirklich provoziert hätte, dann könnte er zu sehr viel eindeutigeren Kommunikationsstrategien greifen als zu nichtssagenden Stressstartern wie »Willst du Schläge?« und »Hast du mich angeguckt, oder was?«. Die Provokation steht schon längst im Raum. Genau genommen habe weder ich noch die fünf Jungen sie dorthin gestellt. Wir bewegen uns vielmehr durch einen Männlichkeitsraum, in dem diese sozialen Spielarten von Gewaltprovokation elementare Bestandteile sind. Die Bühne ist also längst bereitet, wenn wir sie betreten. Das Stück ist bereits geschrieben, die Regieanweisungen sind so häufig gehört, dass wir sie bis ins kleinste Detail verinnerlicht haben. Wir führen nur einen bestehenden Konflikt auf. Einer, bei dem wie so oft unsere Unversehrtheit auf dem Spiel steht. So als wäre sie nicht weiter von Belang. So als wäre das eine völlig unbedeutende Qualität, auf die wir ohne Probleme verzichten könnten. Angesichts der Tatsache, dass Männlichkeit großflächig durch Versehrtheit erzählt wird, ist das die naheliegendste Möglichkeit. Und sie beginnt nicht erst bei meinem oder Ihrem 16-jährigen Ich, sondern sehr viel früher.

In dem sehenswerten Film *The Tree of Life* von 2011 gibt es eine sehr beeindruckende Szene. Darin versucht Brad Pitt als Mr. O'Brian seinen Söhnen das Boxen beizubringen. Immer wieder fordert er sie auf, ihn zu schlagen und dabei ihre Deckung nicht zu vernachlässigen. Er lobt sie, wenn sie sich geschickt dabei anstellen, mit ihren für ihn vollkommen harmlosen Schlägen auf sein Kinn zu zielen, und ermutigt sie, so hart wie möglich gegen ihn auszuteilen. Ziel dieser Übung ist es, sie auf die Härten des Lebens vorzubereiten. Ein Junge, so die Idee, muss sich zu wehren wissen. Er wird im Laufe seines Lebens unweigerlich mit Gewalt konfrontiert werden und sollte alles daransetzen, nicht zum Opfer gemacht zu werden. Diese Szene repräsentiert die lange ungebrochene gesellschaftliche Norm von Männlichkeit, und deren verinnerlichte Gedanken laufen auf folgender Schiene: *Das Leben ist Kampf. Wer nicht kämpft, hat schon verloren. Wer verliert, kann nicht der Held seines eigenen Lebens sein. Steh (wieder) auf! Wehr dich, kämpfe!* Das sind ganz klassische Tugenden, die Männlichkeit zugeschrieben werden und deren angebliches Fehlen heute vor allem von Menschen, die sich rechts des konservativen Mainstreams verorten, beklagt wird. *Der Tagesspiegel* zitiert am 3. Juni 2018 den Fraktionsvorsitzenden der thüringischen AfD, Björn Höcke, beispielsweise so: »Wir müssen unsere Männlichkeit wiederentdecken. Denn nur, wenn wir unsere Männlichkeit wiederentdecken, werden wir mannhaft. Und nur, wenn wir mannhaft werden, werden wir wehrhaft.« Und in dem neurechten Chemnitzer Jugendmagazin *Blaue Narzisse* heißt es: »Heute versteckt sich der deutsche Großstadtmann hinter seiner Liebsten, da er vergessen hat, dass die Verteidigung seiner Verantwortung obliegt.«

Da ist er wieder, der verweichlichte Mann. Der Mann also, dem als Kind nicht beigebracht wurde, dass es fressen oder gefressen werden heißt. Der vergessen hat, dass die Narben, die einem Mann von der Verteidigung seiner Liebsten oder seines Vaterlands bleiben, die größtmöglichen Tapferkeitsauszeichnungen für ihn sind. Gerne können Sie an dieser Stelle noch anderen nationalkonservativen Männlichkeitsschwachsinn einfügen, falls Ihnen welcher einfällt. Die Grundrichtung dürfte klar sein. Daher an dieser Stelle noch einmal in aller Deutlichkeit: Auf die Gefahr hin, mir damit nicht nur Freunde zu machen, gehe ich davon aus, dass Schlagen nicht immer vermeidbar ist und es Situationen gibt, in denen Gewalt eine Option ist. Aber schlagen zu müssen ist ein Imperativ, dem sich Jungen und Männer nicht unterstellen sollten. Und man sollte ihn auch nicht an sie richten. Was heißt hier müssen? Ich schulde niemandem meine Härte, meine Bereitschaft zur körperlichen Versehrtheit oder zur Wehrhaftigkeit bis zum Heldentod. Was ich für meine Liebsten mache, geht nur sie und mich was an und nicht irgendwelche Dödel, die mich als wehrhaftes Organ für den Volkskörper rekrutieren wollen.

Männlichkeit sollte mehr sein als die Gewissensprüfung bei der Verweigerung des früheren Grundwehrdiensts: »Sie gehen durch einen dunklen Wald. Ihnen kommen zwei körperlich stark überlegene Russen entgegen, die Ihre Freundin vergewaltigen wollen. Sie haben eine Waffe. Was tun Sie?«

Niemand sollte das Recht haben, Sie, mich und ganz besonders nicht unsere Kinder mit perfiden Fragen aus den Randzonen zwischenmenschlicher Begegnungen zu belästigen. Und die Frage »Willst du Schläge?« verdient in diesem Zusammenhang keine Antwort. Die Person, die sie stellt, verdient darüber hinaus nicht, den Drang zu empfinden, sie stellen zu müssen, um so die eigene Männlichkeit zu belegen. Wenn es nicht so verschlissen wäre, könnte man an dieser Stelle das altbekannte Adorno-Zitat vom richtigen Leben, das es im falschen nicht gibt, hervorkramen. Denn die Problematik hat, wie so oft und von Anfang an, System. Das ist auch der Grund, warum ich in diesem Buch den Bogen von der Schwangerschaft bis zu diesem Moment und darüber hinaus spanne. Jungen und Männer versuchen sich in ihrer Männlichkeit so gut einzurichten, wie es geht. In vielen Aspekten profitieren sie davon, dass Mann immer noch default ist – also die Grundeinstellung unseres gesellschaftlichen Betriebssystems. In anderen müssen sie Einbußen hinnehmen. Unter anderem deswegen, weil das Betriebssystem notwendige Updates bekommt. Aber in allen Aspekten ist Männlichkeit immer auch das Werkzeug, unter dem Träume zerplatzen, Haut reißt und Knochen brechen. Die Frage danach, welche Privilegien Männer genießen und wie viel Macht sie haben, ist wichtig und sollte beantwortet werden. Sie beantwortet aber in keiner Weise die Frage danach, wie es ihnen geht. Ob sie zufrieden sind, ob es genug Liebe in ihrem Leben gibt, ob sie mit Zuversicht in die Zukunft blicken. Ich will Ihnen hier ganz sicher nicht das Rührstück vom armen mächtigen, weißen Mann auftischen, den man besser mal mit Nachsicht behandeln sollte, weil er es schließlich auch schwer hat. Das wäre ein ausgesprochen durchschaubarer Beschwichtigungsversuch, um das momentane Konfliktpotenzial zwischen den Geschlechtern nicht angehen zu müssen.

Aber wir können uns nicht immer nur zu Recht darüber beschweren, dass Männer die Funktionsträger sind, wenn wir sie dabei lediglich auf ihre Funktionsweisen reduzieren. Ich habe nicht den Eindruck, dass Jungen und Männer in unserer Gesellschaft allzu viel Zeit auf den Gedanken verwenden dürfen, wer oder was sie außerhalb ihrer Leistungsbereitschaft und ihrer Tätigkeiten eigentlich sind beziehungsweise sein wollen. Die Fixierung auf Leistung zu kritisieren und zugleich Leistungsbereitschaft abzuverlangen ist genau die Art von uneindeutigem Signal, das der postmoderne Mann nicht wirklich einzuordnen vermag. Ja, was denn nun? Für den Umgang mit Gewalt gilt das umso mehr. Männer sollen heutzutage Wut und Aggression nach Belieben zu Gewalt transformieren können und dabei auf jegliche soziale Norm achten. Auch auf die, die ihnen überhaupt nicht geläufig sind.

Aber sie sind weder Automaten ihres Bedürfnisses nach Liebe und Trost noch ihres Zorns und ihrer Hilflosigkeit.

Es gibt ein Zitat der gemeinnützigen Organisation *Narcotics Anonymous*, die sich in Anlehnung an die Anonymen Alkoholiker um Hilfe für Suchtkranke bemühen. Es wird fälschlicherweise Albert Einstein zugeschrieben und lautet: »Wahnsinn ist, die gleichen Fehler zu wiederholen und dabei unterschiedliche Resultate zu erwarten.«

Im Prinzip ist es das, was wir mit Jungen und Männern tun. Wir setzen sie Situationen aus, die sich für sie vollkommen gleich ausnehmen, und erwarten unterschiedliche Resultate. Liebevolle, zugewandte, nachsichtige Väter – aber da hätten sie mal Unnachgiebigkeit zeigen müssen und dort ihre Frau verteidigen. Wilde, angepasste Jungen. Weiche Härte. Wir unterstützen auftrumpfendes, lautes Verhalten, aber bei Klassenarbeiten haben alle mucksmäuschenstill zu sein. Und anschließend fragen wir, was denn los ist mit den Jungs.

Warum raffen die es denn nicht? Ist es wirklich so schwer, zu begreifen, warum Jungen das nicht verstehen? Oder ist es nicht vielmehr unsere eigene träge Bequemlichkeit, die uns dazu anstiftet, in Männern ein aktivierbares Gewaltreservoir zu installieren, um es im Bedarfsfall nutzbar zu machen? Damit will ich nicht sagen, dass jemand anderes außer dem Gewalttäter Schuld hat. Ich finde es nur längst überfällig, eine Entwicklung zu vollziehen, nach der jedem Gewalttäter klar ist, dass das, was er tut, falsch ist. Nicht uneindeutig und nicht verwirrend. Wenn wir wollen, dass »sie wollte es doch auch« in den Köpfen von Tätern nicht funktioniert, dann sollten wir aufhören, über Vergewaltigungswitze zu lachen und Frauen vorzuschreiben, wie sie sich zu kleiden und zu verhalten haben. Wenn wir genug davon haben, dass in eine Straße einzubiegen gleichbedeutend mit »Schläge haben wollen« ist, dann müssen wir uns darum kümmern, warum männliche Identität schlagend erschaffen und verteidigt werden muss. Denn das, was die australische Soziologin Raewyn Connell einmal hegemoniale Männlichkeit genannt hat, ist unteilbar. Es lässt sich nicht auf partielle Durchsetzungsfähigkeit beschränken. Wer Männer auffordert, in den richtigen Momenten zu beschützen, der lädt sie zugleich dazu ein, in den falschen zuzuschlagen. Wer Gefahrenabwehr als männlich begreift, muss damit rechnen, dass Unschuldige verprügeln sich genauso männlich anfühlt. Denn in beiden Fällen wird der Gewalt ein Geschlecht gegeben.

Nicht zurückschlagen dürfen

Interessanterweise sorgt diese Zuschreibung auch dafür, dass Jungen und Männer in bestimmten Zusammenhängen nicht zurückschlagen dürfen. Entweder weil sie die Ächtung von

Gewalt verinnerlicht haben oder weil hegemoniale Männlichkeit gegen sie gewalttätig angewendet wird. Der Satz »Schlag mich!« in der Filmszene aus *The Tree of Life* hat nämlich ein Gegenstück. Es lautet »Nimm die Hände runter!«. Es ist ein Satz aus meiner Kindheit, der mich immer noch erschauern lässt. Mein Vater war mir eine liebevolle, großzügige und humorvolle Bezugsperson. In vielen Belangen hätte ich mir keinen besseren Vater wünschen können. Er war aber auch der Mann, der mir mit voller Wucht ins Gesicht schlug, nachdem er mich vorher aufgefordert hatte, die Hände herunterzunehmen, mit denen ich mich zu schützen versuchte. Sie dürfen raten, was sich schlimmer angefühlt hat. Er war der Mann, der in seiner erzieherischen Hilflosigkeit und Überforderung zu genau den Maßnahmen gegriffen hat, denen er selbst ausgesetzt war. Jene Schläge, die heute noch dafür verantwortlich sind, dass ich meine aufwallende Aggression mit aller Macht niederringen muss, wenn mich eine fremde Person am Kopf berührt. Und die dazu führen, dass das Intimste, was mir sehr nahestehende Menschen tun können, mir über den Kopf zu streicheln ist.

Wissen Sie, warum ich Ihnen das erzähle? Weil es mir nicht im Geringsten peinlich ist. Und weil ich Sie für sich selbst und Ihre Prinzessinnenjungs überzeugen will, nein, überzeugen muss, dass Sie nicht von mir erwarten sollten, es peinlich zu finden. Sie brauchen sich für mich nicht fremdzuschämen. Ich habe nichts falsch gemacht. Ich bin nicht gescheitert, ich habe nicht versagt, ich hätte absolut nichts tun müssen, um das zu verhindern. Es ist nicht meine Aufgabe, kein Opfer zu sein. Ich muss auch nicht dabei assistieren, dass andere nicht zu Tätern werden. Ich bin nicht weniger Mann. Trotzdem wird Männern, die nicht zurückschlagen, ihre Männlichkeit abgesprochen. Irgendetwas stimmt mit denen nicht.

Um Missverständnissen vorzubeugen: Mit der Negierung von Schmerz und dem Drill zu einer empfindungslosen

Männlichkeit hat das Phänomen des Nicht-zurückschlagen-Dürfens allenfalls am Rande zu tun. Was ich Ihnen hier ausbreiten möchte, ist sogar noch perfider. Mein Vater hat mir nicht ins Gesicht geschlagen, weil er mich abhärten oder zu einem Mann drillen wollte. Diese exzessive Ausprägung der »Sei ein Mann!«-Ideologie existiert zweifellos und ich habe sie mit Ihnen auch schon an anderer Stelle erörtert. Mein Vater hat mich geschlagen, weil er mich bestrafen wollte, sich nicht anders zu helfen wusste und weil er es konnte. Dabei ging es auch explizit immer darum, meinen Willen zur Gegenwehr zu brechen. Das war Teil des Programms. Die psychische Gewalt ging mit der physischen Gewalt einher und war teilweise noch schwerer auszuhalten. Ich weiß natürlich nicht, inwiefern Sie diese Erfahrung nachvollziehen können. Aber jeder und jede von Ihnen weiß, was Angst bedeutet. In meinem Fall war es die Angst vor dem, was kommt, gepaart mit der Ohnmacht, absolut nichts dagegen unternehmen zu können. Im Wissen, gleich geschlagen zu werden, gesagt zu bekommen, man solle die Arme runter nehmen, kommt der Aufforderung gleich, sein Blut am Fließen zu hindern. Und alles, was sich anbahnt, geschieht auch. Ganz egal, wie sehr Sie sich dagegenstemmen, es wird passieren. Es ist dieser Moment der vollständigen Kapitulation vor einer (zumeist männlichen) Macht, der Teil der Ausbildung zum Mann ist. Denken Sie an meinen besten Freund: Es ging der Lehrerin nicht darum, ihn in seinem Schmerzempfinden zu prüfen oder ihn angesichts unmännlicher Umtriebe wieder abzuhärten. Es ging ihr einzig und allein darum, ihn vor und mit möglichst vielen zu demütigen und zu brechen. Ihn in eine Situation zu bringen, die ihm absolut ausweglos erscheint. Vermutlich hätte er sich auch entziehen können, aber die Folgen wären aller Wahrscheinlichkeit nach ein Schulverweis und andere Repressalien gewesen. In beide Richtungen hatte er eine nachhaltige Schädigung zu erwarten. Wieso sich Männer also ständig so verhalten, als stünden sie mit dem Rücken zur Wand, ist nur ein Teilaspekt des großen Ganzen. Ebenso interessant erscheint mir die Frage, wieso man ihnen so viele Wände hinstellt. Denn die Aufforderungen zur finalen Kapitulation gehen ja weiter. Spätestens mit dem Einsetzen der Pubertät übernehmen zunehmend gleichaltrige oder wenig ältere Jungen die Aufgabe, Männlichkeit auch dadurch zu formen, dass man sie nachhaltig demütigt. Die soziale Erpressung »Dann bin ich nicht mehr dein Freund«, mit denen Vorschulkinder noch herumspielen, um Beziehungsgefüge und ihre eigene Macht auszutesten, wird dabei mehr und mehr ausgeweitet. Wenn dann heranwachsende Jungen nicht tun, was als erforderlich erklärt wird, werden sie ausgestoßen und lächerlich gemacht. Diesem Aspekt von männlichen Initiationsriten wird bemerkenswerterweise sehr viel weniger Aufmerksamkeit geschenkt als dem Ertragen von Schmerz und dem Niederringen von Emotionen. Ethnologie und Kulturanthropologie haben in den vergangenen Jahrzehnten eine ganze Reihe von Möglichkeiten dokumentiert, wie Mann in den unterschiedlichsten Kulturen dadurch seine Männlichkeit unter Beweis stellt, dass man Mutproben besteht, Schmerzen erträgt oder zufügt und alles, außer martialischen Gefühlen, abstellt. Dass zu dieser Initiation in vielerlei Hinsicht auch die Unterwerfung eines pubertierenden Jungen unter die vorherrschenden Männlichkeitsideale gehört, wird hingegen kaum thematisiert. Dabei haben die meisten eine ungefähre Vorstellung, wovon ich spreche.

Über Rituale in Sportvereinen, Cliquen, Gangs und Umkleiden. Davon, dass junge Männer sich Frauenkleider anziehen müssen, sich mit nassen Handtüchern schlagen oder mit Fäkalien einreiben. In der französischsprachigen Welt nennt sich das Bizutage, in der englischsprachigen Hazing. Das Ganze gilt als gruppen- und charakterbildend. Wer sich ohne Widerstand fesseln, schlagen, Alkohol einflößen, waterboarden und derlei mehr lässt, der ist dabei. Ich will an dieser Stelle nicht versäumen, darauf hinzuweisen, dass es solche Traditionen auch in reinen Frauengruppen gibt. Insbesondere in den Studentinnenverbindungen an den Universitäten der Vereinigten Staaten existieren diese Hazings. Sie zielen aber weniger darauf ab, die Probandinnen in ihrer Weiblichkeit zu demütigen oder zu beschädigen. Ihnen werden weder die Schädel kahl rasiert noch Männernamen gegeben. Umgekehrt macht man genau das mit jungen Männern und noch mehr. Deshalb ist die Liste derjenigen, die bei diesen Hazings ums Leben gekommen sind, auch sehr lang und sehr männlich dominiert. Sie starben an Alkoholvergiftung, stumpfer Gewalteinwirkung und Ersticken. Der 18-jährige Collin Wiant beispielsweise studierte 2018 an der Universität von Ohio. Er bemühte sich um Aufnahme in die *Sigma Pi Epsilon*-Verbindung und wurde infolgedessen rigorosen Hazings unterzogen. Über mehrere Monate hinweg schlug man ihn unter anderem mit einem Gürtel, bewarf ihn mit Eiern, zwang ihn, viereinhalb Liter Alkohol in unter 60 Minuten zu trinken, entzog ihm Schlaf und setzte ihn unter diverse Drogen. Er wurde immer wieder verbal erniedrigt und beschimpft und wurde genötigt, sogenannte Frauenarbeit wie Waschen und Putzen zu erledigen. Am Ende seines Martyriums erstickte er, als man ihn zwang, große Mengen von Lachgas einzuatmen.

Sie werden vielleicht einwenden, dass der Fall eine sehr drastische Ausnahme darstellt. Und dass Collin Wiant sich sowohl der Situation hätte entziehen als auch sich direkt zur Wehr hätte setzen können. Beides wäre richtig und falsch zugleich. Denn so richtig es sein mag, davon auszugehen, dass in unseren Schulen, Universitäten und Vereinen nicht Dutzende junge Männer das Schicksal von Collin Wiant erleiden müssen, so falsch wäre es, so zu tun, als müssten nicht Hunderte von ihnen tagtäglich Variationen dieser »charakterbildenden Maßnahmen« ertragen. Und selbstverständlich könnten auch sie sagen, was passiert, sich Hilfe suchen oder einfach gehen. Beziehungsweise selbstverständlich nicht. Denn genau diese Wege werden ihnen mit Hinweis auf ihre drohende Unmännlichkeit versperrt.

Tony Porter, den ich schon im Kapitel *Wachstumsschmerzen* zitiert habe, findet für die Macht des Tabus der Unmännlichkeit ein eindrucksvolles Beispiel. Er erzählt, dass er bei einem seiner Antigewalttrainings einen 12-jährigen Footballspieler gefragt habe, wie er sich fühlen würde, wenn der Trainer ihm vor allen anderen vorwirft, wie ein Mädchen zu werfen. Porter erwartete etwas in der Richtung wie traurig, sauer oder wütend. Tatsächlich antwortete der Junge, dass es ihn »zerstören« würde.

Deshalb gibt es keinen einfachen Ausweg. Und deshalb kann Mann das auch nicht so leicht abschütteln. Weder die Aufforderung und die Sanktionierung, ständig zuzuschlagen, noch den Imperativ, in solchen Fällen im wörtlichen und übertragenen Sinn nicht zurückzuschlagen. Collin Wiant, und ich kann das nicht genug betonen, wurde diesen – nennen wir die Dinge beim Namen – Foltermethoden nicht unterzogen, um seine Härte oder Standfestigkeit zu prüfen. Es ging nicht darum, die stoische Seite seiner Mannhaftigkeit zu erproben, sondern die unterwürfige Haltung vor der inszenierten Macht anderer Männlichkeit. Er sollte dienen. Er sollte gehorchen. Er sollte gebrochen werden. Weil das Brechen und Gebrochenwerden zur Initiation von Männlichkeit dazugehört. Jungen und Männer fügen sich in ihr Schicksal, weil der Vorwurf, der damit verbunden wird, es nicht zu tun, in ihrer Vorstellung viel schlimmer ist: Er würde sie zerstören.

Was sagt es über unsere Männlichkeitsvorstellungen aus, wenn ein 18-jähriger Student, der seine ganze Zukunft noch vor sich hat, sich bis zum Schmerz und darüber hinaus malträtieren lässt, um bloß nicht als Versager zu gelten? Als Pussy. Als Mädchen. Als feige Schwuchtel. Was bedeutet es, ein Mann zu sein, wenn solche Benennungen schwerer zu ertragen sind als Schläge mit einem Ledergürtel? Und was genau ist in dieser Welt eigentlich der Wert eines Mädchens oder einer Frau?

Gewalt gegen Frauen

Ich werde noch ein weiteres Filmzitat bemühen, weil es mir dabei hilft, meine Worte um das monströse Thema Gewalt zu schlingen und seiner dabei einigermaßen habhaft zu werden. Gute Zitate funktionieren wie Widerhaken und sorgen im besten Fall dafür, dass die eigene Sprache nicht an dem zu Beschreibenden abrutscht. Eines meiner Lieblingszitate aus dem Film *Forrest Gump* (1994) werden Sie vermutlich kennen: »Ich bin kein kluger Mann, aber ich weiß, was Liebe ist.« Ich mag es, weil es klarstellt, dass hinter allem Geheimnisvollen, das Liebe ausmacht, auch eine einfache, für jeden zugängliche Wahrheit liegt, die nichts mit Bildung, Besitz, Schönheit oder Intelligenz zu tun hat. Der Gedanke gefällt mir. Aber dann lese ich in der Zeitung oder im Internet Schlagzeilen und Artikel, die mich daran zweifeln lassen, ob Männer dasselbe unter Liebe verstehen wie Frauen. Die meine Sicherheit ins Wanken bringen und mich mit der Frage belästigen, was diese angeblich so zugängliche Wahrheit der Liebe sein soll. »Er lauerte ihr auf, überschüttete sie mit Brandbeschleuniger, zündete sie an und stach mit einem Messer auf sie ein. Eine zweite Frau, die der 44-Jährigen helfen wollte, griff er ebenfalls an«, ist da beispielsweise September 2019 zu lesen. Darüber die Überschrift »War Motiv des Göttinger Frauenmörders unerwiderte Liebe?«.

Gibt es also Mord aus Liebe? In den sozialen Netzwerken sind einige, und ich zähle mich zu ihnen, sehr klar in ihren

Aussagen darüber, dass das nicht zusammenpasst: Das ist keine Liebe. Man ermordet die Freundin inklusive ihrer Familie nicht, weil man ihr gegenüber Liebe empfunden hat, die gekränkt wurde oder unerwidert blieb. Dafür sollte man andere Begriffe finden. Und doch versichern uns Expertinnen und Experten, dass es so etwas tatsächlich gibt. Der auf wahnhafte Störungen spezialisierte Psychiater Andreas Marneros, der Hunderte Menschen, die eines Gewaltverbrechens beschuldigt wurden, für Gerichte begutachtet hat, hält dazu fest: »Es gibt sehr viele Gründe dafür, aber fast alle Liebesmörder töten, weil ihr Selbstbild in Gefahr ist. Je wichtiger ein Mensch für mich und mein Selbstbild ist, desto labiler bin ich, wenn ich ihn verliere. Ich bin ein zerstörter Mensch, sehe keine neue Perspektive. Dann kommt ein Streit oder eine Provokation dazu. Ein Moment der Kränkung. Das sind Bruchteile von Sekunden, in denen wir wie ein Vulkan explodieren und alle Wut und alle Verletzungen auf einmal hochkommen. In diesem Moment, in dem man sich nicht mehr kontrollieren kann, tötet man den Menschen, den man liebt. Häufig spielt dabei natürlich auch der eigene Narzissmus eine Rolle.«

Marneros bejaht also die Frage danach, ob man aus Liebe töten kann, und zeichnet zugleich ein derartiges Zerrbild von dem, was ich Liebe nennen würde, dass ich nicht sicher bin, ob wirklich von dem gleichen Gefühl die Rede sein kann. In der Hoffnung, dass Sie mir als Atheisten einen Verweis auf die *Bibel* gestatten – über die Liebe habe ich andere Dinge im Kopf: »Die Liebe ist langmütig und freundlich, die Liebe eifert nicht, die Liebe treibt nicht Mutwillen, sie bläht sich nicht auf; sie verhält sich nicht ungehörig, sie sucht nicht das Ihre, sie lässt sich nicht erbittern, sie rechnet das Böse nicht zu; sie freut sich nicht über Ungerechtigkeit, sie freut sich aber an der Wahrheit; sie erträgt alles, sie glaubt alles, sie hofft alles, sie duldet alles. Die Liebe hört niemals auf.« Klar ist das *Hohelied der Liebe* auch pathetischer Unfug, der unter anderem auch dazu führt, dass eigentlich gut funktionierende, liebevolle Beziehungen scheitern, weil sie diesem unerreichbaren Ideal in ihrer allzu menschlichen Unvollkommenheit nicht entsprechen können. Aber Liebe sollte sich schon daran messen lassen, dass die Beteiligten alles an Kraft und Geduld aufbringen, um die Dinge zugunsten des oder der Geliebten auszulegen. Die Macken, Fehler und Schwächen, die jeder Mensch hat, also nicht als Angriff auf die eigene Person werten, sondern als Charakterzug des anderen. Tatsächlich aber scheint das, was wir Liebe nennen, insbesondere in Bezug auf Männer allzu oft ein besitzanzeigendes Fürwort zu sein. Und bei allem, was als problematisch angesehen wird, bestehen sie auf ihr Besitzstandswahrungsrecht. Laut den Statistiken des Bundeskriminalamts sind 2017 mehr als 82 Prozent der knapp 140 000 Betroffenen von Gewalttaten durch Partner oder Ex-Partner Frauen gewesen. Jeden dritten Tag wird eine Frau von ihrem Partner oder Ex-Partner getötet.

Ich bin kein so kluger Mann, dass ich alles über die Liebe wüsste. Aber ich weiß, dass so etwas nicht aus Liebe geschieht. Es geschieht aus dem, wozu wir die Liebe vor allem im Angesicht von stereotyper Männlichkeit transformiert und degeneriert haben. Aus der Liebe werden für Männer ein Machtanspruch und eine Handlungsanweisung abgeleitet. Beides wird innerhalb des vorherrschenden Männlichkeitskonzepts nicht dadurch aufgelöst, dass eine Frau eine Beziehung beendet oder aus Desinteresse überhaupt nicht aufgenommen hat. Solange in dem Mann ein wie auch immer geartetes Interesse an der Frau besteht, scheint dies allzu oft mit dem Gefühl einherzugehen, zu irgendetwas berechtigt zu sein. Dieses Interesse muss nicht zwingend amourösen Charakter haben. Es kann auch erotischer Natur sein. Das ist übrigens einer der stärksten Gründe, warum ich Ihnen davon abraten würde, von Mord aus Liebe zu sprechen, sondern eher von Femiziden – also dem geschlechtsspezifischen Mord an Frauen durch Männer: Die Morde und Gewalttaten, die an Frauen aus Hass, gekränkter Eitelkeit oder unerfülltem Begehren begangen werden, unterscheiden sich nämlich nicht wirklich von denen »aus Liebe«. Und wenn einem vorgeblichen Motiv jedwede heraushebende Definition fehlt, dann ist es womöglich gar nicht das Motiv. Sondern nur ein Platzhalter für ein Problemfeld, das so wirkmächtig und unangenehm ist, dass wir uns lieber nicht damit befassen wollen. Deswegen nennen wir es dann »Liebe«. Oder auch »Familiendrama«. Deswegen lesen wir in Zeitungen Sätze wie »Zwei Kinder sind jetzt Waisen, weil ihr Vater die Beherrschung verlor. Warum er jetzt durchdrehte, seine Frau tötete, weiß die Polizei nicht.« Deswegen erfahren wir über einen Mann, der seine Frau mit 51 Messerstichen abgeschlachtet hat, dass er ein »guter Mensch« und das Ganze eine »klassische Beziehungstat« sei. Dass er bei dem Opfer, das »penibel auf sein Äußeres achtete«, eben »für wenige Minuten die Beherrschung verloren hat«.

Hinter dem Horizont

Wie gehen wir mit diesem Szenario um? Ich möchte mich hier gerne mit Ihnen zu einer kleinen Weltverbesserung zugunsten unserer Jungen verschwören, von der ausnahmslos alle etwas hätten. Trotzdem – oder vielmehr genau deshalb – konnte ich Ihnen und mir die Schilderung dieser Gewaltspirale nicht ersparen. Ich erhebe dabei keinerlei Anspruch auf Vollständigkeit oder Kausalität. Weder haben wir die Dimensionen der Gewalt vollständig ergründet, noch kann und will ich Ihren Verstand an dieser Stelle mit einem Taschenspielertrick wie dem Verbot von »Killerspielen« beleidigen. Es gibt nicht die eine große Geste, die alles beseitigt und bereinigt. Die Obsession mit dieser fixen Idee hält uns nur davon ab, die zahllosen sehr viel kleineren und darum nicht weniger mühsamen Schritte zu unternehmen, die notwendig wären, um unsere Jungen aus dieser schrecklichen Falle zu ziehen. Wenn Sie mir zugestehen, dass ich den Bogen von den erzieherischen Differenzen meiner Lebenskomplizin und mir in Bezug darauf, ob unser Sohn zurückschlagen darf, über meine eigenen Gewalterfahrungen, bis hin zu Männern, die ihre (Ex-)Partnerinnen töten, spanne, ohne mir vorzuwerfen, ich würde Ihre Söhne hier irgendwelchen Monstern gleichstellen, dann haben wir schon halb gewonnen. Denn wie so oft in diesem Buch ist das Gegenteil der Fall: Schauen Sie sich die beiden letzten Beispiele für Femizide noch einmal an. Die Rechtfertigung für den Tathergang klingt geradezu erschütternd gleich: Männer, die die Beherrschung verloren haben. Das heißt nichts anderes, als dass das Potenzial zum Ausrasten in Männern immer bereits angelegt ist. Männer sind demzufolge domestizierte Monster, die in einem dünnen zivilisatorischen Anzug stecken. Ein Kratzer, ein falsches Wort, eine Erschütterung genügt und das Monster bricht hervor.

Hätte sie sich doch bloß nicht von ihm scheiden lassen, kein Geld gefordert, sich nicht mit einem anderen eingelassen? Nicht aufgezählt, was sie an ihm nicht mehr erträgt. Oder um den Bereich der angeblichen »Liebe« zu verlassen: Hätte sie sich bloß nicht mit ihm eingelassen. Hätte sie sich bloß mit ihm eingelassen. Wenn sie nur nicht in diesem kurzen Rock herumgelaufen/betrunken und in dieser Straße zu dieser Uhrzeit, mit diesem Lächeln und diesen Brüsten unterwegs gewesen wäre ...

Dann was? Hätte er sich nicht verhalten, wie er glaubt, dass ein Mann sich verhalten darf oder sogar muss. Ist es wirklich das, was einen Mann ausmacht? Eine stets geladene

Waffe zu sein, die sich bei falscher Berührung oder unsachgemäßer Lagerung gegen Frauen richtet?

Ich wünsche mir, dass wir Jungen mehr Optionen zur Verfügung stellen und ihnen die Möglichkeiten eröffnen, sich für richtig und gegen falsch zu entscheiden. Denn in vielerlei Hinsicht bringen wir ihnen das schon heute bei. Nur bezichtigen wir sie anschließend der Unmännlichkeit, wenn sie sich richtig verhalten, und loben ihre Männlichkeit, wenn sie das Falsche tun. Ich wünsche mir, das Jungen nicht länger in der Überzeugung aufwachsen, zum Ausrasten nicht nur befähigt, sondern sogar verpflichtet zu sein. Ich möchte, dass wir Mitgefühl, Nähe und Freundschaft belohnen und bestärken und Arschlochverhalten als das benennen, was es ist, und nicht mit »na ja, Jungs eben« abnicken. Ich will, dass wir uns mehr anstrengen und ihnen viel mehr Mittel und Wege aufzeigen, um mit Frustration und Rückschlägen umzugehen: Nein, mein Junge, jemanden zu lieben oder zu begehren berechtigt dich zu überhaupt nichts. Das gilt auch für Menschen, die dich lieben und begehren.

Und wenn wir schon dabei sind, bestehe ich darauf, dass wir dann auch aufhören, Jungen einzureden, jedwede Form von Wut, Aggressivität und Gewalt wäre grundsätzlich schädlich und schlecht. Dann sind sie nämlich auch in der Lage, zu unterscheiden und bei sich zu bleiben, ohne die Empathie für ihr Gegenüber zu verlieren. Jungen dürfen wütend werden. Sie müssen wütend werden dürfen. Damit sie sich gegen übergriffige Klassenkameraden, Onkel und ja, auch Vereinstrainerinnen wehren können. Aber das funktioniert nur, wenn es Hand in Hand geht. Die Entziehung der Berechtigung zur Gewalt ermächtigt gelegentlich auch zu gewalttätiger Gegenwehr. Das klingt widersprüchlicher, als es tatsächlich ist. Wenn niemand zu gewalttätigen Übergriffen berechtigt ist, schließt das erstens mich mit ein und zweitens alle anderen auch. Ich habe also gefälligst damit aufzuhören, anderen ins Gesicht zu schlagen, und brauche im Gegenzug nicht die Hände herunterzunehmen. Ich bitte Sie, diesen Satz gedanklich mit ins nächste Kapitel zu nehmen, Sie werden ihn dort brauchen. Denn wo wir schon einmal so offen über Gewalt sprechen, können wir es ja ruhig in aller Deutlichkeit sagen: Jungen und Männer sind auch Opfer von Gewalt.

8 | DU OPFER

Ich hoffe, ich habe zeigen können, dass Gewalt ein sehr breites Thema ist, das Männer auf vielfältige Weise betrifft. Eigentlich hatte ich vor, es dabei zu belassen. Es ist anstrengend und ausgesprochen unerfreulich, sich damit zu befassen. Zugleich zeigen gerade diese Anstrengung und das Zurückschrecken vor den unangenehmen Einzelheiten an, wie wichtig es ist, darüber ins Gespräch zu kommen und die Dinge beim Namen zu nennen. Einen Aspekt dieses Themas muss ich allerdings noch einmal gesondert ausführen, auch wenn er im vorangegangenen Kapitel bereits hier und da zur Sprache kam: Männer als Opfer. Dieser Aspekt ist viel zu wichtig und viel zu tabuisiert, als dass ich hier nicht darauf eingehen sollte. Ich werde mich dabei weder sprachlich noch inhaltlich vollständig von der Gewalt lösen können. Das hat einen einfachen Grund: Gewalt ist, wie der Soziologe Heinrich Popitz es in seinem Werk *Phänomene der Macht* (1986) beschrieben hat, eine »ständig präsente Option menschlichen Handelns«, die nie ergriffen werden muss, aber immer ergriffen werden kann. Wer über die Omnipräsenz von Gewalt spricht, der sollte auch immer über die Opfer sprechen. In Bezug auf Männer geschieht das aus den bereits genannten Gründen aber nicht. Vor dem Hintergrund von Leistungszwang und Machtanspruch, die beide unmittelbar und untrennbar mit vorherrschenden Männlichkeitskonzepten verbunden sind, werden Männer häufig nur als potenzielle oder tatsächliche Täter wahrgenommen. Opfer sein passt nicht in dieses Bild von autonomen starken Männern. Das ist in zweifacher Hinsicht bemerkens- und beklagenswert. Zum einen übersieht man so nahezu vollständig die Massivität und das Ausmaß der Gewalt, die Jungen und Männer erfahren. Und zum anderen stellt man sich taub und blind gegenüber den Belegen und Indizien, die darauf hinweisen, dass die Initiation in die erwachsene Männlichkeit eben nicht nur bedeutet, andere zu Opfern zu machen, sondern auch selbst zum Opfer gemacht zu werden. Wer verstehen will, wie Männlichkeit funktioniert, der darf sich nicht nur damit beschäftigen, dass und warum sie ständig Opfer produziert, um sich selbst zu bestätigen und zu erhalten, sondern auch damit, wie und wieso sie zum Opfer gemacht wird. Das ist übrigens auch ein großer Trugschluss, dem Männer bei der Bewertung des Feminismus als politische Idee und Ermächtigungsstrategie aufsitzen. Sie glauben, dass Feminismus ihnen den Mund verbieten will, ihnen die Freiheit nimmt und an ihren Problemen überhaupt kein Interesse hat. Dabei waren es Feministinnen wie die Literaturwissenschaftlerin und Aktivistin bell hooks, die schon vor Jahren beschrieben haben, inwiefern Männer auch unter einem System leiden, das ihnen an anderer Stelle durchaus zahlreiche Vorteile und Privilegien verschafft. 2004 schreibt hooks in ihrem bahnbrechenden Werk *The Will to Change: Men, Masculinity, and Love*: »Der erste Akt der Gewalt, den das Patriarchat von Männern verlangt, ist nicht der von Gewalt an Frauen. Stattdessen verlangt das Patriarchat von allen Männern, dass sie Akte psychischer Selbstverstümmelung vornehmen. Wenn ein Einzelner bei seiner emotionalen Verkrüppelung keinen Erfolg hat, kann er auf patriarchale Männer zählen, die Machtrituale inszenieren, welche sein Selbstwertgefühl attackieren.«

Ich würde das sogar noch weiter fassen. Ich behaupte, dass Männer bei ihrer »emotionalen Verkrüppelung« sehr erfolgreich sein können und ihnen dabei trotzdem von anderen Männern assistiert wird. Und die Attacke auf das Selbstwertgefühl beinhaltet vielfach auch eine ganz konkrete physische Attacke. Von diesen Ergänzungen mal abgesehen beschreibt bell hooks den Kern der Sache. Denn auch wenn es als Mann keinen ultimativen Schutz vor derlei Angriffen gibt, wissen wir doch alle, dass sie recht hat. Dass es immer vor allem diejenigen trifft, die emotional noch bei sich sind, offen und verletzbar. Diejenigen, die sich nicht durch eine Maskerade der Kaltschnäuzigkeit, Härte und Emotionslosigkeit als Männer definieren können oder wollen. Oder um es kurz zu machen: Es trifft vor allem Prinzessinnenjungs. Vor dem Hintergrund der Tatsache, dass ich Ihnen in diesem Buch ein ums andere Mal dazu rate, Ihren Prinzessinnenjungen mehr Raum dafür zu schaffen, sich so zu geben, wie sie sind, ist das keine unwichtige Feststellung. Sie schließt an die Rockgeschichte an. Erinnern Sie sich noch an Jake Wallis Simons, den englischen Journalisten, der meinte, das mit dem Rocktragen sei ja alles schön und gut, aber man sollte das nicht noch unterstützen, damit nichts Schlimmeres passiert? Nun, auch an dieser Stelle geht es einmal mehr darum, Simons und viele andere Eltern, die sich einfach nur Sorgen um ihre Jungs machen, nicht mit hehren politischen Ansprüchen zu überfahren. Ich spreche mit Ihnen nicht deshalb so ausführlich über Prinzessinnenjungs, weil ich sie lediglich als Bausteine zu einer besseren Gesellschaft betrachte. Das mag ein erfreulicher Nebeneffekt sein, aber mir geht es darum, dass wir Jungen besser verstehen, um sie dann ganz konkret besser behandeln zu können. Daher ist es mir wichtig, Vorbehalte nicht nur zur Seite zu wischen und eine neue, geschlechtergerechtere Weltordnung zu behaupten, die ab sofort in Kraft tritt. Sie und ich wissen, dass das so nicht funktioniert. Und wenn ich die

Augen vor der Tatsache verschließen würde, dass es auch und gerade Prinzessinnenjungs sind, die zu Opfern gemacht werden, dann hätte ich sie in diesem Buch lediglich dazu benutzt, einen gesellschaftspolitischen Punkt zu machen. Die bessere Behandlung von Jungen darf nicht nur Mittel zum Zweck einer gerechteren Gesellschaft sein, mir liegt die konkrete Verbesserung ihrer Situation am Herzen. Deshalb plädiere ich für eine Aufweichung der Gesellschaft, für einen genaueren Blick, mehr Beteiligung, mehr Schutz und vor allem für das Einhalten unserer eigenen moralischen Wertvorstellungen, die allzu oft Lippenbekenntnisse bleiben, statt wirklich gelebt zu werden. »Zieh dir einfach einen Rock an, das wird schon«, reicht daher nicht. Und deshalb ist es mir auch so wichtig, noch einmal gesondert über Jungen und Männer als Opfer zu sprechen. Denn die Strategien, die Jungen entwickeln, um in dieser Welt zurecht zu kommen, sind ihnen nicht einfach so in den Sinn gekommen. Sie wachen nicht eines Tages auf und denken sich: »Von heute an werde ich in der Öffentlichkeit nur noch eine gefühlskalte Arschlochmaske tragen und mich an der Abwertung anderer beteiligen. Das wird super.« Sie tun das, weil es eine leider nur allzu adäquate Reaktion auf die Situation ist, die sie vorfinden, weil wir sie ihnen zumuten. Ich bin der Überzeugung, dass wir Jungen nicht vor der Realität schützen können, indem wir ihr Verhalten entschärfen. Das ist weniger eine politische Forderung als die Erkenntnis, dass dies dem ultimativen Verrat an unseren Söhnen gleichkommt. Wir alle wissen, dass etwas falsch läuft, die Welt brutal ist und wir uns nicht mal annähernd genug Mühe geben, die Lage zu verbessern. Die meisten von uns ahnen oder erinnern sich daran, wie sehr Junge sein und Mann werden mit Verletzungen und Zurichtungen zu tun hat. Sich in dieser Gemengelage einem Jungen zuzuwenden und zu sagen »Hör mal, es liegt an dir. Lass das lieber mal mit dem Rock und dem Glitzer, sonst kriegst du Ärger mit den anderen«, ist eine klassische Täter-Opfer-Umkehr. Wir können sie nicht davor schützen, Gewalt zu erfahren, indem wir ihnen beibringen, sich angeblich möglichst wenig »opferhaft« zu verhalten. Der beste Schutz besteht darin, sie in ihrer Identität und ihrem Selbstbewusstsein zu stärken und darüber hinaus alles dafür zu tun, dass das Interesse daran, sie zu Opfern zu machen, stetig kleiner wird. Dazu müssen wir aufhören, Täterverhalten zu belohnen oder auch nur zu ignorieren. Das gilt selbstverständlich auch für das Verhalten von Täterinnen. Und wir müssen endlich ein Sprechen darüber ermöglichen, was mit Jungen und Männern passiert. Dass sie zu Opfern gemacht werden, jeden Tag. Fangen wir an.

Opfer sein

Das naheliegendste Feld ist das bereits umrissene: Jungen und Männer, die von anderen Jungen und Männern zu Opfern gemacht werden. Dass kleine Jungen von erwachsenen Männern zu Opfern von sexualisierter Gewalt gemacht werden, ist dabei eine leider sehr häufige Konstellation. Mit all den furchtbaren Konsequenzen für das Opfer. Sie wissen natürlich, wovon ich rede: Ich spreche über die Vergewaltigungen von Jungen, die sich in Vertrauens- und Abhängigkeitsverhältnissen zu Trainern, Verwandten, Lehrern und Priestern befinden. Um diesem Phänomen mit ausreichend Abscheu und Präzision zu begegnen, möchte ich Sie bitten, dabei nicht von Missbrauch zu sprechen. Wenn ein Geistlicher einen minderjährigen Jungen sexuell missbraucht, dann impliziert dies, es könnte auch einen legitimen sexuellen Gebrauch geben. Also, dass nur die Art und Weise falsch war, nicht aber die eigentliche Handlung. In diesem Sinne wird nach wie vor vom sexuellen Missbrauch von Kindern gesprochen, wenn eigentlich von Folter und Vergewaltigung die Rede sein sollte. Diese Präzisierung ist deshalb so wichtig, weil sich Täter entlang der sprachlichen Unschärfe immer wieder versuchen, aus der Verantwortung zu stehlen, und wir sie damit davonkommen lassen. Ich möchte Sie nicht mit allzu zahlreichen und drastischen Beispielen belästigen, aber einiges werde ich schon verdeutlichen müssen. In diesem Fall soll mir das Beispiel von Kardinal George Pell genügen. Der ehemalige Erzbischof von Melbourne und Sydney und Finanzchef des Vatikans wurde 2018 vor Gericht einstimmig von einer Jury des sexuellen Missbrauchs für schuldig befunden, aber Stand Oktober 2019 wird geprüft, ob eine Berufung beim obersten australischen Gerichtshof möglich ist. Juristisch mag diese Terminologie Bestand haben, sachlich jedoch ist sie so ungenau, dass sich Pells Anwalt dazu berufen fühlte, die Tat zu relativieren und das Leid der Opfer in Abrede zu stellen. So nannte er die Tatsache, dass sein Klient mehrere 13-jährige Jungen anal vergewaltigte, einen Akt von schlichtem »Blümchensex« (so übersetzt in der *Süddeutschen Zeitung*), wies darauf hin, dass das Ganze weniger als sechs Minuten gedauert und der Kardinal dabei nicht ejakuliert hätte. Außerdem bezweifelte er, dass die Opfer dadurch »wirklich verstört« gewesen seien. Oder anders formuliert: Das bisschen Missbrauch müsse man nicht so ernst nehmen. Der Kardinal hat ja nicht mal richtig Spaß dabei gehabt. Später hat sein Anwalt für seine Äußerungen um Verzeihung gebeten. Der zuständige Richter zeigte sich davon wenig beeindruckt und stellte fest, dass das Anliegen, Pell robust zu verteidigen, von einer solchen Wortwahl nicht gedeckt ist. Richtig so! Denn selbstverständlich hat Kardinal Pell das Recht auf eine juristische Verteidigung. Aber bei dieser Verteidigung ging es nicht einmal mehr darum, dass er es getan hat, sondern vielmehr darum, wie er es getan hat. Dabei finden die üblichen Vergewaltigungsmythen Anwendung. Die Autorin Margarete

Stokowski hat die ganze Widerlichkeit dieser Mythen in ihrem Artikel *Rape Culture: Die hässliche Wirklichkeit* (*taz*, Januar 2013) sehr treffend vor Augen geführt: »Man stelle sich vor, in einer Wohnung fängt der Weihnachtsbaum Feuer, bald steht das ganze Wohnzimmer in Flammen. Jemand ruft die Feuerwehr. Aber statt loszufahren, fragt diese erst mal nach: Sind Sie ganz sicher, dass es brennt? Gibt es Zeugen? Haben Sie sich fahrlässig verhalten oder das Feuer womöglich absichtlich gelegt? Ach, Sie haben schon Brandwunden? Die können Sie ja auch vom Plätzchenbacken haben. Kann es sein, dass Sie sich einfach wichtig machen wollen? Und finden Sie es nicht vielleicht auch ein bisschen geil, die Flammen zu sehen und die Hitze zu fühlen?«

Und für Jungen und Männer existieren noch einige mehr, die wir an dieser Stelle dringend aufs Abstellgleis stellen sollten. So sind die Vergewaltiger von Jungen und Männern weder zwingend homosexuell, noch werden die Opfer durch diese Tat schwul. Gerade Letzteres ist ein Umstand, der angesichts der »Voll schwul, sich ficken zu lassen«-Kultur, in der wir uns befinden, gar nicht genug betont werden kann. Das Gleiche gilt für männliche Opfer, die während einer sexuellen Attacke eine Erektion haben. Das ist weder gleichbedeutend mit einem Einverständnis, noch kann es dieses ersetzen. Es ist eine körperliche Funktion, die manipuliert werden kann und in diesem Fall als physischer Beleg für die gängige »Das Opfer wollte es doch auch«-Unterstellung herangezogen wird. Ersparen wir uns hier weitere Beispiele und Einzelheiten. Wesentlich ist: Jungen sind nicht schwach, wenn sie durch solche Taten zu Opfern gemacht werden. Es ist auch nicht ihre Aufgabe, sich abzuhärten, um zu verhindern, zu Opfern gemacht zu werden. Diese Strategie kann zwar funktionieren (deswegen wählen Eltern sie auch oft), bietet aber keinerlei Garantie. Sie bewirkt vielmehr über den einzelnen Betroffenen hinaus das genaue Gegenteil. Wenn wir unsere Jungen darin unterstützen und sie dazu auffordern, sich gegen mögliche Übergriffe abzuhärten, dann impliziert das auch, dass andere Jungen, die zu Opfern gemacht wurden, in diesem Abhärtungsprozess versagt haben. Dass sie einfach nicht Manns genug waren, sich nicht vergewaltigen zu lassen. Wer kann unter diesen Umständen noch Opfer sein? Wer kann um Hilfe bitten, Unterstützung einfordern und nach Gerechtigkeit verlangen, wenn genau das ihn zum Versager macht und seine Identität zertrümmert? Aber ein 13-jähriger Junge, der nach der Sonntagsmesse von einem erwachsenen Mann vergewaltigt wird, hat nicht versagt. Der Täter hat versagt. Und diejenigen, die seine Tat relativieren, auf das Opfer herabblicken und an einer Gesellschaft mitwirken, die kleinen Jungen ihre Männlichkeit als Knebel in den Mund stopfen, sodass sie nicht aufschreien können, wenn ihnen Gewalt angetan wird – auch sie versagen.

Solange die Logik der Männlichkeit erfordert, dass Mann nicht zum Opfer gemacht werden darf und zugleich zum Opfer gemacht wird, um als Mann zu gelten, wird es niemals ausreichen, Jungen davor zu warnen, sich auffällig zu verhalten und »sich Streit zu suchen«. Denn das wird ihnen das Gefühl vermitteln, etwas falsch gemacht und Gewalt verdient zu haben. Es wird ihnen sagen, dass etwas passiert ist, was nicht passiert sein kann, und sie schon irgendwie ihren Teil dazu beigetragen hätten. Dies beschränkt sich übrigens nicht nur auf kleine Jungen, sondern gilt auch für ausgewachsene Männer. Womit ich gerne einen weiteren Aspekt des Opferseins aufgreifen möchte: Männer als Opfer von Gewalt durch Frauen.

Einige mögen solche Fälle nicht für möglich halten, aber da genau das ja Teil des Problems ist, sollten wir dringend darüber reden. Von häuslicher Gewalt beispielsweise sind Frauen in ungleich größerer Anzahl betroffen als Männer. Zugespitzt formuliert lesen sich die entsprechenden Kriminalstatistiken so: Jeden Tag versucht ein Mann in Deutschland, seine Partnerin zu töten, und an jedem dritten Tag gelingt es. Im Vergleich dazu stellen Männer mit 18 Prozent die kleinste Opfer- und mit 80 Prozent die größte Tätergruppe dar. Nichts, was ich sage, zielt darauf ab, diese Fakten zu widerlegen oder zu relativieren. Es geht mir hier nur um einen genaueren Blick und die Frage, was wir eigentlich für diese 18 Prozent tun. Dasselbe Ziel hat auch das *Bundesforum Männer*, das sich 2010 als Interessenverband für Jungen, Männer und Väter gegründet hat. Zitat von deren Website *bundesforum-maenner.de*: »Auch wenn Frauen von Partnerschaftsgewalt am stärksten betroffen sind, so sind Männer doch eine relevante Gruppe. Ebenso wie bei Frauen dürfte auch hier die Dunkelziffer weitaus größer sein, wenn auch oftmals aus unterschiedlichen Gründen. Viele Männer bringen die Taten nicht zur Anzeige: aus Scham, aus einem traditionellen männlichen Verständnis, weil sie die Hilflosigkeit der Opfererfahrung nicht mit ihrem männlichen Selbstbild oder den Erwartungen ihres sozialen Umfeldes in Einklang bringen können oder weil sie die Partnerin nicht belasten wollen. Verstärkend wirkt, dass männliche Verletzungsoffenheit insbesondere im Bereich der Partnerschaftsgewalt gesellschaftlich immer noch tabuisiert und nicht anerkannt wird.«

Männer, denen Gewalt durch ihre Partnerin angetan wird, haben also nicht nur Schwierigkeiten damit, das Geschehene mit ihrem eigenen Rollenverständnis von sich als Mann in Einklang zu bringen, sondern darüber hinaus auch ein ernsthaftes Glaubwürdigkeitsproblem. Weil sich ihr Umfeld kopfschüttelnd die rhetorische Frage stellt, welche Gewalt eine Frau einem Mann denn schon groß antun könne. Dabei gibt es darauf zahlreiche Antworten: Kratzer, Quetschungen, Schläge, Haareziehen, Verbrühungen, Verbrennungen, Tritte in den Unterleib – um nur einige zu nennen. Die Anschlussfrage, falls Männer diese Formen der Gewalt wirklich einmal benennen, kommt zumeist wie aus der Pistole geschossen: »Warum lässt du dir das gefallen?« Dabei ist diese Frage ausnahmslos immer falsch, egal wer das Opfer ist. Darüber hinaus gibt es auch auf diese übergriffige Frage zahlreiche Antworten, von denen einige auch schon genannt wurden. Der Eindruck, nicht zurückschlagen zu dürfen, zum Beispiel. In diesem Fall in der Version, nicht gegen Frauen zurückschlagen zu dürfen, weil Frauen »das schwächere Geschlecht sind« und es Männern nicht zusteht, sich dagegen zur Wehr zu setzen. Schon gar nicht physisch. Angesichts der Tatsache, dass so viele Frauen Opfer von häuslicher Gewalt durch Männer werden, eine wirklich perfide Situation. Die aber einmal mehr zeigt, dass Sexismus, auch wohlmeinender Sexismus, nie eine gute Idee ist. Wohlmeinender Sexismus im Sinne eines scheinbar positiven Nutzens von klaren Vorurteilen. Die Sozialpsychologin Julia C. Becker definiert dafür drei Unterkategorien oder Subfacetten wie sie es nennt (frei zitiert nach ihrem Beitrag auf der Website der Bundeszentrale für politische Bildung im Februar 2014):

1. Protektiver Paternalismus, der davon ausgeht, dass Männer Frauen beschützen und finanziell versorgen müssen.
2. Komplementäre Geschlechterdifferenzierung, die sich darauf festlegt, dass Frauen in vielen Belangen einfach das bessere Geschlecht sind. So viel weicher, schöner und friedlicher. Man nennt das auch den »Frauen sind wundervoll«-Effekt, der interessanterweise in geschlechtergerechteren Gesellschaften weniger stark zum Tragen kommt.
3. Heterosexuelle Intimität, die Männern suggeriert, dass sie ohne eine Partnerin kein sinnerfülltes Leben führen können.

Eine beschützenswerte, weiche und friedliche Angehörige des weiblichen Geschlechts, ohne die sich Mann sein Leben überhaupt nicht vorstellen könnte, würde doch nie gewalttätig werden, oder? Oder! Manche tun genau das. Es existiert überhaupt kein gesellschaftliches Protokoll darüber, wie wir damit umgehen sollen. Beziehungsweise doch: Ein Protokoll gibt es. Ihm zufolge kann und sollte Gewalt von Frauen gegen Männer ins Lächerliche gezogen werden, weil es sich dabei nicht um »echte« Gewalt handelt. Das kulturelle Bild, auf das wir uns dabei am nachdrücklichsten geeinigt haben, ist das der Ohrfeige. Es hat sogar Eingang in die Werbung gefunden. Als »Gründe«, aus denen es für Frauen offenbar vollkommen in Ordnung ist, Männern ins Gesicht zu schlagen, gelten unter anderem:

1. Wenn er neben ihr auf einer Parkbank sitzt, während sie Gemüsechips isst und sich einfach toll dabei fühlt, dass sie so ohne viel Aufwand ihre tägliche Gemüseration herunterbekommt, dass sie ihm vor Begeisterung gleich drei, vier Mal eine Backpfeife verpasst.
2. Wenn er zu spät nach Hause kommt und sagt, er hätte eine Autopanne gehabt, aber sie glaubt ihm nicht, weil er schließlich einen Mercedes fährt. Also geht sie davon aus, dass er sie betrügt, und schmiert ihm eine.
3. Er wollte ein eher dröges Weihnachtsgeschenk kaufen und sie ist eine Art Superheldin eines Schweizer Sexshops, deren Superkraft es ist, ihm ins Gesicht zu schlagen und ihm ein viel besseres Geschenk in die Hand zu drücken.
4. Er hat einen romantischen Abend vorbereitet und das ganze Haus mit Rosenblüten bestreut. Weil er dafür die Rosenblüten aus dem Garten genommen und nicht extra welche aus dem Baumarkt gekauft hat, ist sie wütend.
5. Weil er einen Schokoriegel falsch isst.
6. Weil er während des Autofahrens auf sein Handy schaut und den Verkehr gefährdet.

Die Figur des von einer Frau ins Gesicht geschlagenen Mannes ist klar erkennbar kein Einzelfall. Und weder im wörtlichen noch im übertragenen Sinn ist sie ein Ausrutscher. Sie ist nicht tabuisiert, sie widerspricht offenbar keiner geltenden Norm, sie wird nur selten infrage gestellt. Sie gilt nicht als übergriffige Gewalt, die Männer zu Opfern macht, sondern wird stattdessen belächelt und zugestanden. Sicher könnte man solche Werbung als überzeichnet und den Humor als slapstickartig beschreiben. Aber wenn das wirklich alles wäre, dann müsste das ja auch andersherum funktionieren. Tut es das? Auf einer Skala von 1 bis 10, wie drastisch fanden Sie die von mir aufgeführten Beispiele für Ohrfeigen gegen Männer? Und würden Sie eine Ohrfeige von Männern gegen Frauen gleich bewerten? Schläge, weil die Chips so lecker sind, sie zu spät nach Hause kommt, ein langweiliges Geschenk kaufen wollte oder einen Schokoriegel falsch isst? Ich denke, dass ich den meisten von Ihnen kein Unrecht tue, wenn ich annehme, dass Sie die gleiche Situation mit umgekehrten Rollenverteilungen sehr viel anders bewerten würden. Ich übrigens instinktiv auch. Und zwar aus den gleichen Gründen wie Sie:

1. Frauen werden grundsätzlich für schwächer als Männer gehalten. Wenn eine Frau einem Mann ins Gesicht schlägt, gehen die meisten davon aus, dass es so schlimm schon nicht gewesen sein wird, weil sie nur eine Frau ist.
2. Männer werden dazu angehalten, Schmerzen zu ignorieren und ihre Männlichkeit durch Gleichmut gegenüber Schmerzen zu belegen. Ein Mann, der nach einem Schlag ins Gesicht durch eine Frau in Tränen ausbricht, ist nach dieser Logik in doppeltem Sinne unmännlich. Weil er seinen Schmerz zeigt und weil er sich zu einem Schmerz bekennt, der ihm durch eine vorgeblich schwächere Frau zugefügt wurde.

3. In allen Gesellschaften und Schichten sind Frauen immer wieder die Opfer von Gewalt durch Männer. Gegen diese erschreckende Realität wird viel zu wenig unternommen. Stattdessen gesteht man Frauen zu, sich in einem gewissen Rahmen körperlich zur Wehr zu setzen, weil man davon ausgeht, dass Männer es schon irgendwie verdient haben werden. Das Internet ist voller Beispiele und »Experimente«, bei denen Menschen einen Mann davon abgehalten haben, eine Frau zu schlagen, aber wenn die Frau den Mann schlug, dann lachten, filmten oder freuten sie sich ganz einfach für die Frau.
4. Gewalt gegen Männer wird nicht ernst genommen, weil Männer keine Opfer zu sein haben. Opfer sein entspricht nicht den gängigen Männlichkeitsvorstellungen.

Stellen wir uns für einen kurzen Moment einfach mal vor, dass Männer nicht nur über das abgestumpfte emotionale Grundgerüst verfügen, das ihnen zugebilligt wird, und nehmen wir an, eine Backpfeife von einer Frau würde sie wirklich verletzen. Körperlich und seelisch. Sie überrascht sie, tut weh, erniedrigt, beschämt, verunsichert und verängstigt sie. Schaffen Sie das? Falls nicht: An welchem Punkt steigen Sie aus? Trauen Sie der Frau nicht die Kraft zu oder dem Mann nicht, sich davon derartig beeindrucken zu lassen? Keine Sorge, ich will Sie hier nicht vorführen. Schon gar nicht, ohne mich selbst rauszuhalten. Wie gesagt: Ich bin bei beiden Punkten dabei. Ein bisschen zumindest. Obwohl ich mich für Geschlechtergerechtigkeit einsetze, davon überzeugt bin, dass Männer nicht grundsätzlich Schläge verdient haben, und Frauen kenne, die mir körperlich haushoch überlegen sind und mich innerhalb von zehn Minuten k. o. schlagen würden, ist diese Überzeugung tief in mir verwurzelt. Diese Doppelüberzeugung, dass Frauen nicht so hart zuschlagen können und Männer es vermutlich schon irgendwie verdient haben werden beziehungsweise es ihnen nicht so viel ausmacht. Ich bemühe mich seit Jahren, mich von diesen tief sitzenden Stereotypen zu befreien und sie zu entlernen, aber es sind eben keine Scheuklappen, die man einfach abnehmen kann. Sie müssen abgeschliffen werden, in einem sehr mühevollen Prozess. Ein einziges Mal nur habe ich mich in meinem Leben von einer Frau bedroht gefühlt. All die Frauen, die stärker, schneller, klüger oder auch gewalttätiger waren als ich, haben diesbezüglich kaum Eindruck auf mich gemacht. Und dieses eine Mal war bezeichnenderweise in einem Theaterstück. 2018 inszenierte die britische Theaterregisseurin Lily Sykes am Theater in Lübeck Shakespeares *Der Widerspenstigen Zähmung*. Das Stück gilt als eine frühe Komödie des Dichters, ist aber bei genauerer Betrachtung alles andere als lustig und glänzt eher mit ziemlich frauenverachtenden Szenen. Ob Shakespeare das nun kritisch gemeint hat oder nicht, sei dahingestellt. Fest steht, dass Petruchio die von ihm begehrte Katharina im Laufe des Stückes bricht, bis sie die Gehorsamkeit der Frau am Ende über alles stellt. Was er dafür tut, würde man mit Begriffen aus der heutigen Zeit als Psychoterror, Essensentzug und Manipulation beschreiben. Die Regisseurin Lily Sykes nun bediente sich eines Inszenierungskniffs, der eigentlich nicht besonders originell ist: Sie nahm einen Geschlechtertausch vor. Hier aber funktionierte er beinahe unheimlich gut. Aus dem Off kamen Mitschnitte zur #MeToo-Debatte, Donald Trump erklärte, dass man Frauen an der Pussy packen müsse, und auf der Bühne wurde der Schauspieler Patrick Berg als Katharina immer kleiner, verängstigter und vertraute immer weniger auf die eigene Wahrnehmung. Astrid Färber als Petruchio hingegen brüllte sich im schweren Lodenmantel durch das Stück und hatte zugleich so viel anwidernde Freude daran, Katharina zu verletzen und ihre Psyche zu beschädigen, dass ich unwillkürlich dachte: Der möchtest du lieber nicht begegnen. Was sagt es über mich aus, wenn der einzige Moment, in dem ich mich ansatzweise von einer Frau bedroht gefühlt habe, derjenige ist, in dem sie einen Mann spielt? Genau genommen zwei Dinge: etwas Positives und etwas Negatives. Positiv ist, dass ich offenbar bis zum heutigen Zeitpunkt noch nie von einer Frau bedroht wurde oder von ihr Gewalt erfahren habe. Negativ ist, dass ich Frauen das grundsätzlich kaum zutraue. Und damit auch weniger gewillt bin, Männer für glaubhaft zu halten, die mir gewalttätige Übergriffe von Frauen schildern. Das ist ein echtes Problem. Der Grund, warum ich dieses Beispiel herausgesucht habe, ist also nicht der, dass ich Ihnen von einem Theaterbesuch erzählen wollte. Ich wollte vielmehr darauf hinweisen, wie wenig wir davor gefeit sind, die Opfererfahrung von Männern – insbesondere, wenn sie von Frauen zu Opfern gemacht wurden – einfach abzutun und für nichtig zu erklären. Entweder ist es nie passiert oder er soll sich mal nicht so haben.

Minderjährige Jungen, die von älteren Männern missbraucht werden, und Männer, die Gewalt durch Frauen erfahren – ich habe diese beiden Beispiele mit Bedacht gewählt. Und zwar weil ich in der ersten Fassung des Satzes zunächst »abseitige Beispiele« geschrieben hatte. So als hätte ich den Eindruck, meine eigenen Ausführungen relativieren zu müssen, weil sie irgendwie zu krass erscheinen und den Eindruck vermitteln könnten, dass das oft passiert. Nun, eines steht ohne jeden Zweifel fest: Es passiert zu oft. Und ich werde mir wie viele andere deutlich mehr Mühe geben müssen, den Blick auf die Realität nicht mit meinen geschlechtsspezifischen Annahmen darüber zu verstellen, wer Opfer sein darf und wer Täter sein muss. Nur dann kann uns wirklich besserer Opferschutz gelingen.

Opfer spielen

Leider gibt es dabei aber noch einen weiteren Aspekt, der diesem Opferschutz im Weg steht. Und das ist der gefühlte Opferstatus, den Männer sich insbesondere in den letzten Jahren seit den Debatten um die Hashtags #aufschrei und #MeToo allzu oft selbst verleihen. Zu viele fühlen sich von Feministinnen verfolgt, in ihren Meinungen unterdrückt und in ihren Ansichten kritisiert. Der Ton wird rauer, die Anfeindungen immer härter. Ich arbeite mit Kolleginnen zusammen, die immer wieder Mitteilungen auf allen Kanälen darüber erhalten, was Mann gerne mit ihnen machen würde. Das reicht von Vergewaltigungsfantasien bis Morddrohungen. Mir hingegen wirft man maximal vor, homosexuell zu sein. Oder man bezeichnet mich als »Beischlafbettler« und unterstellt mir allen Ernstes, ich würde mein Interesse für Gleichberechtigung und andere feministische Themen nur in der Hoffnung heucheln, dadurch eine Feministin ins Bett zu bekommen. Über mich brauchen wir an dieser Stelle also nicht groß zu reden. Sprechen wir lieber darüber, warum Frauen derartig von Männern angegangen werden. Denn scheinbar fühlen sich die Männer, die das tun, dabei tatsächlich als Opfer und in einer Art Notwehrsituation. Sie haben den Eindruck, dass Frauen und vorgeblich »weibliche Themen« in der Gesellschaft mittlerweile überhandgenommen haben, »echte« Männer viel zu kurz kommen und ihren Themen nicht genug Aufmerksamkeit geschenkt wird. Interessanterweise ist an dem letzten Punkt sogar etwas dran. Wenn ich nicht selbst der Meinung wäre, dass den Themen rund um Jungen und Männer Aufmerksamkeit fehlen würde, dann gäbe es dieses Buch gar nicht. Deshalb gibt es zwischen den Anliegen sogenannter Männerrechtler und meinen Vorstellungen davon, wie eine Anwaltschaft für die Rechte von Jungen und Männern aussehen könnte, einige Schnittmengen. Viele dieser sich antifeministisch und bewusst gegen Frauen positionierenden Männer würden mir darin zustimmen, dass Gewalt gegen Männer zu oft ausgeblendet wird, und eine deutliche Verbesserung des Opferschutzes fordern. Allerdings tun sie das fast ausschließlich in Abgrenzung zu Frauen. Deshalb gelte ich ihnen auch als Geschlechtsverräter. Als der bereits erwähnte »Beischlafbettler«, als »lila Pudel« und was da sonst noch so an Beschimpfungen für jemanden ist, der offenbar kein »richtiger Mann« ist. Mit diesen Herren möchte ich Sie an dieser Stelle nicht weiter belästigen. Mir ist nur wichtig, Sie wissen zu lassen, dass es sie gibt und sie sich als Opfer fühlen, obwohl ihnen niemand damit droht, ihr Haus anzuzünden oder ihnen Körperteile abzuschneiden. Tatsächlich ist es nicht unwahrscheinlich, dass sich eben gerade unter ihnen genau diejenigen befinden, die derlei Drohungen ausstoßen. Das wären dann aber Fälle für Polizei und Staatsanwaltschaft und nicht für ein Buch über geschlechtergerechtere Jungenerziehung. Ich möchte daher Ihren Blick lieber auf eine Gruppe Männer richten, die glücklicherweise kein Interesse an Gewalt gegen Frauen hat, die die Situation für ihr eigenes Geschlecht verbessern will und dabei leider nicht besonders umsichtig vorgeht. Auch deren Mitglieder spielen in gewisser Weise Opfer und verstellen so leider den Blick auf die Realität. Man könnte diese Gruppe Männer mit dem deutschen Begriff »Störenfriede« bezeichnen, aber der englische Begriff »Heckler« ist viel passgenauer. Ein Heckler ist eine Person, die andere bei deren Rede, Meinungsäußerung oder künstlerischen Darbietung unterbricht, belästigt, ablenkt, irritiert oder stört. Wenn Sie ein Referat oder einen Vortrag halten und jemand murmelt ständig vor sich hin, stellt aggressive Zwischenfragen, obwohl die erst am Ende zugelassen wären, oder fuchtelt mit einem Laserpointer auf Ihrer Präsentation herum – das ist ein Heckler. Stellen Sie sich bitte so einen Störer vor. Aber einen, der keine unsinnigen Forderungen wie »Mehr Bürgerbeteiligung für Marsmenschen!« oder »Bombt die Wale weg!« dazwischenruft, sondern wirklich sinnvolle Sachen. »Mehr Geld für Gewaltprävention!« zum Beispiel. Oder »Hört auf, unsere Jungen wie Maschinen zu behandeln!«, »Männer haben auch Gefühle!« – solche Sachen. Würden Sie ihm Gehör schenken wollen? Würden Sie Ihre Ausführungen unterbrechen und denken »Na ja, ich sollte der Person das Podium überlassen, das sind ja schließlich relevante Punkte und ich habe auch wirklich genug gesagt«? Vermutlich nicht. Ganz besonders nicht, wenn Sie selbst gerade über Probleme referiert und Missstände angeprangert haben. Aber genau von diesem Phänomen sind die Geschlechterdebatten der Gegenwart geprägt. Ob es um Einkommensunterschiede, Gewalterfahrung, Rentengleichheit, Aufstiegschancen oder Schulbildungsmöglichkeiten geht: Wann immer sich jemand in der öffentlichen Debatte zu diesen Themen äußert und anmerkt, dass Frauen nicht fair bezahlt werden, häufig Opfer von Gewalt sind, ihnen die Altersarmut droht, sie weniger oft befördert werden und in den Schulen bestenfalls als fleißig, aber nie als genial oder begabt gelten, kommt als unmittelbare Reaktion darauf: »Ja, aber was ist denn mit den Jungen? Was ist mit den Männern? Die werden doch auch zu Opfern gemacht, die haben es doch auch schwer, die sind ebenfalls von Altersarmut bedroht.« Wie gesagt: Wenn mir Jungen und Männer egal wären, gäbe es dieses Buch nicht. Sie sind mir alles andere als egal. Deshalb beschäftigen mich genau diese Dinge eben auch. Aber wir sabotieren unser Anliegen, wenn wir uns als Heckler betätigen, und machen so selbst unsere relevantesten Forderungen komplett lächerlich. Es scheint wie ein Reflex vieler Männer zu sein, sich als Opfer oder gar als Kollateralschaden der Debatten um die Gleichberechtigung von Frauen zu gerieren: »Wenn man sich die Einkommenssituation von Frauen anschaut, dann ... – aber was ist mit Männern!« Ja, was ist mit denen? Wieso verstehen wir nicht, wie schlecht uns diese Vorgehensweise aussehen lässt? Das Problem ist, dass wir damit allen Beteiligten einen Bärendienst erweisen: den Frauen, den Jungen und Männern, für die wir Lobbyarbeit machen wollen, und uns selbst. Indem wir Missstände, unter denen Frauen zu leiden haben, immer nur zum Anlass nehmen, um uns als Männerrechtsheckler zu betätigen, entwerten wir die Themen, um die es den Frauen geht, die Themen, um die es uns geht, und unsere eigene Position. An dem Satz »Wir müssen auch mal an die Jungen denken!« ist überhaupt nichts falsch. Aber wieso muss er eigentlich immer reingebrüllt werden, wenn es gerade um Mädchen geht? Uns stehen doch alle Möglichkeiten offen, die entsprechenden Probleme zu bekämpfen. Wir können Geld sammeln oder spenden, Vereine gründen, die entsprechenden Parteien wählen, Politik machen, uns Unterstützung suchen, Hilfetelefone einrichten oder demonstrieren gehen. Niemand hält uns auf. Es gibt keine Verschwörung von Gleichstellungsbeauftragten, Stiftungen oder gemeinnützigen Vereinen, die sich zum Ziel gesetzt hätte, dass niemals ein Mann seine Lebensqualität verbessern und die Fesseln seiner geschlechtsstereotypen Zwänge abwerfen kann. Stattdessen sind gerade dies die gesellschaftlichen Kräfte, die Männern helfen würden und nur darauf warten, dass Männer ihre Emanzipation endlich selbst in die Hand nehmen. Zugegebenermaßen erwarten nicht wenige von ihnen, dass Mann das genau nach ihren Regeln tut. Aber so geht man eben mit Hecklern um. Ein Grund mehr, nicht länger dazwischenzurufen, sondern endlich selbst aktiv zu werden und sich zu organisieren. Ohne die berechtigten Anliegen von Frauen immer nur als willkommenen Anlass zu nehmen, um sie mit den eigenen Ansprüchen zu überschreien. Bei genauerer Betrachtung sind diese beiden Sphären überhaupt nicht voneinander getrennt. Es ist nicht nur möglich, sich als Mann, der Lobbyarbeit für Jungen und Männer leisten will, für die Rechte von Frauen und Mädchen einzusetzen, es ist sogar nötig. Sie können nicht dagegen ankämpfen, dass Jungen auf Schulhöfen als Schwuchtel und »als Mädchen abgewertet« werden, wenn Sie nicht auch dagegen angehen, dass Homosexualität und Mädchensein hier als Referenzpunkte auf das Schlimmste genommen werden, was Jungen sich vorstellen können. Sie können sich nicht glaubhaft dafür einsetzen, dass Jungen schwach sein dürfen, wenn Sie nicht auch auf dem Schirm haben, dass und warum Mädchen schwach sein müssen – und was es dagegen zu tun gilt. Die Hecklerfrage »Aber was ist mit den Jungen?« denkt diese Probleme nicht zusammen, sondern spielt sie gegeneinander aus. Das hat aber nichts mit Geschlechtergerechtigkeit zu tun. Und so lässt sich auch nicht produktiv darüber sprechen, wie Männer zu Opfern gemacht werden. Stattdessen belässt diese Taktik alles beim Alten. Wir werden aber nur dann originäre, wirkmächtige und hilfreiche Jungen- und Männerarbeit leisten können, wenn wir einsehen, dass Frauen und Mädchen nicht unsere Feindinnen sind. Die wahren Feinde heißen Gewalt, Missachtung, Geschlechtszurichtung und Ignoranz. Und zweifellos können sie auch von Mädchen und Frauen verkörpert werden. Aber es ist niemals eine gute Idee, für die eigenen Rechte einzutreten, indem man die Rechte anderer lächerlich macht oder negiert.

Opfer stärken

Schauen wir uns stattdessen lieber an, was wir konkret zur Stärkung von Jungen, die leiden, tun können. Das ist glücklicherweise einiges. Wir können beispielsweise damit beginnen, die Gewalterfahrung eines Jungen nicht dadurch zu vervielfachen, dass wir an seine »Männlichkeit« appellieren, seine Gefühle relativieren und in Zweifel ziehen. Wenn ein Junge sagt, dass ihm etwas wehtut, dass er verletzt ist oder traurig, dass jemand ihn angefasst hat und er das nicht mochte, gibt es keinen einzigen Grund, zur Tagesordnung überzugehen. Jungen egal welchen Alters haben Anspruch auf unsere Aufmerksamkeit und unser Mitgefühl. Ein 16-jähriger Junge, der von seinen Freunden im Stich gelassen und verarscht wurde, kann Trost ebenso gut gebrauchen wie ein 4-Jähriger, der mit einer Schaufel gehauen wurde. Nichts davon ist lächerlich, unwichtig oder falsch. Und wenn ein Junge Ihnen erzählt, dass ihn ein Mädchen an den Haaren gezogen hat, dann darf ihm das wehgetan haben und muss nicht zu einer Nichtigkeit erklärt werden. Ebenso wenig wie das Nachstellen eines Mädchens durch einen Jungen als etwas ruppiger Werbungsversuch abgetan werden sollte.

Das Ziel dabei ist nicht etwa eine Art umfassende Überwachungssituation, in der jede Kleinigkeit sofort aufgebauscht und zum Politikum gemacht wird. Das Ziel ist es, Machtmissbrauch, Übergriffe und Gewalt zu ächten und Kinder dagegen stark zu machen. In unserem Fall besonders Jungen. Dazu zählt, ihnen zu vermitteln, dass niemand das Recht hat, sie gegen ihren Willen anzufassen, und dass Einvernehmlichkeit alternativlos ist. Gegen seinen Willen angefasst zu werden ist nicht beschämend, sondern falsch. Die Person, die sich über ein Nein oder ein sichtbares Unwohlsein hinwegsetzt, macht etwas falsch. Sie ist es, die sich schämen sollte, weil sie es besser wissen müsste. Wenn Jungen unterlegen sind, hören sie nicht auf, Jungen zu sein. Sie verlieren damit nicht ihre Männlichkeit, sie fliegen nicht aus dem Club der krassen Kerle und das hat alles auch überhaupt nichts damit zu tun, ein Mädchen zu sein. Wenn Jungen zu Opfern gemacht werden, sind sie Jungen. Sie sind Jungen, wenn sich Erwachsene an ihnen vergehen und sie sind Jungen, wenn sie

Gleichaltrigen auf der Schultoilette die Hose herunterziehen, um sie mit Freunden wegen ihrer angeblich zu kleinen Pimmel auszulachen. Sie sind Jungen, wenn sie sich nicht trauen, mit ihrer Freundin zu schlafen, weil sie Angst haben, dass das alles zu kompliziert, zu überwältigend und zu anstrengend ist, und nicht wissen, was sie machen sollen, wenn ihre Freundin sie bedrängt. Genauso wie sie Jungen sind, wenn sie Mädchen manipulieren und emotional erpressen, mit ihnen zu schlafen. Wirkmächtiger Opferschutz muss zwischen richtig und falsch unterscheiden und nicht zwischen Jungen und Mädchen. Je mehr Jungen den Eindruck haben, dass es ihnen qua Geschlecht nicht zugestanden wird, Opfer zu sein, und ihnen über die Auswirkungen der eigentlichen Tat hinaus etwas von ihrer Geschlechtsidentität genommen wird, umso anfälliger sind sie für Menschen, die sie zu Opfern machen. Weil ihre Erfahrungen unsagbar werden und ihr Erlebtes unmöglich. Weil sie nicht den Eindruck haben können, mit den Schilderungen einer Tat jemanden erreichen zu können, der ihre Aussagen nicht in Zweifel zieht, nicht gleich nachbohrt und nicht gleich Partei für den Täter oder die Täterin ergreift, indem er sagt, der Junge habe womöglich etwas falsch verstanden oder sich falsch verhalten. Noch einmal: Ein Opfer hat nichts falsch gemacht. Jungen, die zu Opfern werden, haben nichts falsch gemacht. Sie haben sich nicht zu unmännlich verhalten. Sie waren nicht zu passiv oder zu vorlaut. Und sie müssen auch nicht beizeiten damit aufhören, sich »wie ein Opfer« zu verhalten, um Familienangehörigen, Freundinnen und Freunden keine »Schwierigkeiten« zu bereiten. Es ist nicht zu viel verlangt, nicht mehr in den Verein zu gehen, wenn der Trainer sich beim Umziehen der Jungen immer mit in die Kabine setzt und sie anstarrt. Es ist auch nicht zu viel verlangt, diesen Trainer, wenn er sich am Telefon erkundigt, warum der Junge nicht mehr kommt, abzubügeln oder ihn mit seinem Verhalten zu konfrontieren. Es ist nicht zu viel verlangt, für einen Jungen Partei zu ergreifen, wenn die Mädchen in der Kita seine Mütze klauen und seine Schuhe stehlen. Er muss das nicht allein schaffen, und seine Verzweiflung darüber darf schon gar nicht von den Eltern der Mädchen ins Lächerliche gezogen werden, ohne dass Sie einschreiten und klare Ansagen dazu machen, warum das so nicht geht.

Und ganz sicher sollten sich Jungen keine Sorgen darüber machen müssen, ob die Eltern es wohl blöd finden, mit dem Vertreter der Kirche Ärger zu bekommen, der ihnen ständig zwischen die Beine greift. Und Schlimmeres.

Ich weiß, das klingt alles sehr dramatisch. Mir ist klar, dass ich mit dieser Anhäufung von Beispielen und den entsprechenden Gegenmaßnahmen Gefahr laufe, einen Problemumfang zu suggerieren, der so gar nicht zutrifft. Aber erstens ist das dem Umstand geschuldet, dass wir darüber viel zu wenig oder gar nicht sprechen. Schon gar nicht eingebettet in ganz gewöhnliche Erziehungskonzepte. Wenn überhaupt, reden wir darüber als drastischem Einzelfall. Das reicht aber nicht. Und zweitens ist die Alternative schlicht und ergreifend inakzeptabel. Deshalb nehme ich es auch in Kauf, hier den Buhmann zu spielen, der nur unschöne Themen im Gepäck hat. Das hier ist keine Erbauungsliteratur. Wir haben Probleme und müssen sie angehen. Wir lassen Jungen zu oft hängen und brauchen Unterstützungsstrukturen, um die Situation zu verbessern. Nur so steigt die Wahrscheinlichkeit, dass sich unsere Söhne übergriffigen Situationen entziehen, sich zur Wehr setzen, oder als Opfer dieser Situationen um Trost und Unterstützung bitten. Das heißt nicht, dass Sie ihnen immer alles glauben müssen. Selbstverständlich gibt es Schutzbehauptungen, Über- und Untertreibungen und Lügen. Aber die gibt es immer und überall, das steht hier gar nicht zur Debatte. Was hier verhandelt wird und wozu ich Sie auffordere, ist, Verzweiflung, Ratlosigkeit, Angst und Verletztheit von Jungen ernst zu nehmen. Ohne Ausnahme. Immer.

9 | LIEBE, SEX UND PORNOSEITEN

Vielleicht haben Sie es schon mitbekommen: Spätestens mit dem Einsetzen der #MeToo-Debatte sind Männer zunehmend verunsichert, wie sie sich gegenüber Frauen verhalten sollen. Wenn ich nicht gerade Texte schreibe oder Kinder bespaße, besteht meine Arbeit unter anderem auch daraus, durch Deutschland zu reisen und mit Firmenverantwortlichen darüber zu reden, wie sich unangenehme und übergriffige Situationen am Arbeitsplatz vermeiden lassen. Das Szenario, das viele Angestellte und Führungskräfte in diesen Vorträgen und Workshops am meisten verunsichert, ist das der Fahrstuhlsituation: Männer machen sich Sorgen darum, wie es ist, mit einer Frau alleine im Fahrstuhl zu fahren. Für sie ist dies die ultimative Realisierung einer Blackbox. Zum einen, weil sie sich in einer Zeit, die sie als zunehmend politisch korrekt und einengend empfinden, nicht mehr sicher sind, welches Verhalten angemessen ist und welches nicht. Zum anderen, und das ist das entscheidende Kriterium, weil nichts von dem, was in diesem Fahrstuhl passiert, wirklich nachprüfbar ist. Männer haben also Angst davor, mit einer Frau in eine Situation zu geraten, die gegen sie verwendet werden kann, ohne dass sie begründeten Einspruch erheben können. Der Fahrstuhl ist dabei nur ein Symbol für den Kontrollverlust. Männer sagen mittlerweile Sätze wie: »Heutzutage muss man aufpassen, dass ein nettes Date nicht im

Nachhinein zu einem Übergriff umgedeutet wird.« Sie weisen auch darauf hin, dass sie nicht wirklich damit zurechtkommen, wie sehr es vom Sender abhängig gemacht wird, ob etwas von der Empfängerin als Kompliment aufgefasst wird oder als sexuelle Belästigung. Das Internet ist voll von Comics, in denen ein gut aussehender Mann einer Kollegin beim Vorbeigehen ins Büro reinruft, dass sie gut aussieht, und sie sich darüber freut. Derselbe Satz bewirkt bei einem als schmierig und irgendwie unangenehm gezeichneten Typen, dass die Frau sich unter den Worten zusammenkrümmt und sich offensichtlich am liebsten unter ihrem Tisch verkriechen würde. Die Kritik daran, wie ein Mann unter solchen Bedingungen in Flirtsituationen überhaupt navigieren soll, wird seit den Vorfällen, die die Journalistin Laura Himmelreich 2013 in ihrem Artikel *Der Herrenwitz* benannt hat, besonders zugespitzt formuliert. Sie erinnern sich. Der FDP-Politiker Brüderle hatte die Journalistin mit Blick auf ihr Dekolleté wissen lassen, dass sie ein Dirndl ausfüllen könne. Himmelreich schrieb sehr treffend und genau darüber, inwiefern diese Bemerkung unprofessionell und zumutend war. Andere Journalistinnen sprangen ihr durch Schilderungen ähnlicher Erfahrungen mit Brüderle zur Seite. Aber es wurde sich gegen diese Deutung der Ereignisse auch heftig gewehrt – nicht nur von Männern. Die damalige Bundesjustizministerin und Parteifreundin Brüderles Sabine Leutheusser-Schnarrenberger verwies darauf, dass ein Kompliment doch etwas anderes sei, als wenn jemand tatsächlich übergriffig ist. Andere zogen George Clooney als Beispiel heran, um deutlich zu machen, dass frau genau so einen Satz vom »richtigen« Mann hören will. Einen Flirteinstieg von einem Mann, an dem sie Interesse hat und mit dem sich womöglich mehr ergeben könnte. Brüderles Vergehen wäre nach diesem Verständnis nicht gewesen, diesen Satz gesagt zu haben, sondern nicht so gut aussehend wie George Clooney zu sein.

Und das, so die Kritik, könne ja wohl nicht angehen. Seitdem wird die Frage danach, wie Flirten denn eigentlich genau auszusehen hat, immer lauter gestellt. 2018 erhoben 100 prominente Französinnen unter der Federführung der Schauspielerin Catherine Deneuve ihre Stimme und forderten für Männer »die Freiheit, aufdringlich zu werden«. »Männer«, so der Wortlaut des offenen Briefes, »wurden in der Ausübung ihres Berufs sanktioniert, zum Rücktritt gezwungen und so weiter, obwohl ihr einziges Vergehen darin bestand, ein Knie berührt zu haben, versucht zu haben, einen Kuss zu ergattern, während eines beruflichen Abendessens ›Intimes‹ angesprochen zu haben oder Nachrichten mit sexuellen Konnotationen an eine Frau geschickt zu haben, die sich nicht gleichermaßen angezogen fühlte.«

Dem gegenüber stehen die verbalisierten Erfahrungen von Tausenden Betroffenen unter Hashtags wie #aufschrei oder #imzugpassiert, die ein ungeheuerliches Ausmaß von alltäglichen Übergriffen anzeigen. Männer, die Frauen in öffentlichen Verkehrsmitteln unter die Röcke fotografieren, sie »Schlampen« nennen und mit obszönen Gesten belästigen und einschüchtern. Sportlehrer, die seltsamerweise nur bei Schülerinnen »Hilfestellung leisten«. Freunde des Partners, die warten, bis er kurz auf der Toilette verschwunden ist, um dann zu sagen, sie wüssten ja aus sicherer Quelle, wie gut frau im Bett sei und dass sie das auch gerne mal ausprobieren würden. Mit einer umfassenden Liste über solche Beispiele ließen sich mühelos mehrere Meter Buchregal bestücken. Aber eben auch mit Beispielen, bei denen man nicht sofort zusammenzuckt und sich unwillkürlich fragt, was zur Hölle eigentlich mit Männern los ist. Im September 2017 begannen britische Zeitungen über einen jungen Mann aus Bristol zu berichten, der sich vorgenommen hatte, so lange in einem Park Piano zu spielen, bis seine Angebetete wisse, wie sehr er sie liebe, und beiden als Paar noch mal eine

Chance gebe. Die Artikel waren zunächst ausgesprochen wohlwollend. Wie romantisch, wie süß, schluchz, sie sollte ihn wirklich zurücknehmen. Bis sich schließlich die Direktorin des ortsansässigen Frauenliteraturfestivals dazu äußerte und mit ihrem Beitrag den Ton der Berichterstattung merklich veränderte. Sie schrieb, dass Frauen das Recht haben, Männer zu verlassen, und Männer nicht das Recht auf eine Partnerin haben. Außerdem forderte sie die Medien auf, Stalkerverhalten nicht zu romantisieren. Ab dem Zeitpunkt lasen sich die Beiträge sehr anders. Sie habe doch offenkundig »Nein!« gesagt. Was müsse frau eigentlich tun, um in Ruhe gelassen zu werden?

Und in Deutschland machte ein Fall die Runde, bei dem eine Frau ihren Bekannten zu allen Lidl-Filialen der Stadt fuhr, weil die Mitarbeiterin, auf die er ein Auge geworfen hatte, nicht mehr an ihrem Arbeitsplatz war. Sie unterstütze den Mann, weil sie, wie sie sagte, an die Liebe glaube. Viele glaubten mit ihr. Andere bewerteten ihr Verhalten als Beihilfe zu Stalking. Immer wieder meldeten sich Verkäuferinnen aus dem Einzelhandel zu Wort, die verdeutlichten, dass lächelnde Freundlichkeit nun einmal zu ihrem Job gehört und ihnen wirklich überhaupt nicht daran gelegen ist, nach Schichtende wegen eines »interessierten Kunden« einen Umweg nach Hause zu fahren. Wie kommen diese Missverständnisse zustande? Es ist ein weites Feld, gespickt mit Stolperdraht, Geschlechterfallen und mehrdeutigen Situationen, aber wenn wir ehrlich miteinander über die Sexualität und die Beziehungsvorstellungen von Jungen sprechen wollen, dann werden wir es gemeinsam durchschreiten müssen. Und wir können dabei leider nicht aussparen, dass es Pfade von Flirtverhalten gibt, die ohne große Umwege in den Anspruch auf und die Umsetzung von sexualisierter Gewalt gegen Frauen führt. Jungen und Männer können in ihren Beziehungen zu Mädchen und Frauen aufmerksam, liebevoll, wertschätzend und gleichberechtigt sein. Alles, was ich in diesem Kapitel zusammentrage, stellt das nicht in Abrede. Die Behauptung, dass alle Männer Schweine sind, die immer nur das eine wollen, ist nicht nur billig und falsch, sondern auch noch insofern eine selbsterfüllende Prophezeiung, als Jungen sich womöglich genötigt fühlen, sich entsprechend zu verhalten, um als »echte« Männer zu gelten. Es geht mir hier also wieder einmal darum, Männer nicht in Bausch und Bogen zu verdammen, sondern einen Blick darauf zu werfen, wie sie warum zu spezifischem Verhalten motiviert werden. Verhalten, das ihnen und anderen schadet. Keinesfalls sollte das als Relativierungsversuch missverstanden werden.

Niemand ist jemals zu sexualisierter Gewalt berechtigt. Aber gerade weil es die vorrangige Aufgabe einer Gesellschaft sein sollte, Gewalt zu verhindern und Menschen dazu zu befähigen, wertschätzende Beziehungen auf Augenhöhe gestalten zu können, müssen wir uns anschauen, was eigentlich dagegen spricht. Wir sind es. Wir sprechen dagegen. Zeitungen, die von »Sextätern« statt von Vergewaltigern schreiben, so als wäre es unglaublich schwer, Sex und sexualisierte Gewalt auseinanderzuhalten. Aufklärungsunterricht, der sich darin erschöpft, Sexualität zu problematisieren, statt mit Verweis auf Einvernehmlichkeit zu ihrer Erkundung zu ermutigen. Pornografie, die in der klaffenden Lücke die fehlende Aufklärung ersetzt und für bare Münze genommen wird, obwohl Darstellerinnen und Darsteller vor der Kamera Sexualität vor allem ausstellen. Männer, die sexuelle Handlungen mit Frauen überbewerten müssen, weil man ihnen beigebracht hat, dass dies der einzig legitime Weg ist, um Intimität, Nähe, Trost und Ekstase erfahren zu können. Und eine Vorstellung von Romantik, die von Anfang an darauf abzielt, dass das Nein! von Mädchen und Frauen lediglich eine Art Verhandlungsmasse ist, die man(n) kreativ umgehen, überwinden oder brechen kann.

Das Harry-und-Sally-Syndrom

Dass Frauen und Männer nicht befreundet sein können, wussten Sie, oder? Zumindest sollte das spätestens nach dem Film *Harry und Sally* (1989) klar sein. Neben der berühmten Orgasmus-Szene im Restaurant und der Schlussszene auf der Silvesterparty, wo er ihr seine Liebe gesteht, gibt es noch die der gemeinsamen Autofahrt nach New York. Da erklärt er ausführlich, warum Männer und Frauen nicht befreundet sein können: »Der Sex kommt immer dazwischen. Kein Mann kann mit einer Frau befreundet sein, die er attraktiv findet. Er wird immer Sex mit ihr haben wollen.« Auf ihren Einwurf, dass Männer dann wohl mit für sie unattraktiven Frauen befreundet sein könnten, zuckt er nur mit den Schultern und lässt sie wissen, dass es ziemlich genau auf dasselbe hinausläuft. In der Populärkultur wurde dieses Phänomen seither das »Harry-und-Sally-Syndrom« genannt. Männer können sich demzufolge ihres biologischen Imperativs, mit möglichst vielen Frauen Sex zu haben, nicht erwehren und sind daher nicht in der Lage, ernsthaft mit Frauen befreundet zu sein. Eine Freundschaft setzt immer voraus, dass man die jeweils andere Person in irgendeiner Weise interessant findet. Denkt man die Theorie von Harry bis zum Ende durch, dann ist die sexuelle Attraktivität der Frau entweder von vornherein Bestandteil des freundschaftlichen Interesses vom Mann oder die Attraktivität entsteht für ihn im Laufe des Kennenlernens und der gemeinsam verbrachten Zeit. Deswegen das Schulterzucken. Ob ich mich als Mann mit einer Frau anfreunde, mit der ich von Anfang an auch ins Bett will, oder ob ich schlussendlich mit ihr ins Bett will, weil sie mich über einen gewissen Zeitraum als Person interessiert und fasziniert, spielt keine Rolle. Der Schauspieler Billy Crystal, der in dem Film Harry Burns verkörpert, liefert seine Theorie so schlitzohrig und selbstsicher ab, dass man sie beinahe nett finden könnte. In Wahrheit ist sie lediglich ein Aufguss vom Mann als schwanzgesteuertes Opfer der eigenen Triebe, der sich nicht anders zu helfen weiß, als auf der Basis seiner angeblichen oder tatsächlich vorhandenen Instinkte zu reagieren. Spielen wir das einmal durch: Das bedeutet nichts anderes, als dass ein Mann faktisch keine tiefen, bedeutsamen Freundschaften haben kann. Mit Blick auf die vorigen Kapitel wird er in seinen freundschaftlichen Gefühlen zu Männern limitiert. Er muss sie als »no homo« inszenieren und wird gesellschaftlich dazu aufgefordert, nicht zu viel preiszugeben und sich nicht zu sehr zu involvieren. Liebeskummer, Misserfolge, Schmerzen, sexuelle Probleme – all das kann bestenfalls eingeschränkt thematisiert werden, um nicht die eigene Männlichkeit und die des anderen zu gefährden. Und es bedeutet eben auch, dass er nicht mit Frauen befreundet sein kann. Entweder geht er mit ihnen eine sexuelle Beziehung ein, die eine Freundschaft mehr oder weniger terminiert. Oder er würde gerne eine sexuelle Beziehung mit ihnen eingehen, was sich aber nicht realisieren lässt und ihn deshalb aus einer möglichen Freundschaft hinausfrustriert. Ehrlich gesagt klingt das furchtbar einsam und traurig. So als hätte man(n) überhaupt keine Wahl. Als wären Frauen für heterosexuelle Männer nur Bestandteile eines unermesslichen Buffets, an dem sie nur für einen gewissen Zeitraum – nämlich solange sie mit einem bestimmten Gericht beschäftigt sind – versuchen, ihre Finger nicht überall zu haben. Aber selbst dann wird auf die anderen Leckereien geschielt. Das wird weder Männern noch Frauen gerecht. Selbst wenn man es nicht ganz so fatalistisch betrachtet wie der Autor des 2016 erschienenen Bestsellers *Generation Beziehungsunfähig*, Michael Nast, hat das immer noch viel zu viel mit stereotypem Begehren und geschlechtsspezifischem Müssen zu tun und viel zu wenig mit Wollen und Können. Nast vertritt eine Erweiterung der Doktrin von Harry. Als dieser Sally zufällig in New York wiederbegegnet, schlägt er vor, sie könnten ja als Freunde Essen gehen. Woraufhin sie ihn darauf festnagelt, dass er ihr gegenüber Freundschaft zwischen Männern und Frauen unmissverständlich ausgeschlossen habe. Also denkt er sich vom Fleck weg seine Erweiterung aus: Frauen und Männer könnten sehr wohl miteinander befreundet sein, wenn beide in Beziehungen steckten. Allerdings kassiert er seine eigene Erweiterung umgehend, weil die jeweiligen Partnerinnen oder Partner mit dieser Situation niemals zufrieden wären, sich immer fragen würden, was der oder die andere wohl vermisst, und unterstellen würden, da wäre mehr als Freundschaft. Was, laut Harry, vermutlich auch so ist. Nast hält die Erweiterung jedoch für valide und formuliert es bei *freundin.de* im Juli 2019 so: »Eine Freundschaft zwischen Männern und Frauen ist möglich, wenn das Sexuelle ausgeblendet werden kann. Wenn sich keiner der beiden Hoffnung auf eine Liebesbeziehung macht. Männer sind Sklaven ihrer Instinkte. Sie werden immer daran denken, mit ihr zu schlafen. Und wenn ein Mann mit einer Frau, die er sexuell attraktiv findet, in einer vermeintlichen Freundschaft viel Zeit verbringt, ist die Gefahr groß, sich dann doch irgendwann in sie zu verlieben. Und dann wird er leiden. Wenn ich darüber nachdenke, welche Frauen ich als Freunde bezeichnen würde, fällt mir auch wirklich keine ein, mit der ich schlafen würde.« Nast beendet seine Ausführungen mit dem Resümee, dass Männer eben nicht aus ihrer Haut könnten. Das Ganze mag zwar ein bisschen großstädtischer und nicht mehr so sehr nach 80er-Jahren wie bei *Harry und Sally* klingen, ändert jedoch nichts an der Grundidee: Männer sind also Sklaven ihrer Instinkte. Wenn das so ist, dann möchte ich in der Haut nicht stecken, aus der ich angeblich nicht herauskann. Was hat das mit Freiheit oder Selbstbestimmung zu tun? Und wieso kommt unabhängig davon, wie hip sich diese These gibt, weibliches Begehren als eigenständiger Faktor überhaupt nicht vor? Es bleibt ein Voranstürmen des Mannes auf eine mögliche Akzeptanz der Frau. Er führt, sie geht mit. Oder eben nicht. So beschrieben klingt Heterosexualität ganz schön verzweifelt.

Ich möchte Ihnen einen Gegenvorschlag machen: Vergessen Sie den ganzen Quatsch. Und damit meine ich nicht den Umstand, dass heterosexuelle Männer großes sexuelles Interesse an zahlreichen Frauen haben können und dies mit ihrer hormonellen und genetischen Grundprogrammierung zu tun hat. Die Biologie ist genauso Teil der Wirklichkeit wie die Sozialisation. Ich meine die Vorstellung, dass Männer nicht mit Frauen befreundet sein können. Sie sind zu allen möglichen Arten der Freundschaft mit allen möglichen Personen in der Lage. Auch mit Frauen, die sie sexuell attraktiv finden. Ich zweifle damit nicht an, dass Sex Freundschaft zumeist zumindest verkompliziert. Ich zweifle an, dass Männer so eindimensional, so sklavisch sind, wie sie immer wieder dargestellt werden. Denn Begehren, auch männliches Begehren, ist sehr viel vielschichtiger, als ihm gemeinhin zugestanden wird. Männer und Frauen können miteinander befreundet sein und zwar auch, wenn sich beide sexuell zueinander hingezogen fühlen. Das ist nur ein Aspekt von Anziehungskraft, der alle anderen zwar in den Schatten stellen kann, aber nicht muss. Wieso sollten Männer nicht mit klugen, witzigen, einfühlsamen, loyalen Frauen befreundet sein wollen und können, die sie auch attraktiv finden? Was spricht, sofern die besagten Frauen daran auch Interesse haben, überhaupt dagegen? Wir bieten eine unglaublich einfältige, heterozentrierte Erzählung über Männer und Frauen auf, die angeblich so verschieden sind, dass sie von verschiedenen Planeten stammen könnten. In dieser Erzählung kommen die kriegerischen Marsianer mit den sanften Venusmuscheln nur aus familiären, sexuellen oder liebesbezogenen Gründen zusammen. Nicht aus Freundschaft. Und das ist ein echter Verlust.

In meinem Fall wäre ich mit einer Kollegin nicht befreundet, die ich sexuell attraktiv finde. Wir haben gemeinsame Interessen und Ziele, wir lachen über ähnliche Sachen, und vor allem ärgern wir uns über die gleichen Zustände. Das bedeutet nicht, dass ich Sex mit ihr haben will. Es bedeutet einfach nur, dass sie wie andere Frauen, die ich kennengelernt habe, Dinge repräsentiert, die ich anziehend finde. Die Zwangsläufigkeit, mit der zwischen Männern und Frauen immer alles auf Sex und/oder eine romantische Beziehung hinauslaufen muss, ist so nicht gegeben. Sie wird stattdessen inszeniert. Und zwar von frühester Jugend an. Denn da schließt sich der Kreis zu der Erziehung von Prinzessinnenjungen. Ich erzähle Ihnen doch den hanebüchenen Unsinn, der über Erwachsenenbeziehungen verzapft wird, nicht einfach so. Stattdessen will ich Ihnen zeigen, wie Jungen in diesen Unsinn hineingeworfen werden – und zwar nicht durch die Biologie. Zum Beispiel, indem man ihre kindlichen Beziehungen zu gleichaltrigen Mädchen romantisiert. Den Ausspruch »Awwww, sind die süß, die werden bestimmt mal heiraten« habe ich über meine Tochter und ihren allerbesten Kitafreund schon Dutzende Male gehört. Die beiden sind drei Jahre alt. Und vielleicht ergibt sich ja wirklich eine derartige Beziehung, wie sie das Autorenduo Neuß und Schäfer in ihrem Buch *Sandkastenliebe. Frühe emotionale Beziehungen unter Kindern* (2017) beschrieben hat. Aber sehr wahrscheinlich sind die beiden einfach nur miteinander befreundet und werden in ihrer Freundschaft von uns Erwachsenen belauert. Wenn der Kitafreund meiner Tochter mit anderen Jungen spielt, dann sagt niemand, wie süß das ist. Niemand argwöhnt eine sich anbahnende romantische Beziehung. Auch an dieser Stelle: No homo! Weil nicht sein kann, was nicht sein darf. Die spielen eben einfach miteinander.

Das andere Mittel, mit dem kindliche Beziehungen zwischen Jungen und Mädchen durch erwachsene Bewertung in die entsprechenden Bahnen gelenkt werden, ist die Normalisierung von Gewalt: Was sich liebt, das neckt sich. Von Anfang an beschwichtigen wir mit diesem Satz vor allem Mädchen, die von Jungen geärgert und übergriffig behandelt werden. Und von Anfang an ist er verdreht. Denn Neckereien können in einer bestehenden Beziehung in der Tat eine Möglichkeit sein, mit der kommuniziert und Nähe geschaffen wird. Man hat kleine, gemeine Spitznamen füreinander und spielt auf Situationen an, in denen sich die andere Person alles andere als souverän verhalten hat. Zwischen Kindern verhält es sich aber genau andersherum. Sie spielen mit Frotzeleien nicht auf Insiderwissen einer bestehenden Beziehung an und lachen dann gemeinsam darüber. Stattdessen bewerten wir Erwachsene Nachstellen, Haareziehen und andere Gemeinheiten als etwas ruppige Zuneigungsbekundung. Und wundern uns später, wenn wir es mit Erwachsenen zu tun haben, die in Partnerschaften nicht klar unterscheiden können, was ihnen guttut und was nicht. Dass Kindern oftmals die Impulskontrolle fehlt, sie sich auch messen und körperlich auseinandersetzen müssen, ist überhaupt keine Frage. Zorn, Aggressivität und Hilflosigkeit gehören zur menschlichen Existenz dazu. Auch an dieser Stelle geht es nicht darum, aus Jungen friedfertige, gewaltlose Mädchen zu machen. Ein solches Vorhaben muss schon an dem Wissen scheitern, dass Mädchen nicht qua Geschlecht immer friedfertig und gewaltlos sind. Jungen dürfen also zornig und aggressiv sein. So wie alle anderen auch. Aber warum überhöhen wir das, warum bringen wir das ausgerechnet mit dem Interesse an einer Beziehung in Verbindung? Was sagt das aus über das Bild, das wir von den Beziehungen zwischen Männern und Frauen haben? Womöglich ordnen wir einfach jede Interaktion zwischen den Geschlechtern einem romantischen Beziehungsprimat unter. Unabhängig davon ob der Umgang miteinander liebevoll-freundschaftlich oder gewalttätig ist.

Angesichts dieser Tatsache bleibt nur zu hoffen, dass man wenigstens im Sexualkundeunterricht darüber aufgeklärt wird, was Beziehungen tatsächlich ausmacht und wie man miteinander umgehen sollte. Bei mir persönlich konnte davon leider nicht die Rede sein. Keine Ahnung, wie Sie das erlebt haben, aber bei mir war das ganz furchtbar.

Unaufgeklärt

Mitten in der Pubertät sitze ich Mitte der 90er in einem abgedunkelten Biologieraum und schaue mir einen Aufklärungsfilm von 1968 an. *Das Wunder der Liebe* von Oswald Kolle, dem großen Sexualaufklärer der BRD. Ich habe nicht den Hauch einer Idee, was mir der Film vermitteln soll. Ein paar alte Männer reden mit lauten Stimmen komisches Zeug über Sex. Anschließend werden zwei Paare gezeigt. Bei dem einen Paar hat der Typ einen vorzeitigen Samenerguss und wenig Interesse an Vorspiel. Bei dem anderen Paar kommt der Typ vor lauter Arbeiten nicht mehr zum Sex. Hier und da kichere ich mit der Klasse über Szenen, in denen Nacktheit gezeigt wird oder vollkommen lebensfremde Filmküsse, bei denen die Paare wirken, als ob sie sich Vogelfutter von den Mündern picken wollen. Bei uns waren Zungenküsse beim ausgiebigen Flaschendrehen in hermetisch abgeriegelten Hobbykellern längst ein alter Hut. Was diese Leute in dem Film da machten, verstand ich nicht. Als sich die Biologielehrerin nach der Vorführung erkundigt, ob wir noch Fragen hätten, weiß ich überhaupt nicht, wo ich anfangen soll. Damals hätte ich wohl etwa hundert Fragen an sie gehabt. Heute wohl eher um die tausend. Und über allem schwebt die Frage nach diesem einen Wort, das niemals gefallen ist. Nicht ein einziges Mal: Einvernehmlichkeit. Ich wurde mit technischen Details und bräsigen Bildern aufgeklärt. Es war ein gut gemeinter Versuch und es war mit Sicherheit besser als nichts. Aber nach den üblichen Kondomabrollversuchen und den Referaten zu ungewollter Schwangerschaft, Aids und anderen sexuell übertragbaren Krankheiten blieb nur dieser Film, von dem das *Lexikon des Internationalen Films* aus gutem Grund sagt, er sei »ein in jeder Hinsicht oberflächlicher und bedenklich vereinfachender Aufklärungsfilm«. Außer Befremden ist mir davon nichts geblieben. Der Sexualkundeunterricht hat Sexualität vor allem anderen zum Problem erklärt und auf die mannigfachen Gefahren hingewiesen, vor denen es sich zu schützen gilt. Worüber überhaupt nicht gesprochen wurde, war Begehren und wie man es gestaltet. Es wurde überhaupt nicht klar, warum Menschen einander sexuell begehren und was sie damit machen sollen. Von anderen Formen jenseits des heterosexuellen Begehrens ganz zu schweigen. Keine Rede war davon, dass das erste Mal beängstigend oder wunderschön oder nur 60 Sekunden lang oder im Rückblick total belanglos beziehungsweise für immer bedeutsam sein kann. Es wurde auch nicht darüber gesprochen, dass die Missionarsstellung aufgrund des Körpereigengewichts beim ersten Mal womöglich nicht die allerbeste Idee ist. Oder darüber, dass es emotionale Erpressung zu Sex gibt und warum man das lassen sollte. Oder darüber, dass Begierde geschlechtsunabhängig ganz unterschiedlich ausgeprägt ist. Wie gesagt: tausend Fragen. Heutzutage läuft das im besten Fall deutlich anders ab. Nicht mit einer Lehrkraft, die aufgedrehte Pubertiere neben dem Sexualkundeunterricht noch mit anderem Lehrstoff versorgen muss, sondern mit Expertinnen und Experten von *pro familia* oder anderen Einrichtungen, die genau dafür geschult wurden. Aber die zentralen Fragen bleiben nach wie vor heikle Themen: Was bedeutet Einvernehmlichkeit? Wo beginnt sexualisierte Gewalt? Wie kann positiv über Sex und sexuelle Bedürfnisse kommuniziert werden? In meinem Fall blieben nur die aufschneiderischen Schulhofgespräche mit gleichaltrigen Jungen, die vor anderen für die eigene Männlichkeit damit prahlten, was sie alles mit wie vielen Mädchen schon gemacht hätten. Von Liebe war nicht die Rede. Auch nicht von überwältigenden Gefühlen, Zurückweisung oder wie man damit umgeht, mit einem Mädchen zusammen zu sein, das (noch) kein sexuelles Interesse bekundet, während man selbst vor Neugier und Lust brennt. Und am allerwenigsten wurde darüber gesprochen, dass man womöglich gar nicht wollte. Nicht konnte. Angst hatte. Pscht, bloß nicht.

Der Götze hieß ja immer noch Männlichkeit, die Anbetungsformel der Stunde Fickenbumsenblasenarschfotze. Die hatte man geknallt. Die natürlich auch. Und die da würde man sich gerne mal gönnen. Wir waren pickelgesichtige Jungen, die Mädchen als Objekte benutzten, um über sie miteinander über unsere Männlichkeit ins Gespräch zu kommen. Nur einer ließ sich nicht aus der Reserve locken. Der einzige Junge, von dem ich mit an Sicherheit grenzender Wahrscheinlichkeit annahm, dass er schon einmal Sex gehabt hatte, prahlte nicht. Ich wusste von seiner Freundin, dass »es« passiert war. Ich wusste von ihm, dass »es« passiert war. Er war mein Freund. Und er hatte auf meinen dahingemurmelten Kommentar, dass Sex irgendwie seltsam sei, nicht höhnisch oder grölend reagiert. Er hatte mir zugestimmt und gesagt: »Ziemlich seltsam, ja. Aber wenn sie nett ist und ihr euch keinen Stress macht, dann ist es auch ziemlich gut.« Auch er sprach nicht von Liebe. Aber immerhin von nett sein. Und außerdem prallten die Kommentare der anderen scheinbar wirkungslos an ihm ab. Jemand nannte ihn probeweise eine Schwuchtel, weil er keine Fickgeschichten vom Stapel ließ. Nichts passierte. Ein anderer fing an, über nackte Frauen an FKK-Stränden zu reden. »Gefallen dir die oder bist du dafür auch zu schwul?«, schob er in Richtung meines Freundes nach. Wieder nichts. Kein Wirkungstreffer, kein

Kratzer, nicht mal ein Zucken. Er hätte sagen können, dass er schon Sex hatte. Er hätte alle mit unglaublichen Details verblüffen können. Aber er schwieg und wirkte dabei beinahe belustigt. Auf jeden Fall frei. Frei von dem Spielchen, das seine hirnverbrannten Freunde spielten. Neben der erlösenden Wirkung von Sex, den wir uns auf unsere Geilheit versprachen, schien es da auch noch einen anderen Effekt zu geben. Er ermöglichte es, hinter die pubertären Bluffs zu schauen und nicht auf die gemeinschaftliche Selbstvergewisserung, dass man der Größte ist und alles im Griff hat, einsteigen zu müssen. Dabei hatten wir vor allem eines: Angst.

Denn die Frage aller Fragen lautet immer noch: Ficken oder gefickt werden? Für Jungen bedeutet das, dass sie bei sexuellen Begegnungen praktisch ausnahmslos die Regie zum Geschlechtsverkehr zu übernehmen haben. Penetrieren wird als aktive Handlung definiert, penetriert werden als passive Erfahrung. Unabhängig von dem Erfahrungsgrad, den persönlichen Vorlieben, der Stimmungslage und der momentanen Situation wird von Jungen erwartet, Vorgaben zu machen. Sie haben den Sex zu initiieren, bestimmen die Länge des Vorspiels, entscheiden, wann es wie zu penetrativem Verkehr kommt, und markieren mit ihrem Samenerguss das Ende der Veranstaltung. Von Mädchen wird hingegen erwartet, sich darauf einzulassen. Aber nicht zu sehr. Die Rollen sind klar verteilt: Er muss sich als Hengst beweisen, sie hingegen belegen, dass sie keine Schlampe ist, aber trotzdem an Sex mit ihm interessiert. An Sex mit dem Richtigen. Ob sie die Richtige für den Jungen ist, interessiert niemanden. Mädchen sollen mit Ermahnungen davor geschützt werden, »zurechtgefickt« zu werden. Bei Jungen geht man einfach davon aus, dass sie sich schon irgendwie zurechtficken werden. Die Komikerin und Schauspielerin Carolin Kebekus hat das in einem ihrer Stand-ups mal so beschrieben: Mädchen wird die ganze Zeit erzählt, dass sie sich in Acht nehmen sollen und dass es der

Richtige sein muss. Irgendwann wird aus »Pass auf!« binnen kürzester Zeit »Wo sind deine Kinder?!«. Dazwischen gibt es nichts. Jungen hingegen bekommen im übertragenen Sinn von ihrem Vater einen Sack Kondome mit der Anweisung »Übe gut, mein Sohn!« ausgehändigt. »Pass auf!« gilt im Prinzip nur dafür, die Sexualpartnerin nicht ungewollt zu schwängern. Maximal wird das um die Vorsicht vor sexuell übertragbaren Krankheiten erweitert. Dass man Herzen vorsichtig behandeln sollte und Beziehungen zerbrechlich sind, davon wird Jungen nichts erzählt. Selbstverständlich fühlen sie das. Mädchen und Jungs haben ja bei Geburt dieselbe emotionale Grundausstattung. Jungen wird nur beigebracht, dass die meisten Gefühle Mädchensachen sind, mit denen sie nichts zu tun haben sollten. Sexualität wird als männliche Kernkompetenz definiert, während Beziehungspflege und romantische Gefühle überwiegend weiblich gelesen werden.

So ist es natürlich längst nicht immer. Die Emanzipation schreitet voran, und es gibt immer mehr Mädchen und Frauen, die ihre Sexualität nicht länger fremdbestimmen lassen, sie nicht als etwas begreifen, das man mit ihnen macht. Genauso wie es Jungen gibt, die begreifen, dass die vermeintlich übliche sexuelle Performance nicht zwingend mit dem zu tun haben muss, was sie wirklich wollen und was sich gut anfühlt. Aber das sind die hart erkämpften Ausnahmen von der Regel. In der Regel wird Sex trotz oder gerade wegen einer zunehmend sexualisierten Gesellschaft nach wie vor tabuisiert und kaum wohlwollend besprochen. Jungen sollen schon vor der ersten Begegnung, ja schon vor dem ersten Mal, alles wissen und mit Souveränität durch das Geschehen führen. Mädchen sollen sich führen und mit sich machen lassen.

Männliche Sexualität ist mehr als ein sich immer wiederholender Beutezug durch weibliche Körper. Aber gerade in der Pubertät, gerade in einer Zeit, in der noch nichts wirklich festgeschrieben ist und alles gewagt werden muss, kümmern wir uns nicht darum. Es tut mir leid, das so hart formulieren zu müssen, aber Jungen bekommen den Stempel »aufgrund des Geschlechts ein Ficker« und werden in die Welt entlassen. Dabei wäre es genau an dieser Stelle wichtig, Ängste, Bedürfnisse, Scham und Gefühle zu thematisieren. Und am besten nicht erst dann. Sondern kontinuierlich und in einer Weise, die altersangemessen ist. Klar ist das schwer. Unsere eigene Erziehung macht eine solche Aufgabe in den meisten Fällen nicht gerade leichter. Das ändert aber nichts daran, dass es notwendig ist. Erst in der Pubertät »das Gespräch« anzusetzen ist reichlich spät. Um nicht zu sagen, zu spät. Denn die Pubertät bringt es nun einmal so mit sich, dass jedes Reden über Sexualität zu einem hochnotpeinlichen und höchstpersönlichen Sprechen über die eigene Sexualität wird. Während Sie mit einem 6-Jährigen noch ganz entspannt Bücher wie *Mami hat ein Ei gelegt* oder auch den Klassiker *Peter, Ida und Minimum* lesen und dabei ins Gespräch über Sexualität im Allgemeinen kommen können, wird es später oftmals als viel zu spezifisch wahrgenommen. Egal wie weitschweifig und abstrakt Sie dann Sexualität im Gespräch auch nur andeuten. In der Wahrnehmung von Pubertierenden verhandeln Sie damit unmittelbar ihre ureigene Sexualität. Und deshalb wird das auch nichts mit »dem Gespräch«. Um an dieser Stelle die Früchte eines guten, offenen Gesprächs miteinander ernten zu können, hätte man viel früher pflanzen müssen. Aber das geschieht viel zu selten. Dass Kinder nicht erst mit der Pubertät über eine eigene Sexualität verfügen, ist eine Tatsache, der wir Erwachsene uns nur äußerst ungern stellen. Deshalb sitzen wir die ganze Sache zumeist aus und kapitulieren damit zugleich vor der Ersatzaufklärung, die sich über die letzten Jahre und Jahrzehnte auf die Bildschirme und in die Köpfe unserer Kinder geschlichen hat: Pornografie.

Ausstellungssex

Das können Sie sich abschminken. Das ist mein voller Ernst, es wird nicht funktionieren: Sie können nicht verhindern, dass Ihre halbwüchsigen Kinder Pornos schauen. Auch nicht durch ein Handyverbot oder sonstige Strafandrohungen. Pornografie ist eine Realität, der sich unsere Kinder zu stellen haben, und es ist unsere Aufgabe, sie so gut wie möglich darauf vorzubereiten. Und damit meine ich nicht die Art von Pornografie, die ihre Darstellerinnen und Darsteller anständig bezahlt, das Begehren von Frauen als eigenständig definiert und ihm Raum gibt und nicht zwangsläufig mit der sichtbaren Ejakulation des Mannes endet. Diese Pornografie gibt es auch und es gibt sie glücklicherweise immer mehr. In Berlin wird alljährlich der *Feminist Porn Award Europe* verliehen, der Pornografie feiert, die frei, queer und inklusiv ist und sich nicht in dem üblichen generischen Blasen-Rein-Raus-Cumshot-Fertig erschöpft. In diesen Pornos lassen sich sehr unperfekte Körper in ihrer ganzen Schönheit bewundern, die es auf 1001 Art miteinander treiben. Damit ließe sich tatsächlich auch Aufklärung betreiben. Wovon ich an dieser Stelle spreche, sind die Millionen von Clips, die auf Tube-Seiten im Internet für alle frei zugänglich sind und mit ihren angetäuschten Altersverifizierungen absolut niemanden davon abhalten, sich Hardcore-Akrobatik anzuschauen. Am wenigsten Ihre und meine Kinder. Denn genau das, was sie dort zu sehen bekommen und auch sehen wollen, füllt sehr nackt und detailreich die Leerstelle unseres Schweigens über Sex. Wer braucht schon Aufklärung, wenn man sich einen 20-minütigen Clip reinziehen kann, in dem zwei oder mehr Menschen es gut sichtbar und perfekt ausgeleuchtet in fünf verschiedenen Stellungen treiben? Wer braucht schon Intimität, wenn die Kamera jeden Gesichtsausdruck einer Darstellerin einfängt, deren Job darin besteht, ein Höchstmaß an Bereitschaft und Begehren zu signalisieren? Die traurige Antwort ist: niemand. Die ehrliche Antwort lautet: alle. Pornografie ist ein Hochleistungssport, der mit echtem Sex ungefähr so viel zu tun hat wie ein Lichtschwertduell mit einer Schlägerei. Nur, dass bei dem Lichtschwertduell niemand auf die Idee kommen würde, es mit der Realität zu verwechseln. Wenn Türen sich nicht mit der inneren Jedi-Macht durch eine Handbewegung öffnen lassen, ist niemand enttäuscht (na gut, mein innerer *Star Wars*-Nerd vielleicht ein bisschen) oder überrascht. Im Gegensatz dazu wird die Wirklichkeit ständig mit pornografischen Bildern abgeglichen. Mit gezeigten Stellungen und Praktiken, mit Erregung, Szenarien und Körpern.

Nun will ich mich nicht dazu versteigen, über zwangsläufige Auswirkungen von Pornografie auf das Sexleben von Jugendlichen und Erwachsenen zu spekulieren. Das ist ein kontroverses Thema, zu dem zahlreiche Studien existieren, die so unterschiedliche Dinge zu belegen glauben wie ein erhöhtes Interesse an Gleichberechtigungsthemen durch Pornokonsum bis hin zu Pornografie als epidemische Anleitung zu Frauenhass. Auf der qualitativen Ebene ist das deutlich komplizierter, als man gerne annehmen würde. Anders sieht es auf der quantitativen Ebene aus. Die sehr nackten Zahlen sprechen eine deutliche Sprache. 68 Millionen Suchanfragen gibt es täglich zu pornografischen Inhalten. Deutschland ist Weltmeister im Pornogucken. Elf ist das durchschnittliche Alter des Erstkonsumenten. 40 Prozent der Minderjährigen in Deutschland suchen im Internet nach pornografischen Inhalten. Eines kann also auf jeden Fall festgestellt werden: Pornografie wirkt. Wie genau steht allerdings auf einem anderen Blatt. Die Problematik der Zahlendeutung lässt sich am Beispiel Analverkehr gut veranschaulichen. Statistische Erhebungen zeigen, dass die Beliebtheit dieser Praktik unter heterosexuellen Paaren seit den 90er-Jahren sprunghaft angestiegen ist. Die Vermutungen gehen dahin, dass dies durch Pornokonsum befördert wurde, weil man aufzeigen kann, dass Analverkehr erst ab diesem Zeitpunkt in der visuellen Darstellung eine größere Rolle gespielt hat. Es wäre also gut möglich. Möglich wäre allerdings auch, dass diese Option in einer zunehmend liberaleren Gesellschaft einfach greifbarer ist und nicht mehr so kategorisch ausgeschlossen wird. Oder beides. Pornografie ist also nicht per se gut oder schlecht oder wirkt immer auf alle gleich. Einfache Antworten im Sinne von »Einmal Pornos geschaut, schon ist man in seiner Sexualität fremdbestimmt« oder »Pornos sind harmlose Erwachsenenunterhaltung« gibt es nicht. Aber es gibt Fragen, die man stellen kann, um sich ein ungefähres Bild davon zu machen, was an audiovisuellen Reizen und Informationen auf dem Tisch liegt beziehungsweise auf dem Smartphone läuft. Mainstream-Pornografie verschärft die Vorstellung von männlicher Sexualität als aktiv und dominant, wohingegen weibliche Sexualität passiv und unterwürfig inszeniert wird. Klar gibt es auch Spartenausnahmen, in denen die Frau alle Ansagen macht und den Mann dominiert. Aber im Kern geht es immer um das Gleiche. Der Mann initiiert den Sex und exerziert ihn nach seinem Plan durch. Stellungswechsel, Positionierung zur Kamera, Praktiken. Er sagt an und gibt vor. Ohne Zögern, ohne Zaudern, ohne auch nur eine Sekunde darüber nachzudenken, ob ihm oder ihr das gefällt. Er weiß es. Dass der Darsteller dabei als Verlängerung der Person hinter der Kamera dient und auch nur tut, was ihm gesagt wird, ist nicht erkennbar. Auch nicht wie viele Stunden der Drehtag für die Szene insgesamt hatte, wie viele Schnitte gesetzt wurden und wie oft er mit einer nachlassenden Erektion zu kämpfen hatte. Dass sich diese Art Sex nicht in die Wirklichkeit übertragen lässt, ist eine Enttäuschung, die Männer und Frauen erst mal wegstecken müssen. Huch, er kann mich ja gar nicht jederzeit 40 Minuten lang am Stück penetrieren und auf Kommando zum Höhepunkt kommen, wenn es mir reicht? Nanu, sie möchte gar nicht 40 Minuten am Stück von einem riesigen kameratauglichen Schwanz penetriert werden, sondern ganz andere Sachen?

Ich will Sie nicht mit Fragen bombardieren und belasse es an dieser Stelle stellvertretend bei dreien, die zeigen sollen, wie weit der Weg hin zu einer selbstbestimmten männlichen Sexualität ist.

Warum sind Männer beim Sex oftmals so leise, während von Frauen kontinuierliches Stöhnen und Begeisterungsjuchzer an den richtigen Stellen erwartet werden? Abgesehen von Dirty Talk, von Vorschlägen oder Anweisungen dazu, wie man sich als Nächstes positioniert, und einem finalen Grunzer hört man vom Mann nicht viel. Die wahrscheinlichste Erklärung hierfür ist, dass Frauen überspielen und Männer untertreiben. Was Frauen angeht, sind wir damit wieder bei *Harry und Sally* gelandet. Laut Untersuchungen nutzen 66 Prozent der Frauen Laute, um die Ejakulation ihres Partners zu beschleunigen. Was die Männer angeht, sind wir mittendrin in der pornografischen Inszenierung. Der Fokus wird für einen männlichen Betrachter auf die Frau gelegt. Auf ihren Körper, ihre Gesichtsausdrücke, ihre Laute, ihre Reaktionen. Ein Darsteller, der sich durch wiederholtes Stöhnen in den Vordergrund verbalisiert, stellt sich zwischen die Darstellerin und den Konsumenten. Der Konsument will ihr Stöhnen für sich und nicht ihr Stöhnen für ihn. Nicht umsonst gibt es bei dem jährlichen Filmpreis der US-amerikanischen Pornoindustrie die Kategorie »Unsung Swordsman«. Abgesehen von wenigen Ausnahmen hat ein Darsteller sein »Schwert« und seine Ejakulation zur Verfügung zu stellen und sich ansonsten im Hintergrund zu halten. Jetzt braucht man das nur noch mit dem Eindruck zu kombinieren, Stöhnen, Quieken und emphatische »Ja«-Rufe wären irgendwie unmännlich, weil Frauensache, und voilà: das Schweigen der

Männer. Dabei wäre es für Jungen und Männer so wichtig, nicht in fremdbestimmter Sprach- und Lautlosigkeit zu ersticken und nicht weiter das zu beschweigen, was sie wirklich ausmacht.

Was soll dieses ständige »Du willst es doch auch« überhaupt bedeuten? Wieso dieses »Das gefällt dir, hmm?!«-Nachbohren? Das kann ja zunächst nichts anderes heißen, als dass es die Person, die gefragt hat, will und es ihr gefällt. Also ihm. Trotzdem wird die Validierung männlicher Bedürfnisse und Gefühlsbeschreibungen viel zu oft über Bande gespielt. Die Frau wird aufgefordert, die Emotionen des Mannes auszudrücken, die er aufgrund seiner Männlichkeitszurichtung nicht zu äußern bereit oder in der Lage ist. Männer codieren in rhetorischen Fragen wie »Du stehst drauf, wenn ich xy mache, stimmt's?« ihre eigenen Befindlichkeiten: Ich mag es, wenn ich xy tue. Mir gefällt es, wenn du z tust. Noch mehr Sprachlosigkeit also. Noch mehr »sich zurechtficken«.

Und woher kommt eigentlich diese Zuweisung von Dominanz an Männlichkeit und von Unterwürfigkeit an Frauen? Ich muss Sie nicht daran erinnern, wie viele Paare E. L. James' *Fifty Shades of Grey* (2011) literarisch oder in der filmischen Umsetzung konsumiert und sich anschließend im örtlichen Baumarkt nach geeigneten Seilen umgesehen haben. Über 70 Millionen Mal ist allein das Buch verkauft worden. Mitten im Boom brachten Zeitungen Artikel darüber, welche Produkte aus dem Heimwerkersortiment zum »Nachspielen« am besten geeignet sind. Und das alles wegen einer Fiktion, über die Menschen, die wirklich in BDSM involviert sind, nur die Köpfe schütteln konnten. Weil die Geschichte Missbrauch verharmlost und der feine Herr Grey sich nicht an die grundlegendsten Regeln halten kann: Einvernehmlichkeit. Sicherheit. Respekt. Der männliche Protagonist macht sich die weibliche Protagonistin durch Alkohol gefügig, er bedroht und erpresst sie, übergeht ihr Nein! und nimmt sich ganz allgemein heraus, für sie zu entscheiden, wie weit sie gehen will. Wie weit sie für ihn gehen will, wohlgemerkt. Für die pornografische Ebene übersetzt das Lisa Ann, eine der bekanntesten Pornodarstellerinnen weltweit, die mit Unterbrechungen drei Dekaden in der Branche gearbeitet hat: »Das Pornobusiness hat die Männer aggressiver gemacht. In den 90ern gab es keinen Darsteller, der seine Hand um die Kehle einer Frau gelegt hat. Jetzt ist das normal und sehr typisch für einen Film. Wir sind mittlerweile an einem Punkt, wo einige Männer, mit denen ich gearbeitet habe, das tun müssen, um zum Höhepunkt zu kommen. Die Öffentlichkeit sollte begreifen, dass es das ist, was wir junge Männer sehen lassen. Und sie verstehen den Unterschied noch nicht und können inzwischen Pornografie kostenlos auf ihrem Smartphone anschauen. Etwas das ich in den 90ern nicht konnte. Ich bin nicht sicher, ob ich, wenn ich das mit 13 gesehen hätte, nicht davon ausgegangen wäre, dass es normal ist, wenn Männer Frauen beim Sex würgen.«

Einvernehmlichkeit. Immer.

Ich bin mir auch nicht sicher. Außer in Bezug darauf, dass wir Jungen und ihre Sexualität weder verteufeln sollten noch ausblenden dürfen, wie uneindeutig und problematisch das ist, was sie über Sex und Beziehung vermittelt bekommen. Wir müssen das zusammendenken. Gerade weil man Jungen und Männer nicht unter den Generalverdacht stellen sollte, potenzielle Vergewaltiger zu sein, ist es unsere Aufgabe, mehr in ihre sexuelle Selbstbestimmung und in ihren unbedingten Respekt vor Einvernehmlichkeit zu investieren. Ohne Einvernehmlichkeit kein Sex. Noch einmal: Ohne Einvernehmlichkeit kein Sex. Man kann sich beim lustvollen

Miteinander alles Mögliche einfallen lassen. Auch Szenarien, in denen Gewalt, Dominanz und Unterwerfung eine Rolle spielen. Kinkshaming, also das Beschämen und Abwerten von sexuellen Fantasien, Vorlieben und Praktiken außerhalb der gesellschaftlichen Norm, liegt nicht in meinem Interesse. Die Lösung des Problems liegt nicht in der Verordnung von Blümchensex für alle. Und wir haben ein Problem. Das Problem heißt nicht Männer. Schon gar nicht Jungen. Das Problem ist eine bestimmte Art Männlichkeit, die sich auf ihr mangelndes Wissen über und den fehlenden Respekt vor Einvernehmlichkeit auch noch etwas einbildet. So wie George Lawlor, der es 2015 als Student einer britischen Universität ablehnte, an einem Workshop teilzunehmen, der junge Menschen geschlechtsübergreifend über Einvernehmlichkeit weiterbildet und ihre Wahrnehmung dafür schärft. Lawlor schrieb einen Artikel darüber, warum er es als gebildeter, informierter Mann als Zumutung betrachtet, zur Teilnahme an einem solchen Kurs eingeladen zu werden. Schließlich wisse er über das Thema alles Notwendige. Passend dazu ließ er sich mit einem Schild fotografieren, das die Aufschrift »So sieht ein Vergewaltiger nicht aus« trug. Offenbar reicht sein Wissen nicht einmal ansatzweise aus. Eine von drei Frauen hat seit ihrem 15. Lebensjahr körperliche und/oder sexuelle Gewalt erfahren. Jede zweite Frau war mit einer oder mehreren Formen der sexuellen Belästigung konfrontiert. Die Täter sind nahezu ausschließlich männlich und hauptsächlich im sozialen Nahbereich zu finden.

Das heißt, dass (sexualisierte) Gewalt und Übergriffigkeit für Frauen allgegenwärtig sind. Das heißt auch, dass eben nicht nur leicht als gewalttätig zu identifizierende Männer die Täter sind, sondern auch Freunde, Bekannte, Verwandte und Kommilitonen. Männer, die deshalb durchschnittlich wirken, weil Gewalt gegen Frauen so alltäglich ist. Männer, die so aussehen wie George Lawlor. Männer, die so aussehen wie ich.

Wenn es Ihnen als Mann wirklich schwerfallen sollte, diese Realität zur Kenntnis zu nehmen, dann stellen Sie sich mal vor, wie schwer es für Frauen und Mädchen ist, diese Realität zu ertragen. Und da soll es ernsthaft zu viel verlangt sein, sich durch bessere Aufklärungsarbeit umfänglicher über Einvernehmlichkeit informieren zu lassen? Ich denke nicht. Ich glaube, wir stehen so sehr gerade einmal am Anfang eines Gesprächs über die grundsätzlichsten Dinge, dass wir den vor uns liegenden Themenberg kaum bewältigen können. Was nicht heißt, dass wir es nicht versuchen sollten. Denn man kann beispielsweise nie genug darüber lernen, dass die Zustimmung zu einer sexuellen Handlung jederzeit von allen Beteiligten widerrufen werden kann. Eine Erektion verpflichtet ebenso wenig zu Sex wie ein kurzer Rock oder hochhackige Schuhe. Selbst wenn ein Mädchen ankündigt, Lust auf Sex mit einem Jungen zu haben, bedeutet das nicht, dass sie ihm eine halbe Stunde später sexuelle Handlungen schuldet. Unsere Aufgabe wäre es, Jungen darauf vorzubereiten, dass das passieren kann und wird. Unser Job müsste sein, sie darin zu bestärken, ihre Männlichkeit nicht davon abhängig zu machen, ob sie ein Nein! kassieren oder es brechen können. Sondern davon, wie respektvoll sie mit diesem Nein! umgehen und wie sehr sie sich ein eigenes Nein! zugestehen.

Aber ich fürchte, dass wir in diesem Punkt alle miteinander bislang ziemlich versagen. Wir haben die Dinge zu lange schleifen lassen. Wieder und wieder wird Sexualität von Gewalt besetzt, und wir erheben keinen Einspruch. Im Gegenteil: Bei einer EU-Umfrage aus dem Jahr 2016 (*Eurobarometer zu Gewalt gegen Frauen*), die unter anderem wissen wollte, ob Menschen nicht einvernehmlichen Sex in bestimmten Situationen für vertretbar halten, antwortete jede vierte befragte Person mit Ja.

Ja, wenn die Frau betrunken oder auf Drogen war.

Ja, wenn sie jemanden mit nach Hause genommen hat.

Ja, wenn sie sexy angezogen war.

Ja, wenn sie nachts allein unterwegs ist.

Ja, wenn sie in der Vergangenheit mehrere Sexualpartner hatte.

Wir können Frauen und Mädchen nur dann vor Gewalt schützen, wenn wir anfangen, Jungen und Männer zu schützen. Nicht vor sich selbst. Schließlich sind sie keine Monster, die man vorsichtshalber einsperren oder an die Leine nehmen muss. Sie brauchen auch nicht in ihrer angeblichen Dauergeilheit gezähmt zu werden. Wir müssen sie, und das meint eben insbesondere die Jungen, vor Verletzungen schützen, die ihnen weismachen, dass es Teil ihrer Identität zu sein hat, andere und sich selbst zu verletzen. Wir müssen ihnen die Lüge ersparen, dass Männlichkeit immer auch darin zu bestehen hat, Frauen zu dominieren oder gar zu unterwerfen. Wir müssen Männlichkeit besser erzählen und besser vorleben. Nichts davon führt dazu, dass Männer »verweiblichen« oder plötzlich keine Lust mehr auf Sex haben. Einvernehmlichkeit ist nicht ungeil. Ein Nein! ist weder unverschämt noch unzumutbar. Wenn wir endlich aufhören würden, Jungen einzureden, sie wüssten und könnten darüber bestimmen, was Mädchen eigentlich meinen, wenn sie etwas sagen, dann hätten sie nicht nur die Gelegenheit, besser hinzuhören, sondern könnten auch die eigene andressierte Sprachlosigkeit überwinden.

10 | HOTEL MAMA

»Hotel Mama« steht für die Unfähigkeit, einen heranwachsenden Jungen in die Eigenverantwortlichkeit zu entlassen. Es ist zugleich eine sehr unzureichende Formulierung, die eigentlich aus mehreren Einzelteilen besteht. Da ist zum einen das eigentliche »Hotel Mama«. Mütter also, die in einer Weise Verantwortung für ihre Söhne übernehmen, die verhindert, dass diese es selbst tun. Diese Art Mütter übernimmt für die erwachsenen Söhne Haushaltstätigkeiten, »weil der Junge es nicht kann oder etwas anderes zu tun hat«, und kommuniziert der Partnerin des Sohnes als Schwiegermutter, wie sie mit ihrem Sohn umzugehen und ihn zu versorgen hat. Vorkochen zum Beispiel, wenn der Partner für ein paar Tage allein zu Hause ist. Oder das komplette Sozialleben mit und für die Kinder organisieren, weil er damit nicht belästigt werden soll. »Hotel Mama« heißt für die Partnerin, dass die Beziehung zur Mutter zu weit in die eigene Beziehung hineingetragen wird. Nicht in dem Sinne, dass die Schwiegermutter keine Rolle spielen darf, sondern eben dadurch, dass der Umgang zwischen Partner und Schwiegermutter in einer Unmündigkeit des Partners resultiert, die den Blick auf seine Qualitäten verstellt. »Die Dinge geregelt kriegen« ist einer der wichtigsten Aspekte des Erwachsenenlebens. Und obwohl wir immer noch einem Geschlechterbild von Männern als Machern und als Versorgern nachhängen, gibt es doch gerade im sozialen und haushaltstechnischen Bereich Tätigkeiten und Verantwortlichkeiten, die viele Männer überhaupt nicht geregelt bekommen. Womit wir bei dem nächsten Aspekt von »Hotel Mama« sind: Dem Eindruck von heranwachsenden Jungen, dass irgendwer schon für spezifische Aspekte ihres Lebens verantwortlich sein wird. Irgendwer meint hier ganz klar: irgendeine Frau. Mutter, Ehepartnerin, Haushälterin, Grundschullehrerin, Babysitterin. Und damit meine ich keine Hilfe. Wenn ich für eine Tätigkeit um Hilfe bitte, dann setzt das voraus, dass ich mich selbst mit der Problematik beschäftige. Hilfe bei der Fahrradreparatur oder beim Kochen bedeutet nicht, dass ich weggehe, etwas anderes mache und wenn ich wiederkomme, ist das Problem gelöst. Hilfe bedeutet, dass ich Unterstützung dabei brauche, etwas selbst zu tun. Das setzt voraus, dass mir als Mann daran gelegen wäre, bei nächster Gelegenheit nicht mehr um Hilfe bitten zu müssen. Aber genau darum geht es leider viel zu selten. Stattdessen haben wir ein sprachliches System entwickelt, das den Umstand beschönigt, dass Männer an bestimmten Dingen kaum bis gar kein Interesse haben. Statt also zu sagen »der Mist ist unter meiner Würde« oder »für den ganzen Kinderkram bist du zuständig«, sagen sie Sachen wie:

»Du kannst das so viel besser als ich.«

»Mich stört der Dreck ja nicht so.«

»Ich kann mir diese ganzen Sachen nicht auch noch merken.«

»Es schmeckt bei dir einfach viel besser.«

»Die Kinder kommen eben immer zu dir mit solchen Sachen.«

Die beiden letzten Punkte stimmen meist sogar. Allerdings werden sowohl die Gründe hierfür verschleiert als auch mögliche Verbesserung von Anfang an verunmöglicht. Hier wird eine Geschlechterdifferenz in Stein gemeißelt, die nichts mit

Genetik und alles mit Erziehung zu tun hat. Denn Sie wissen so gut wie ich, dass Männer sehr wohl in der Lage sind, hervorragend zu kochen, Ordnung und Sauberkeit zu halten, liebevoll zu erziehen und zu kümmern und ganz allgemein »Dinge geregelt zu kriegen«. Das hat nicht unmittelbar mit dem Geschlecht zu tun, sondern damit, was wir welchem Geschlecht zuschreiben. Die gute Nachricht dabei ist, dass sich die Unterschiede allmählich nivellieren. Das Engagement von Kindern im Haushalt hat in den letzten Jahren sowohl geschlechtsübergreifend abgenommen als auch sich unter den Geschlechtern angeglichen. Von Parität sind wir dennoch weit entfernt. Denn die Einstellung, die wir mittlerweile zu Gleichberechtigung haben, führt weder zwingend noch zeitnah zu einer Verhaltensänderung. »Verbale Aufgeschlossenheit bei gleichzeitiger Verhaltensstarre« hat der Soziologe Ulrich Beck solche Phänomene einmal genannt. Wenn ich also davon spreche, dass sich die Verhältnisse annähern, dann bedeutet das immer noch, dass knapp 46 Prozent der 15- bis 17-jährigen Mädchen länger als 45 Minuten täglich mit Arbeiten im Haushalt beschäftigt sind, während es bei den Jungen 29,5 Prozent sind. Das ist die Realität hinter angeblich gleichberechtigten Verhältnissen. Zu dieser Realität gehört auch, dass knapp die Hälfte der Männer im Alter von 23 Jahren noch zu Hause wohnt, während es bei den Frauen mit 36 Prozent deutlich weniger sind. Es liegt mir fern, an dieser Stelle Monokausalitäten zu unterstellen. Es gibt nicht den einen Grund, der für alle diese Auswirkungen verantwortlich ist. Dafür ist unsere Gesellschaft deutlich zu komplex. So lässt sich das Phänomen, dass heutzutage wesentlich mehr Studierende bei ihren Eltern wohnen, weniger auf eine geschlechtsspezifische Sozialisation oder eine wachsende geschlechtsübergreifende Unselbstständigkeit zurückführen als auf steigende Lebensunterhaltskosten und horrende Mieten. Wenn Sie wie ich in Berlin geboren sind und dort studieren wollen, dann wird das mit der Unterkunft alles andere als einfach. Und falls die Eltern dann ausreichend Platz und nichts dagegen haben, bleiben Sie einfach da. Das hat nichts damit zu tun, dass Sie nicht ausziehen wollen, sondern womöglich einfach nicht ausziehen können. Trotzdem fällt auf, dass ein Unterschied zwischen Männern und Frauen in nahezu allen Bereichen vorhanden ist. So brechen Männer häufiger das Studium ab als Frauen und gehen später deutlich häufiger in die Privatinsolvenz.

Noch einmal: Die Gründe dafür sind vielschichtig. Wenn man zu monokausal argumentiert, läuft man Gefahr, sich zu verrennen. Wenn ich mir beispielsweise den Zeitraum von 1990 bis 2010 vornehme und feststelle, dass Männer später anfangen zu studieren als Frauen, kann und sollte ich dafür selbstverständlich auch die geschlechtsspezifische Sozialisation anführen. Ich würde mich aber zu Recht komplett lächerlich machen, wenn ich dabei unerwähnt ließe, dass es in diesem Zeitraum ja noch eine allgemeine Wehrpflicht gab und junge Männer mit Grundwehrdienst oder Zivildienst beschäftigt waren. Jungen und Männer – und das kann ich nicht oft genug wiederholen – verdienen es, dass man sich mit ihren Lebensumständen nicht abfällig und pauschalisierend beschäftigt. Deshalb geht es mir hier auch nicht darum, zu sagen, dass alle so und nicht anders sind. Das wäre ja nur eine Version dessen, was ich eigentlich kritisieren will. Eine Pauschalisierung durch eine andere zu ersetzen hilft niemandem weiter. Aber sich die Gründe für Pauschalisierung anzuschauen, herauszuarbeiten, wie sie sich auswirkt und was sie beeinflusst, darum kommen wir nicht herum. Deshalb sollten wir nicht die Augen vor der Fülle der Indizien verschließen, die darauf schließen lassen, dass wir unseren Jungen bestimmte Qualitäten und Qualifikationen nicht an die Hand geben beziehungsweise ihnen aus den Händen reißen. Ich würde behaupten, dass einige von ihnen in der

Prinzessinnenhaftigkeit liegen, die wir ihnen auf so vielfache Weise austreiben. Und dazu braucht es eben nicht nur Mütter, die ihren Söhnen alles hinterhertragen und sie zur Unselbstständigkeit anhalten, und Söhne, die glauben, dass alles irgendwie vom Himmel fällt und sie Anspruch darauf haben. Dafür braucht es Väter, die kein Interesse an Haushalt und Sorge haben und durch ihr Verhalten klarmachen, dass das nicht ihre Domänen sind. Und das, obwohl sie stolz sind auf ihre Selbstständigkeit und ihre Fähigkeiten. Männer, die tagtäglich wichtige Entscheidungen treffen, sind zugleich nicht in der Lage, sich eine einfache Mahlzeit zuzubereiten oder für einen längeren Zeitraum die alleinige Verantwortung für ihre Kinder zu übernehmen. Dabei sollte Mann diese Dinge draufhaben. Genauso wie einen wertschätzenden, kümmernden Umgang mit dem eigenen Körper. Aber viele Männer sind davon sehr weit entfernt. Und das hat Gründe.

Ich bin nicht krank

Wenn man wie ich viele Kinder hat, dann hat man zwangsläufig auch viel mit medizinischem Fachpersonal und Menschen zu tun, denen die Gesundheit der Kinder wichtig ist. U-Untersuchungen, Zahnärztin, Kinderarzt, Augenärztin, Optikerin, Notfallklinik, Hausärztin, Sportarzt – das ist nur eine kleine Auswahl der Menschen und medizinischen Bereiche, mit denen ich und die meisten anderen Eltern zu tun haben. Kinder brauchen medizinische Vorsorge und Betreuung. Wenn das Lispeln des 5-Jährigen bei einer U-Untersuchung entdeckt wird, dann lässt sich daran bis zur Einschulung noch viel verbessern. Und Hodenhochstand sowie Vorhautverengung sollte man möglichst vor der Pubertät beheben. Aber genau da hört die medizinische Versorgung für Jungen schlagartig auf: an der Schwelle zur Pubertät. Für meine Töchter ist der nächste logische Schritt ganz klar: Frauenärztin oder Frauenarzt. Eine medizinische Versorgung also, die sich mit sehr intimen Körperfunktionen beschäftigt und die bestenfalls auch eine Beratung zu Fragen der Reproduktion, der Verhütung, der Sexualität und der Familienplanung darstellt. Für meine Söhne gibt es nichts dergleichen. Notaufnahmen, Augenärztin, Zahnarzt – das ist die medizinische Betreuung, die einen Jungen noch begleitet. Wenn er sich das Schienbein bei einem seiner Stunts aufreißt, wird er zusammengeflickt, sein Vater nervt ihn mit einer Brille, die er nach seinem Gefühl nicht braucht, und mit Zahnarztterminen, obwohl ihm die Zähne nicht wehtun. Darüber hinaus steht für ihn nichts an. Und das sind medizinische Betreuungsarten, die entweder sehr akut oder von den Eltern erzwungen sind. Für die Vorstellung, dass es vielleicht richtig oder sogar gut wäre, eigenverantwortlich einen Arzt oder eine Ärztin zu konsultieren, ist kein Platz. Und so ist es dann auch kein Wunder, dass Männer sich sehr viel seltener als Frauen in eine Psychotherapie begeben oder Vorsorgeuntersuchungen in Anspruch nehmen. Wir haben ihnen ja als Kinder auch etwas ganz anderes vermittelt. Sie erinnern sich: Reiß dich zusammen, ach, das ist doch nicht so schlimm, ein Indianer kennt keinen Schmerz. Schmerz ist jedoch nichts, was man wegbeißen muss, Schmerz muss behandelt und therapiert werden. Depressionen steht man nicht durch, man braucht medizinische und psychologische Betreuung. In unseren Bestrebungen, Jungen als autarke Herrscher über ihr eigenes Leben und ihre Körper einzusetzen, erreichen wir das genaue Gegenteil. Eine Missachtung und Verachtung des Körpers und seiner Signale. Eine Überbewertung von permanenter Leistungsbereitschaft und das völlige Unterschätzen von Ruhe und Entspannung. Wie viele Männer kennen Sie, die mit einem gewissen Stolz sagen, dass sie auch im Urlaub arbeiten müssen, wahnsinnig viel zu tun haben und nachts kaum schlafen? Wie oft haben Sie schon Floskeln gehört wie »Man muss bereit sein, über seine Grenzen zu gehen«. und »Immer 110 Prozent geben!«? Wofür sind Grenzen denn da? Und was ist so toll daran, mehr zu geben, als man hat? Wenn ich die Außenwände meines Hauses einreiße, dann vergrößere ich nicht meinen Wohn- und Lebensbereich, ich zerstöre ihn. Und wenn ich Leistungsbereitschaft und Arbeitskraft als endlose Ressource meiner männlichen Identität begreife, dann leiste ich irgendwann überhaupt nichts mehr. Ihre psychische und physische Gesundheit ist der Krug, den Männer so lange zum Brunnen der männlichen Leistungsbereitschaft tragen, bis er bricht. Und dann ist er kaputt. Vielleicht kann er repariert werden, aber er wird nie mehr derselbe sein. Dabei hätte es so viele Möglichkeiten gegeben, das zu verhindern. Menschen, die einen auffordern, nicht so durchs Leben zu hetzen, sondern auch mal zu pausieren. Expertinnen und Experten, die den Krug untersuchen. Und Leute wie ich, die Ihnen sagen, dass der Brunnen nicht unerschöpflich, sondern irgendwann einfach komplett leer gepumpt ist. Leider haben Jungen und Männer allzu oft den Eindruck, auf diese Menschen nicht hören zu müssen, und verhärten sich gegen sie. Das ist alles weichgespültes Gewäsch, das einen nur daran hindert, die Leistung abzurufen, die man eigentlich hat, und die Ziele umzusetzen, die man erreichen will. Insbesondere medizinisches Fachpersonal wird so zu einer Art Feind. Ich will an dieser Stelle nicht für alle Männer sprechen, deswegen spreche ich lieber von mir. Für mich waren Schmerzen lange Zeit nur dann relevant, wenn eine medizinische Fachkraft mir gesagt hat, dass sie relevant sind. Ich war nur dann krank, wenn eine andere Person mir genau das bestätigte. Zusammen mit der Vorgabe, dass Männer sich Schmerzen verbeißen und über ihre Grenzen hinausgehen sollten, ergibt das ein Verhaltensmuster, das nicht nur ich an den Tag lege:

Wehleidigkeit bei kleineren, eher unwichtigen Dingen, und Ignoranz bei größeren Problemen. Mann kann also gleichzeitig sehr ausgiebig seinen Schnupfen bejammern (Stichwort Männergrippe), der von allein wieder besser wird, geht aber mit seinen Rückenschmerzen nicht zur Ärztin, obwohl die einen beim wöchentlichen Basketball mit den Kumpels höllisch plagen. Denn die Ärztin könnte ja sagen, dass es etwas Ernstes ist, und dann kann man womöglich nicht mehr spielen gehen, die Kumpels fragen, was denn mit einem los ist, und so weiter. Also behandelt man sich selbst. Beißt die Zähne zusammen und verschleißt den Körper bis zum Point of no Return. Auf dem Weg dorthin hätte es unzählige Möglichkeiten gegeben, alles wieder einzurenken: andere Schuhe, dehnen, manuelle Therapie. Aber nun ist es zu spät. Diese Überzeugung, dieses schlechte, selbstzerstörerische Verhalten steckt tief in mir drin. Selbst wenn ich vom Verstand her in der Lage bin, es zu erfassen, bedeutet das nicht, dass ich es emotional wirklich verarbeiten kann. Der Kern meiner Männlichkeit fühlt sich immer noch als Actionheld, dessen Bewährungsprobe einfach nur noch nicht anstand. Er fühlt sich stur und unverwüstlich an. Der Schriftsteller Walter Moers hat in seinem Buch *Die 13½ Leben des Käpt'n Blaubär* eine fiktive philosophische Schule ersonnen, die dieses Gefühl ganz gut beschreibt. Er nennt sie »Blutschinkischer Grobianismus« und sie wurde von einer Spezies erdacht, die besonders grobschlächtig und ignorant daherkommt. Diese Philosophie geht davon aus, dass »kein Gegenstand die Existenz eines anderen in sich schließt, solange man nur diese Gegenstände mit der gehörigen Unsensibilität betrachtet«. Woraus sich folgern lässt, dass »Erfahrung die Summe von Ignoranz und militanter Dummheit ist«. Meine Erfahrungen mit meiner Gesundheit sind zweifellos die Summe von Ignoranz und militanter Dummheit. Wobei ich noch Angst hinzufügen muss. Angst ist ein sehr bedeutender Faktor. Und auch wenn ich mich mittlerweile dazu anhalte, es besser zu machen, mit meinem Körper anders umzugehen und meine Gesundheit mehr wertzuschätzen, so neige ich doch immer noch dazu, meine Leistungsbereitschaft zur Verfügung zu stellen und einen viel zu großen Bogen um Praxen jeglicher Art zu machen. Ich will nicht hören, dass ich Hautkrebs habe, weil irgendetwas tief in mir drin ernsthaft der Überzeugung ist, dass ich erst dann Hautkrebs habe, wenn »so jemand« es mir sagt. Davor nicht. Davor habe ich nichts, was ich nicht durch ein bisschen mehr Selbstdisziplin, Einsatz und Schmerzverachtung in den Griff kriegen könnte.

Wie viele Männer kennen Sie, denen es ähnlich geht? Sicher, es gibt auch noch die Hypochonder und die, die es glücklicherweise besser machen. Aber in meinem Bekanntenkreis zum Beispiel bin ich noch einer, der es (inzwischen) besser macht als die meisten anderen. Und ich mache es immer noch schlecht. Wir haben es also, wenn Sie mir glauben wollen, mit einer Vielzahl von Vätern zu tun, die ihren Jungen keine positive, gesunde Einstellung zu ihrem Körper vermitteln. Und selbst wenn sie darauf verzichten, diese Ignoranz offen zu kommunizieren oder gar einzufordern, dann leben sie diese doch vor. Wo sind die Väter, die ihren Söhnen ein Gefühl von Normalität, Selbstverständlichkeit und Wertschätzung vermitteln, wenn es um ihre Gesundheit und ihren Körper geht? Wo sind die Väter, die ihren 16-jährigen Söhnen sagen: »Junge, ich hab nächste Woche für xy keine Zeit, da steht eine Krebsvorsorge an. Keine große Sache, aber sehr wichtig. Hilft mir dabei, gesund zu bleiben und so viel wie möglich von meinem Leben zu haben. Und genau das möchte ich.«

Mir jedenfalls gelingt das (noch) nicht. Dabei ist es keine Leistung, möglichst selten bei einem Arzt oder einer Ärztin gewesen zu sein. Es ist auch keine Leistung, seine täglichen Belastungen so lange zu ignorieren, bis ein Bandscheibenvorfall oder ein Knieschaden daraus entstehen. Trotzdem tue ich genau das. Es mag mir gelungen sein, den Stolz hinter diesen Verhaltensweisen herunterzudimmen oder ihn womöglich sogar ganz auszuschalten. Das ändert aber kein Stück daran, dass ich mir immer noch Anfragen und Belastungen jeglicher Art mit großer Selbstverständlichkeit auflade, ohne auch nur einen Gedanken daran zu verschwenden, ob ich die Kapazität, das Interesse oder die Fähigkeit dazu habe. Ich tue es einfach, es ist wie ein Reflex. Wenn mich jemand fragt, ob ich nicht dies oder das tun oder mit diesem oder jenem behilflich sein könnte, sage ich viel zu oft und ohne jedes Zögern Ja. Faktisch treibt mich das in die Überlastung. Ich behandle mich selbst wie einen Packesel, den man unbegrenzt beladen kann. Und nur zur Sicherheit, weil nicht wenige Männer diesen Zustand als Ausweis ihrer eigenen Männlichkeit nutzen und eine derartige Selbstdarstellung eher dazu gebrauchen, um sich selbst aufzuwerten: Bitte feiern Sie mich nicht dafür. Mein Verhalten schadet mir, es ist schlecht. Ich bin in diesem Punkt kein gutes Vorbild für meine Kinder, insbesondere nicht für meine Söhne. Ich habe keinen Grund, auf die fixe Idee von mir selbst als endlos leistungsfähiger und belastbarer Mann stolz zu sein. Ich bin erwachsen genug, um zu wissen, dass meine Kraft begrenzt ist und ich sterblich bin. Ich bin leider nicht erwachsen genug, um das auch in all seiner Konsequenz zu fühlen. Aber mit etwas Glück und Selbstanfeuerungen zu Vorsorgeuntersuchungen habe ich noch ein bisschen Zeit dafür, es zu lernen. Und dafür, meinen Söhnen zu vermitteln, wie wichtig das ist. Denn wir müssen aufhören, Männlichkeit dadurch zu definieren, dass Mann sich und andere schlecht behandelt. Ich muss damit aufhören. Meine Gesundheit ist ein Kapital, das schließlich und endlich aufgezehrt ist, wenn ich immer nur davon nehme. Und selbst wenn ich mich diesbezüglich selbst optimiere und Schritte einleite, mit denen ich eigenverantwortlich meine Gesundheit verbessern kann, dann ersetzt das nicht den Gang zum Arzt oder zur Ärztin. Ich bin kein Mediziner. Ich erkenne weder den Unterschied zwischen einem Leberfleck und einem malignen Melanom, noch kann ich bei mir selbst eine Prostatakrebsvorsorge vornehmen. Ich bin aber für mich selbst und als Vater für meine Kinder verantwortlich. Und weil es in naher Zukunft keine medizinische Betreuung für heranwachsende Jungen geben wird, die ihnen vermittelt, dass es normal und sinnvoll ist, auf sich und seinen Körper zu achten, und als Bonus bei besonders guten Ärztinnen und Ärzten die Möglichkeit beinhaltet, persönliche Dinge anzusprechen, ist es meine Aufgabe, es besser zu machen. Meine und Ihre. Dabei geht es nicht darum, Jungen den Spaß am Leben zu nehmen. Es geht darum, ihnen die Lust an und den Auftrag zu ihrer Selbstzerstörung zu entziehen, damit sie länger Spaß am Leben haben. Es ist Zeit, dass Sie und ich *Jackass* endlich abschalten. Jene MTV-Serie also, die junge Männer feiert, die sich immer neuen »Mutproben« und (selbst-)verletzenden Stunts aussetzen, um sich ihre Coolness und Männlichkeit zu beweisen. Mann tritt sich gegenseitig in die Eier, tasert sich mit Elektroschockern, springt über halsbrecherische Abgründe oder zieht sich absichtlich einen schmerzhaften Sonnenbrand zu. Als knapp volljähriger junger Mann um die Jahrtausendwende fand ich das witzig und krass. Die haben sich da gegenseitig die heftigsten Schmerzen zugefügt und darüber gelacht. Nichts konnte denen etwas anhaben, die waren unkaputtbar. Bis zum 20. Juni 2011, als einer aus den Reihen der *Jackasses*, Ryan Dunn, bei einem Autounfall ums Leben kam. Er fuhr mit knapp 2 Promille auf einer Strecke, auf der eigentlich nur 90 km/h erlaubt sind, mit 225 km/h gegen einen Baum. Sein bester Freund Bam Margera, selbst Teil der *Jackass*-Crew, hat seinen Tod bis heute nicht verwunden und kämpft nach wie vor mit den Folgen des Verlusts. Sein Freund, der Mitbegründer der *Jackass*-Reihe Johnny Knoxville, sagte im Rückblick auf den Unfall: »Ich wünschte, er wäre nicht so schnell gefahren – und das ist er immer. Ich wünschte, er hätte diese Nacht nicht so viel getrunken.«

Ich will in diese Situation nicht zu viel hineininterpretieren. Das Offensichtliche zu benennen genügt völlig. Nicht alle jungen Männer, die sich für gefährliche Stunts begeistern, fahren alkoholisiert viel zu schnell. Und nicht alle alkoholisierten Fahrer, die verunfallen, begeistern sich darüber hinaus für halsbrecherische gefährliche Aktionen. Aber was die *Jackass*-Crew in den Nullerjahren zelebrierte, war die Unverwüstlichkeit des männlichen Körpers, dem mit genug Furchtlosigkeit, Ignoranz und Dummheit (daher auch der Titel der Sendung) scheinbar alles zuzumuten ist. Aber eben nur scheinbar. Und dass sich der Glaube an die eigene Unzerstörbarkeit nicht mit dem Schlagen der letzten Regieklappe verflüchtigt, sollte auch klar sein. Dass man regelmäßig zum Arzt geht, bedeutet nicht, dass man ein langweiliges Leben führt. Und dass man von (Selbst-)Zerstörung absieht, bedeutet nicht, dass man keine Risiken mehr eingeht und nur noch zu Hause sitzt, bis das Leben vorbei ist. (Nebenbei bemerkt: Die meisten Unfälle passieren im Haushalt.) Es bedeutet, dass man Verantwortung für seinen Körper und sein Handeln übernimmt. Der Unterschied sollte eigentlich klar sein, aber das ist er offenbar nicht. Darum hier ein letzter Versuch: Ich habe meiner ältesten Tochter zu ihrem 14. Geburtstag einen Tandemfallschirmsprung geschenkt. Auch dabei hätte etwas passieren können, aber ich habe mich vorher über die Risiken informiert, und die sind nicht höher, als sie mit dem Auto zur Schule zu fahren. Das ist etwas anderes, als nur mit kurzen Hosen bekleidet ohne Fallschirm aus einem Flugzeug zu springen, wie es der Stuntman Travis Pastrana in der *Jackass*-Nachfolgesendung *Nitro Circus* getan hat. Er wurde im freien Fall von einem Kollegen mit Fallschirm vor den Körper geschnallt, der anschließend beide sicher landete. Eine Sendung übrigens, die mit dem Extremsportler Erik Roner ebenfalls einen Toten zu beklagen hat. Er starb, als er 2015 bei einem Fallschirmsprung gegen einen Baum prallte und sich dort verfing.

Auf seiner Webseite zitierte Roner einen Satz des Schriftstellers Hunter S. Thompson über das Gefühl der Beschleunigung beim Motorradfahren: »Schneller, schneller, schneller, bis der Geschwindigkeitsrausch die Todesangst besiegt.« Vielleicht wäre es angebracht, unsere Jungen zu Langsamkeit und bedächtigem Verhalten zu ermutigen und ihnen nicht zu suggerieren, dass sie ihre Männlichkeit belegen, indem sie immer schneller und schneller auf einen Abgrund zurasen, in der Hoffnung, ihn bei ausreichender Geschwindigkeit zu überwinden. Das bedeutet nicht, dass sie dann sicher sind. Die Welt ist und bleibt ein gefährlicher Ort. Aber vielleicht gehen sie dann lieber einmal zu viel als zu wenig zur Vorsorgeuntersuchung und überlegen sich einmal mehr, ob sie ein bestimmtes Risiko wirklich eingehen sollten.

Das bisschen Haushalt

Was glauben Sie, wie viele Männer in Deutschland nicht kochen können? Angesichts der Übermacht männlicher Star- und Fernsehköche dürften das doch nicht so viele sein, oder? Tatsächlich wird das alltägliche Kochen immer noch hauptsächlich von Frauen übernommen. Laut Umfragen kann jeder dritte Mann in Deutschland »überhaupt nicht kochen«. Im Sinne von »sich noch nicht einmal Rührei zum Frühstück machen können«. Auf der Frauenseite ist es wiederum nur jede Zwanzigste, die sich entsprechend einschätzt. Überraschen Sie diese Zahlen? Mich jedenfalls schon. Und das nicht nur, weil ich bei uns in der Familie der Koch bin und die Grundlagen dafür von meinem Vater gelernt habe. Sondern vor allem deshalb, weil wir uns gesellschaftlich ein Bild vom modernen Mann geschaffen haben, das so mit der Realität noch nicht übereinstimmt. Wir wähnen ihn in einem Ausmaß gleichberechtigt, das er überhaupt nicht erfüllt. Und das betrifft nicht nur das Kochen. Im Haushalt sieht es nicht viel besser aus: In kinderlosen Paarhaushalten verbringt die Frau unter der Woche fast doppelt so viel Zeit mit Haushaltstätigkeiten wie Putzen und Wäschewaschen wie ihr Partner. Bei Paaren, deren jüngstes Kind unter sechs Jahren alt ist, wenden Frauen mehr als dreimal so viel Zeit auf. Jetzt könnte man natürlich sagen: »Er geht eben unter der Woche arbeiten und sie ist zu Hause. Einer bringt das Geld rein, eine kümmert sich um den Haushalt, da ist doch nichts dabei.« Es stimmt nur nicht. Männer tun durchschnittlich auch dann weniger im Haushalt, wenn ihre Frau ebenfalls berufstätig ist, sie selbst teilzeitbeschäftigt sind und/oder in Gleitzeit arbeiten. Sie tun auch am Wochenende deutlich weniger, wenn sie und die Partnerin nicht arbeiten müssen. Auch dann definieren sie sich in den eigenen vier Wänden maximal als Aushilfskraft. Und genau da liegt das Problem. Denn wie sollen unsere Söhne lernen, dass diese Dinge für ihr eigenes Leben elementar wichtig sind, wenn ihnen die Väter etwas völlig anderes vorleben beziehungsweise in diesen Bereichen überhaupt nicht präsent sind? Es liegt nämlich nicht nur daran, dass Männer viel beschäftigt und erschöpft sind. Ganz ehrlich: Wer ist das bitte schön nicht? Es liegt auch nicht daran, dass Haushaltstätigkeiten unfassbar komplexe Beschäftigungen darstellen, die Männer sich nur unter größten Anstrengungen und vollkommen gegen ihre Natur aneignen können – wenn überhaupt. Es liegt schlicht und ergreifend daran, dass sie sich das herausnehmen und man es ihnen durchgehen lässt. »Wenn ein Mann etwas geputzt hat, dann lobst du ihn gefälligst, wartest bis er um die Ecke ist, und machst es dann sauber.« Dieser sicher etwas scherzhaft gemeinte Werbespruch der Firma Henkel beschreibt exakt das Problem: Es gibt eine Art stille Übereinkunft darüber, dass Männer das mit dem Haushalt einfach nicht so gut auf die Reihe bekommen und eine Frau ransollte, wenn etwas wirklich gründlich und gut erledigt werden soll. Diese Übereinkunft belohnt Männer dafür, sich dumm zu stellen, und degradiert sie zugleich zu ungelenken Aushilfskaspern, die maximal in der Lage sind, auch mal im Haushalt zu »helfen«. Oder er nimmt ihr dankeswerterweise einmal die Kinder ab, damit sie ausnahmsweise über das Wochenende mit Freundinnen wegfahren kann. Ich muss schwer an mich halten, um solchen Männern nicht verbal bei jeder sich bietenden Gelegenheit in den Hintern zu treten. Während ich dieses Buch schreibe, hat meine Lebenskomplizin einen neuen Job angetreten und ich bin unter der Woche für meine vier Kinder allein zuständig. Ich koche, putze, tröste, bespiele, lasse mich beschimpfen, putze Zähne nach, singe abends vor und mache auch sonst alles, was ansteht. Nebenher mache ich meinen Job und schreibe ein Buch. Ich hätte also allen Grund, mich über Väter aufzuregen, die schon Schweißausbrüche bekommen, wenn ihre Partnerin ausnahmsweise etwas später kommt und sie das Abendprogramm allein gestalten müssen. Allerdings wäre das genauso egoistisch wie zwecklos. Egoistisch, weil es meine Identität als angeblicher Superdad zur Schau stellen würde und dafür Applaus verlangt: Seht mich an, was ich alles kann und was ich alles stemme! Ich bin der König der Welt, ich habe Vaterschaft durchgespielt, huldigt mir. Dabei trage ich zu meiner Familiensituation einfach nur meinen Teil bei. Und zwar die Hälfte. Nicht in jedem Moment, nicht in jeder einzelnen Situation, aber mittel- bis langfristig teilen meine Lebenskomplizin und ich die Aufgaben gleichberechtigt auf. Zwecklos, weil die meisten Männer auf so einen Vorwurf überhaupt nicht reagieren würden. Warum auch, sie profitieren ja von der Situation. Sie müssen weniger machen. Genau da muss man einhaken und nachbohren: Ist das wirklich so? Ist es so viel besser, mit jemandem sein Leben zu teilen, der in Haushaltsdingen ständig die Arschkarte bekommt? Würde es sich nicht womöglich besser anfühlen, wenn man die anstehenden Aufgaben wie Erwerbsarbeit, Erziehung, Haushalt, Planung, Pflegen gleichberechtigt verteilt, statt darauf zu setzen, dass der eine und insbesondere die andere sich schon zuständig fühlen wird? Ich glaube schon. Ich glaube, dass es sich lohnt, im eigenen Leben nicht nur Gast zu sein, bei den Kindern nicht bloß für Betreuungsdienste einzuspringen und im eigenen Haushalt nicht lediglich auszuhelfen. Sicher ist das auch mehr Arbeit. Aber es ist eben auch meine Arbeit, mein Leben, mein Kind, mein Haushalt. Es ist meine Verantwortung. Und in diese Verantwortung fällt es auch, gerade meinen Söhnen zu vermitteln, dass Hausarbeit nicht etwas ist, das irgendwie von irgendwem erledigt wird. Hausarbeit fällt immer an und muss erledigt werden. Und zwar so, dass alle Beteiligten sich damit einigermaßen zufrieden fühlen.

Ich will an dieser Stelle nicht verhehlen, dass es auch Frauen gibt, die das nicht zulassen. Die sich in Haushalt und Kindererziehung so kompetent fühlen und dies so sehr als ihre eigene Aufgabe begreifen, dass sie den Vater der gemeinsamen Kinder tatsächlich nur als Randfigur in diesen Feldern definieren. Selbst wenn die jeweiligen Väter sich gerne mehr einbringen würden. Maternal Gatekeeping wird dieses Phänomen genannt und bezeichnet die Situation, dass die Frau quasi das Tor zum häuslichen Bereich mit den Kindern und den dahinterliegenden Aufgaben argwöhnisch bewacht und verteidigt, weil sie ihn als ihre Domäne begreift. Das kommt vor. Zur Wahrheit gehört aber auch, dass es wesentlich seltener vorkommt, als von Vätern, und insbesondere von Trennungsvätern, behauptet wird. Oder glauben Sie wirklich, dass Mütter nachts um drei ihren Partner zurückhalten, der aus dem Schlaf hochgeschreckt ist, weil er merkwürdige Geräusche gehört hat, und sich nun um sein kotzendes Kind kümmern will? Glauben Sie ernsthaft, dass es viele Mütter gibt, die nicht wollen, dass ihre Partner an ihrer statt auf öden Schulveranstaltungen herumhocken, sich um schlechte Noten kümmern, Vorsorgetermine wahrnehmen, wegen Nichtigkeiten angebrüllt werden und ihr mühsam zubereitetes Essen zermault bekommen? Es ist doch wohl eher so, dass insbesondere Trennungsväter sich die Aspekte an der Beziehung zu ihrem Kind herauspicken, die für sie nett und angenehm sind, und nach der Trennung bedauern, dass der entsprechende Umgang nicht mehr stattfindet beziehungsweise ihnen vorenthalten wird. Der österreichische Filmemacher Douglas Wolfsperger hat aus persönlicher Betroffenheit über dieses Thema 2007 einen Dokumentarfilm gedreht: *Der entsorgte Vater*. In ihm lässt er Väter zu Wort kommen, die alle das Schicksal teilen, keinen Umgang mehr mit ihren Kindern zu haben. Sie fühlen sich verlassen, entrechtet und ohnmächtig. Das ist sehr nachvollziehbar. Ich wäre am Boden zerstört, wenn ich keinen Umgang mehr mit meinen Kindern hätte. Wie hochgradig subjektiv die Wahrnehmung der Gründe für die jeweilige Trennungs- und Umgangssituation ist, zeigt sich jedoch, wenn einige der Protagonisten anfangen darüber zu erzählen, wie unkompliziert die Situation vor der Trennung angeblich gewesen sei: »Auf der anderen Seite haben wir auch alles gehabt: Einbauküche, Spülmaschine, Waschmaschine, Trockner. Was will die Frau eigentlich allgemein noch? Sie hat ja alles, wo ihr im Haushalt weiterhilft.«

Tja, was könnte das wohl sein? Was könnten Frauen wohl von einem Partner wollen, das mit so ein paar Maschinchen nicht erledigt ist? Womöglich eine Partnerschaft, die nicht darauf basiert, sie hängen zu lassen. Und das betrifft nicht nur die tatsächlich anfallende Arbeit, sondern auch die gesamte

Planung, das Mitdenken, das Sorgen und Sich-Gedanken-Machen. Der Fachbegriff hierfür lautet Mental Load. Diese Mentalbelastung liegt auch im 21. Jahrhundert in unserer angeblich so aufgeklärten und gleichberechtigten Gesellschaft beinahe ausschließlich bei Frauen. Oder etwa nicht? Machen Sie doch einfach mal den Test. Gleich hier und jetzt. Wer hat bei Ihnen zu Hause die Geburtstage der Kinder und der Verwandtschaft auf dem Schirm? Wer ruft an, wer plant die Feiern, wer backt den Kuchen, wer sorgt für die Dekorationen, wer schreibt die Einladungen, wer reserviert bei schlechtem Wetter den Indoorspielplatz? Wer macht die Termine bei Ärztinnen und Ärzten, wer begleitet die Kinder, wer denkt an die Impfpässe, Versichertenausweise und Vorsorgehefte und weiß, wo sie liegen? Wer klingelt vor der Abreise in den Urlaub bei der Nachbarin, gibt ihr den Hausschlüssel und bittet sie, sich um die Post und die Pflanzen zu kümmern? Wer denkt nach dem Urlaub daran, dass man sich dafür bei Gelegenheit mal mit einem kleinen Geschenk bedanken sollte? Wer denkt im Urlaub daran, dass sich die Verwandtschaft über Postkarten von den Kindern freuen würde, kauft sie und schreibt sie mit den Kleinen? Wer weiß, wie die Freundinnen und Freunde der Kinder heißen, wer hat ihre Schuhgrößen im Kopf und wer hat für die Zeugnisse der Kinder einen Ordner angelegt? Wer schreibt bei Ihnen zu Hause die To-do-Listen?

Ich könnte seitenweise so weitermachen, aber Sie kennen die Antwort bereits. Es sind in den allermeisten Fällen die Mütter. Auch wenn viele Männer es nicht so recht glauben wollen: Das ist Arbeit. Anstrengende, ermüdende Schwerstarbeit. Frauen werden nicht mit einem Kopf für diese Details geboren. Wir Männer bürden sie ihnen einfach nur auf. Und zwar weil wir es so gelernt und vorgelebt bekommen haben. Also reden Sie als Mann sich nicht damit raus, dass Sie Ihren Teil ja beitragen, wenn sie etwas sagen würde. Machen Sie es nicht wie Andreas Lorenz, der auf seinem Blog *papa-online* in einem »offenen Brief an Frauen« schreibt, dass sie doch einfach nur Bescheid zu geben bräuchten: »Auf einmal steht meine Frau im Türrahmen – sichtlich angestrengt, entnervt und ein wenig sauer. Vielleicht auch ein bisschen mehr als *ein wenig sauer*. Was folgt, brauche ich Dir wohl nicht zu erklären. Es handelt sich um den Ausdruck ihres maßlosen Unverständnisses, wie ich so ruhig am Küchentisch sitzen und mit meinem, O-Ton: »*Sch... iPhone*« spielen kann (...), während sie unüberhörbar Schwierigkeiten hat, unsere Rasselbande zu bändigen. Ich muss zu meiner Verteidigung sagen: Ich habe es wirklich nicht mitbekommen. Ich war nicht auf *helfen* gepolt, sondern auf *Pause* und habe das irgendwie ausgeblendet. Aber, wenn sie doch solche Schwierigkeiten hatte, warum hat sie mich nicht einfach zur Hilfe gerufen? Es ist ein Phänomen, das ich mit meiner Frau immer wieder erlebe. Sie kann nicht sagen, was sie will oder wann sie Hilfe möchte.«

Und weiter heißt es da: »Habt keine Angst. Wir fühlen uns nicht bevormundet, wenn Ihr uns darauf aufmerksam macht, dass der Sohn aus dem Kindergarten abgeholt, ein Bild an die Wand genagelt werden oder die Spülmaschine ausgeräumt werden muss.«

Ach tatsächlich? Sie kann also nicht sagen, was sie will oder wann sie Hilfe möchte? Und wir fühlen uns nicht bevormundet, wenn man uns extra sagen muss, dass der Sohn aus dem Kindergarten abgeholt werden muss? Geht der Sohn erst seit gestern in den Kindergarten? Hat sich die Spülmaschine bislang selbst ausgeräumt? Und wieso, wieso verdammt noch mal, sollte es auch noch ihre Aufgabe sein, etwas vollkommen Offensichtliches und Selbstverständliches zu formulieren? Die Aufgaben sind doch alle vorhanden, und zwar schon länger. Sie liegen doch direkt vor den Augen von uns Männern, sie brüllen uns an und stinken zum Himmel. Und trotzdem fragen wir in aller Seelenruhe, was denn überhaupt los ist, wieso hier so ein Stress verbreitet wird und warum sie nicht um Hilfe fragt. Weil es noch mehr Arbeit ist. Weil es nicht zu viel verlangt ist, dass Männer sich daran zur Hälfte beteiligen und die Mental Load nicht einfach ihren Partnerinnen überlassen. Wir verlangen ja auch nicht, dass man uns daran erinnert, uns den Hintern abzuputzen, nachdem wir auf Toilette waren. Das wäre uns doch irgendwie peinlich. Deswegen sollten Männer sich in eine Situation bringen, in der es wirklich eine Bevormundung und nicht eine Notwendigkeit darstellen würde, wenn man sie darin erinnert, dass der Sohn aus der Kita abgeholt werden muss. Und deshalb ist es auch so wichtig, diesem Sohn und allen anderen Söhnen die Aufgaben und Arbeiten transparent zu machen und sie darin einzubinden. Das alles macht sich nicht von alleine. Das alles machen in der Regel Frauen, obwohl Männer dazu auch gleich oder zumindest sehr rasch in der Lage wären. Um das zu ändern, muss man nicht extra geschlechtsspezifisch auf Jungen abheben. Es reicht, Kochen, Haushalt und Mental Load bewältigen als Fähigkeiten zu etablieren, die man draufhaben sollte, um selbstständig und unabhängig zu sein. So wie Schwimmen und Fahrradfahren. Einfach weil diese Dinge nicht zu können zwar das Privileg mit sich bringt, sie nicht tun zu müssen und mehr Zeit für angenehmeren Kram zu haben, aber eben auch Unfreiheit und Abhängigkeit bedeutet.

Behördliche Existenz

Als meine Lebenskomplizin und ich unsere erste gemeinsame Wohnung bezogen, hatte sie bereits einen Ordner mit Unterlagen über ihre behördliche Existenz: Steuernummer, Krankenversicherung, Zeugnisse, solche Sachen. Ich hatte nichts. Niemand hatte mir beigebracht, mich mit einem Stromversorger auseinanderzusetzen, Versicherungen zu bezahlen oder mit dem Finanzamt zu kommunizieren. Meine Lebenskomplizin hingegen wirkte auf all diese Dinge bestens vorbereitet. Sie ist diejenige, die Dokumente automatisch abheftet, Rechnungen für einen möglichen Reklamationsfall aufbewahrt und sich nur dann wohlfühlt, wenn sie ein gewisses finanzielles Polster im Rücken hat, mit dem sich die kleineren und mittelgroßen unliebsamen Überraschungen des Lebens halbwegs auffangen lassen. Ich hingegen bin der Freiberufler. Obwohl ich aufgrund meiner beruflichen Situation eigentlich viel mehr als sie darauf angewiesen bin, meinen Papierkram auf die Reihe zu bekommen, bin ich dem jahrelang hinterhergelaufen. Lieber einen Text schreiben, als eine Rechnung für einen Text zu stellen. Das Finanzamt kann warten. Die Krankenkasse ist nicht wichtig. Den Brief mach ich nicht auf. Und bevor Sie mich zu Recht darauf hinweisen, dass das mein Problem ist und ich nicht von mir auf andere Männer schließen sollte, möchte ich Sie an die vergleichsweise hohe Anzahl von Männern in Privatinsolvenz erinnern. Außerdem möchte ich gerne darauf aufmerksam machen, dass es in Deutschland Menschen gibt, die trotz Versicherungspflicht nicht krankenversichert sind. Das betrifft vor allem Obdachlose, Geflüchtete und Selbstständige, die eigentlich privat (seit 2009) oder freiwillig gesetzlich (seit 2007) versichert sein müssten, es aber aus unterschiedlichen Gründen nicht sind. 30 Prozent dieser Nichtversicherten sind selbstständig beschäftigt. Von diesen 30 Prozent sind über 70 Prozent Männer. Nicht erfasst in diesen Zahlen sind die sogenannten Scheinnichtversicherten. Männer wie der ehemalige Piratenpolitiker Claudius Holler, der 2016 nicht nur seine Krebserkrankung öffentlich machte, sondern auch den Umstand, dass er sich die notwendige Behandlung nicht leisten könne, weil er nach herben geschäftlichen Rückschlägen aufgrund von ausstehenden Versicherungsbeiträgen nicht mehr krankenversichert ist. Tatsächlich bewirken Beitragsrückstände nicht, dass man aus seiner Krankenversicherung fällt. Man ist weiterhin versichert, hat aber entsprechende Schulden. Das ändert aber auch nichts daran, dass die Situation für Holler existenziell bedrohlich war, er die Öffentlichkeit um Hilfe gebeten und diese in Form von Unterstützung und Spenden auch bekommen hat. Der Punkt ist vielmehr, wie ausweglos sich die Situation für ihn in diesem Moment anfühlte und wie er sie schließlich in den Griff bekam. Holler tat das, was er hervorragend kann. Er machte Öffentlichkeitsarbeit. Zur Abwechslung mal nicht für ein Produkt, eine politische Idee oder andere Menschen, sondern für sich selbst. Damit zerschlug er in einer einzigen Aktion den gordischen Knoten, den er über die Zeit selbst geknüpft hatte. Das ist der Grund, warum das Thema »behördliche Existenz« hier extra aufgeführt wird. Zum einen ist es buchstäblich existenziell und zum anderen steht es für einen ganz bestimmten Umgang mit Problemen, den Männer an den Tag legen. Probleme dieser Art sind im Grunde lösbar. Sie erfordern, dass man sich den Dingen stellt, das Telefon in die Hand nimmt, mit Menschen spricht, sich erklärt und um Hilfe bittet. Es gibt viele, viele Momente, in denen man sich rückblickend dagegen entschieden hat, das Problem anzugehen. Und während die Mahnungen im Briefkasten die Farbe wechseln, das Finanzamt ein Zwangsgeld nach dem anderen ansetzt und die Krankenkasse den Beitragshöchstsatz veranschlagt, weil man die Unterlagen zur Beitragseinstufung einfach nicht ausfüllen konnte oder wollte, schnürt sich die Kehle immer mehr zu. Bis man anfängt, nicht nur die Briefe zu ignorieren und die Probleme zu übertünchen, sondern auch seine Freunde und die Familie zu täuschen und zu belügen. Natürlich ist alles in Ordnung, sagt man dann, während man sicherstellt, dass man nach dem Urlaub als Erster am Briefkasten ist, um schnellstmöglich die die bunten Briefe herauszufischen und wie all die anderen zuvor in der Schublade verschwinden zu lassen. Selbstverständlich habe ich mich darum gekümmert. Wie kannst du mir nur unterstellen, das nicht zu tun? Für wen hältst du mich?! Das Scheitern folgt zwangsläufig und es folgt krachend. Irgendwann ist man nicht mehr in der Lage, alle Bälle in der Luft zu halten. Irgendwann ist man nicht mehr Herr seiner Verschleierungstaktiken und seiner Lügen. Eine verrät die andere und dann bricht alles zusammen.

Ich will damit nicht sagen, dass dieses Problem nicht auch Frauen betrifft. Und ich weise Sie an dieser Stelle auch gerne darauf hin, dass es sich bei den von mir zitierten Belegen um relative Zahlen handelt. Sie bilden beispielsweise nicht ab, dass Männer (13,7 Prozent) häufiger selbstständig beschäftigt sind als Frauen (7,4 Prozent). Aber es geht mir wie schon erwähnt weder darum, so zu tun, als ließe sich alles rund um das Thema Prinzessinnenjungs und Männlichkeit monokausal erklären, noch möchte ich die Augen davor verschließen, wie es Männern und Jungen tatsächlich geht. Wir haben lange genug so getan, als wäre alles in Ordnung und im Griff. Probleme müssen nicht herbeigeredet, sondern benannt werden. Reichlich genug sind ja da. Mein Ansatz ist nicht, zu sagen, dass alle Männer nicht genügend Verantwortung für ihre behördliche Existenz übernehmen, oder mit dem Finger auf sie zu zeigen, weil sie sich angeblich bei diesen einfachen Dingen blöd anstellen. Mein Ansatz ist vielmehr, danach zu fragen, ob wir sie ausreichend dazu befähigen, derartigen Schwierigkeiten zu begegnen und Probleme zu lösen. Den Eindruck habe ich nicht. Aus Gründen, die hier alle schon genannt wurden. Weil wir ihnen Scheitern versagen. Weil wir Hilfsbedürftigkeit als schwach und unmännlich markieren. Und weil wir lieber die große Geste feiern, mit der der unzerstörbare Held ein Problem aus dem Weg räumt, statt der vielen kleinen Schritte, mit der es zu lösen gewesen wäre. Derlei

Probleme fühlen sich (für Männer) oft an wie »Leichen im Keller«. Zuerst war es nur eine, dann wurden es immer mehr. Bis sie sich nicht mehr in den Keller trauen, weil sie wissen, dass die Leichen dort auf sie warten und sie sie niemals mehr werden wegschaffen können. Würden sie dort hinuntergehen und versuchen, auch nur eine von ihnen aus dem Weg zu räumen, würden viele andere auf sie fallen und sie unter sich begraben. Also gehen Männer nicht mehr in den Keller. Behaupten, dass es keine Leichen gäbe, und verleugnen schließlich auch gleich den Keller. Reagieren mit Abwehrmechanismen und Aggression, wenn sie irgendjemand darauf anspricht. Aus »Gehen Sie weiter, es gibt nichts zu sehen« wird ein »Was fällt dir eigentlich ein?!«.

Man klappt den Laptop zu, wenn jemand den Raum betritt. Niemand darf mehr an den Schreibtisch. »Mach dir keine Sorgen, Schatz, die haben sich einfach noch nicht gemeldet. Vielleicht hat die Post den Brief verschlampt, das ist ja in letzter Zeit häufiger mal passiert. Ich arbeite so hart und dann unterstellst du mir so etwas!«

Dabei sind es fast nie Leichen, die man nicht loswerden kann. Es sind sogar die Art Probleme, bei der die meisten Beteiligten, vor denen man Angst hatte, sagen würden, »wenn wir das gewusst hätten« oder »das kriegen wir schon hin«.

Letztendlich dreht es sich bei dem Thema behördliche Existenz auch um Gesundheit und Vorsorge. Und genau das ist wie bereits erwähnt ein Bereich, den wir aus der Jungenerziehung weitestgehend ausklammern. Ich bin nicht für einen Crashkurs »Wie gehe ich mit dem Finanzamt um« für 16-jährige Jungen. Obwohl es sicher gut wäre, dem Schulunterricht etwas mehr lebenspraktischen Bezug zu geben und der Umgang mit den eigenen Finanzen dafür kein schlechtes Thema wäre. Ich bin vielmehr für ein gesellschaftliches, schulisches, familiäres und zwischenmenschliches Klima, in dem Jungen ihre stinknormalen Probleme auf den Tisch packen können, ohne dass sich irgendjemand dazu bemüßigt fühlt, ihnen mitzuteilen, was für eine »Pussy« sie sind. Wo sie nicht ständig den Eindruck haben müssen, es wäre ihre Aufgabe als Mann, alles mit sich allein auszumachen und möglichst nicht den Eindruck zu erwecken, dass Scheitern auch nur im Bereich des Möglichen läge. Wenn sie nämlich den Eindruck gewinnen, dass diejenigen, die ihnen wohlgesinnt sind, auf die Probleme schauen und sagen, »Tja, sind eben Probleme, das kriegen wir wieder hin«, dann werden sie sich auch sicher genug fühlen, ihre großen Probleme hervorzuholen. Diejenigen, die ihnen so schwer auf der Seele liegen, dass sie vor Scham und Verzweiflung nicht mehr ein noch aus wissen. Dann werden sie nicht mehr davon ausgehen müssen, dass man ihr Leid ignoriert, auslacht oder sich gar daran ergötzt. Männlichkeit, und auch dafür sind die Schwierigkeiten mit der behördlichen Existenz und der daraus resultierenden Verantwortung ein gutes Beispiel, beinhaltet nicht nur das Element der Zurichtung und Verletzung, sondern immer auch das Element der Abspaltung. Deswegen wirken Männer oft »wie ausgewechselt«, wenn sie sich weit von ihrem Keller entfernen und für ein paar Tage darauf hoffen dürfen, nicht von Leichen verfolgt zu werden.

Ich wünsche mir, dass wir Jungen dabei helfen, nicht zu diesen Männern werden zu müssen, die sich bis zur Abspaltung zerreißen und von denen wir einen schädlichen Umgang mit sich und anderen verlangen, während wir sie zugleich anfahren, wie sie nur auf die bescheuerte Idee kommen, sich so zu benehmen. Ich hoffe, dass Unverwüstlichkeit, unbedingte Leistungsbereitschaft und Gefühlskälte nicht länger die Maßstäbe sind, die wir an Männlichkeit anlegen. Gerade wenn sich in unseren pubertären Jungen allmählich herauskristallisiert, was für eine Art Mann sie sein werden, sollten wir uns fragen, ob es die Art Mann ist, mit der wir gerne Zeit verbringen, auf die wir uns verlassen, der wir vertrauen und zu der wir eine Verbindung haben. Und falls die Antwort »Nein« lautet, dann müssen wir uns fragen, was eigentlich schiefgelaufen ist und wie wir das wieder hinbekommen.

Bedürfnis versus Strategie

Dabei geht es nicht darum, die Bedürfnisse von Jungen und Männern mit Verhaltensmodifikationen umzupolen und gesellschaftsfähiger zu machen. Oder auch weiblicher, wie einige mir und anderen unterstellen. Vielmehr bin ich davon überzeugt, dass wir ihnen die falschen Strategien an die Hand geben, um ihre Bedürfnisse zu realisieren.

Sicher: Dort, wo Jungen wirklich das Bedürfnis haben, sich über den Willen von anderen hinwegzusetzen und sie zu verletzen, muss das sowohl adressiert als auch problematisiert werden. Hier ist ein weniger invasiver Freiheitsbegriff, sondern vielmehr einer, der die Grenzen anderer respektiert, sicher hilfreich. Darüber hinaus aber sind legitime Bedürfnisse von Jungen und Männern in teilweise inakzeptable Strategien eingebettet. Auf der Bedürfnisebene unterscheiden sich die meisten Menschen nicht wesentlich voneinander. Es geht um lieben können und geliebt werden, um Anerkennung und Respekt, um Gestaltungsspielräume und das Ausleben der eigenen Identität. Es ist also kein Bedürfnis von Männern, eine gut aussehende Verkäuferin von Lidl so lange zu verfolgen (siehe Kapitel 9), bis man ihrer habhaft werden kann, um ihr zu sagen, dass man sie gut findet. Dass es auch Männer gibt, die das Bedürfnis haben, diese Frau zu terrorisieren, Macht auszuüben und destruktiv zu sein, ist leider nicht von der Hand zu weisen. Aber auch hier gilt wieder, dass die Mehrzahl der Jungen und Männer keine geborenen Monster sind, die durch Erziehung und Restriktion dazu gebracht werden müssen, sich gesellschaftsverträglich zu verhalten. Stattdessen verfolgen sie einfach oft falsche Strategien. Wie die, eine gut aussehende Vortragsrednerin während ihrer Arbeit zu komplimentieren und sie so auf ihr Äußeres zu reduzieren. In allen bislang von mir geschilderten Bereichen der Mannwerdung existieren sehr fatale Anweisungen und Blaupausen zur völlig falschen Umsetzung von legitimen Bedürfnissen. So ist es vollkommen legitim, von der Partnerin nicht verletzt und verlassen werden zu wollen. So wie es auch legitim ist, wenn die Partnerin sich gegen Übergriffigkeiten oder eine ihrer Meinung nach ungute Beziehung zur Wehr setzen und sich trennen will. Die Gewalt, mit der Männer ihrem Bedürfnis Ausdruck verleihen, die Unnachgiebigkeit und Überheblichkeit, mit der sie den eigenen Bedürfnissen Vorrang geben – das ist das Problem. Ein Austausch auf Augenhöhe, die Karten auf den Tisch zu legen und sich ehrlich und verletzbar zu machen, um zu zeigen, wie es einem geht und was man braucht, all das findet viel zu selten statt. Stattdessen Strategien rund um Kontrolle und Kontrollverlust. Für den Hotel-Mama-Komplex bedeutet das, dass wir Alternativen zu den ganzen Vermeidungsstrategien entwickeln müssen, die ein junger Mann so im Laufe seines Heranwachsens entwickelt. Und uns dafür womöglich der wenig ansehnlichen Wahrheit stellen müssen, dass wir unsere Söhne nicht so gut kennen, wie wir eigentlich gedacht haben. Hinter dem üblichen »Ich bin auf meinem Zimmer, wie war die Schule, gut«-Austausch versteckt sich ein Mensch mit tiefen Empfindungen, mit Ängsten und Träumen, Verwundungen und hässlichen Gemeinheiten. Und es ist unsere Aufgabe, diesem Menschen ein Forum dafür anzubieten, mit all seinen Facetten wahrgenommen zu werden. Nicht nur mit der einen oder der anderen, was das Gefühl der Abspaltung und des fehlenden Kontakts zu Teilen des Selbst noch verstärkt. Das »Hotel Mama« zu schließen führt nicht dazu, dass

Mütter sich nicht mehr um ihre Söhne kümmern dürfen und Söhne den Eindruck haben müssen, dass ihre Mütter sie nur noch aus dem Nest werfen wollen und sie weniger lieben. Die Schließung von »Hotel Mama« beinhaltet zunächst einmal einfach auch die Frage, was eigentlich mit »Hotel Papa« ist? Wo ist sein Anteil an Erziehung und Haushalt? Welches Vorbild gibt er ab? Und dann ist da noch die Frage nach dem Hotelcharakter. Ich hatte bereits erwähnt, dass wir Männer dazu anhalten, sich in ihrem eigenen Leben nur wie Gäste zu verhalten. Hier schließen sich die beiden Sprachbilder. Im »Hotel Mama« sind junge Männer nur zu Gast. Sie sehen nicht, wohin die schmutzige Wäsche verschwindet, sie machen sich keine Vorstellung davon, wie aufwendig das Zubereiten von Mahlzeiten ist, und sie haben keine Ahnung, dass man Bettwäsche auch mal wechseln sollte. Einfach weil sie es noch nie getan haben. Und dass sich der lästige Papierkram, der nun einmal mit dem Erwachsensein verbunden ist, leider auch nicht von selbst erledigt.

Söhne sind aber keine Kunden und Eltern keine Dienstleisterinnen. Wer sich auf das »Hotel Mama« einlässt, der formuliert in Ermangelung einer positiven Weiterentwicklung zu einem Verhältnis zwischen Eltern und einem annähernd erwachsenen Kind die Beziehung um. Auch hier wieder: Das Bedürfnis dahinter ist so legitim wie nachvollziehbar. Nähe, Intimität und neue Regeln des Zusammenlebens angesichts der sich stark verändernden Situation auszuhandeln ist kein leichtes Unterfangen. »Hotel Mama« ist deshalb eine von beiden Seiten gern gewählte Strategie, weil sie Nähe suggeriert, belastende Themen einhegt und unberührt lässt und einen Alltag ermöglicht, ohne einen neuen etablieren zu müssen. Aber wenn sich die Schulzeit dem Ende zuneigt, dann kommt es auf die allseitige Bereitschaft an, Beziehungsarbeit zu leisten, um Beziehung gelingend transformieren zu können. Alles bleibt, wie es ist, und nichts wird mehr so sein, wie es war. Du bist immer noch mein Sohn, nun aber ein eigenverantwortlicher, erwachsener Mann, von dem ich meine Erziehungsarbeit abziehen muss, an die ich mich über die Jahre so sehr gewöhnt habe. 2016 hat die Journalistin und Autorin Silke Burmester mit dem Buch *Mutterblues* diese Situation und die damit verbundenen Gefühle sehr offen und detailgenau beschrieben. Der Untertitel des Buches lautet *Mein Kind wird erwachsen und was werde ich?*

Was sind wir, wenn wir uns um unsere Kinder kümmern, und was sind wir, wenn wir das deutlich zu wenig oder deutlich zu viel tun? Wer sind wir? Und was macht das aus unseren Kindern? Diese Fragen lassen sich, bei aller Relevanz, nur bis zu einem gewissen Punkt sinnvoll beantworten. Es gibt dafür kein Patentrezept und Generationen von Eltern stellen sie sich immer wieder. Fest steht aber, dass den Kindern, denen wir aufgrund ihres Geschlechts die Befähigung dazu entziehen, Beziehungsarbeit zu leisten, etwas Grundlegendes fehlt. Und das sind nun einmal die Jungen. Wir haben ihnen von Anfang an eine Suppe eingebrockt, die später alle auslöffeln müssen. Wer Jungen von ihren Gefühlen und ihrer Verantwortung trennt, erschafft eine inkompetente Männlichkeit, die emotionsverloren und oftmals blindwütig um sich selbst kreist, weil ihr die Fähigkeit fehlt, sich zu offenbaren. Das »Hotel Mama« ist dafür nur ein letzter elterlicher Baustein für einen Entwicklungsprozess, der damit zwar noch nicht abgeschlossen ist, sich aber zunehmend der Verantwortung von Müttern und Vätern entzieht. Man könnte das Thema sicher noch weiterspinnen und sich genauer anschauen, wie erwachsene Männer sich in Gesellschaft und Familie verhalten und wie mit ihnen umgegangen wird. Aber erstens habe ich die Entwicklung von Jungen zu Männern an jedem Punkt mit deutlichen Verweisen darauf versehen, welches Konzept von erwachsener Männlichkeit sich jeweils ergibt, und zweitens ist das hier vor allem ein Buch für Eltern. Ich wollte Ihnen keine theoretische Abhandlung über Männlichkeitsdiskurse liefern oder die zentralen Punkte feministischer Kritik an patriarchalen Strukturen nennen. Denn ich gehe davon aus, dass Sie wie ich andere Sachen zu tun haben, Dinge zu erledigen und Kinder zu betreuen. Dass Sie genau jetzt so einen Prinzessinnenjungen haben, der traurig ist, weil man ihn wegen seiner Vorliebe für Kleider auslacht, oder dem man seine Prinzessinnenhaftigkeit viel zu gründlich ausgetrieben hat, wenn er Tätigkeiten im Haushalt als unter seiner männlichen Würde betrachtet. Und dass Sie wissen wollen, was zu tun ist. Genau dafür ist das nächste und letzte Kapitel dieses Buches gedacht.

11 | DIE REVOLUTION LIEBT IHRE KINDER

Wow, das war anstrengend. Sehr viel anstrengender als gedacht. Ich hatte mir für dieses Buch vorgenommen, entlang der Entwicklung eines Jungen vom Baby zum erwachsenen Mann aufzuzeigen, wo es hakt und wie sich Fehlentwicklungen entgegenwirken lässt. Zwei Dinge fallen mir diesbezüglich rückblickend auf. Zum einen lassen sich diese Entwicklungen zeitlich nicht immer klar voneinander abgrenzen. Die Übergänge sind fließend, manches findet gleichzeitig statt, anderes in der von mir beschriebenen Intensität womöglich gar nicht.

Trotzdem bin ich nach wie vor davon überzeugt, dass die Erziehung zum Mann als Zuspitzung funktioniert. Als Anspruchshaltung, die mit dem allmählichen Heranwachsen immer lauter und fordernder vorgetragen wird.

Zum anderen haben wir uns gemeinsam stark damit beschäftigt, wie und an welcher Stelle Prinzessinnenjungs deformiert, zugerichtet und gebrochen werden, um als Mann gelten zu können. Ich habe viel über Gewalt und Demütigung geschrieben. Und auch darüber, wie wir Jungen dazu nötigen, die grausamen und übergriffigen Aspekte unserer Gesellschaft für uns auszuspielen, damit wir genügend Ablenkung haben, um sie nicht in uns selbst entdecken zu müssen. Das ist alles andere als erfreulich. Ich wünschte, ich hätte mehr Zeit darauf verwenden können, darüber zu schreiben, wie großartig Jungen sind. Wie viel Spaß man mit ihnen haben kann, wie fantastisch ihre Freundschaften sind, wie tief sie lieben und wie verantwortungsbewusst sie handeln. Es hätte mir gefallen, ein Positivbeispiel an das nächste zu reihen und mit Ihnen darüber zu spekulieren, wie es uns gelingen kann, noch mehr Jungen und Männer für eine neue, offene Männlichkeit zu begeistern. Aber an diesem Punkt sind wir nicht. Noch nicht. Deshalb habe ich viel Mühe darauf verwendet, zu beschreiben, was meiner Ansicht nach eigentlich passiert, anstatt mich darauf zu fokussieren, wie wir die Situation verändern können.

Ich will gar nicht wissen, wie oft Sie auf den zurückliegenden Seiten das Wort »Problem« lesen mussten. Aber um nicht mehr zu problematisieren, um nicht mehr dauernd den Finger in die Wunden legen zu müssen, dürfte es nicht mehr so viele schmerzhafte Wunden geben, über die viel zu wenig gesprochen wird. Bevor wir uns also sehr viel ausführlicher, als wir es bisher getan haben, über Wertschätzung und Heilung unterhalten, konnte ich uns einen Überblick über die ganze Misere nicht ersparen. Die Alternative wäre ein »Weiter so!« gewesen. Hier und da an ein paar Stellschrauben drehen und gut ist. Für mich ist das absolut inakzeptabel. Denn die Schieflage, in der sich unsere Jungen durch einengende und verletzende Konzeptionen von Männlichkeit befinden, wird nicht dadurch behoben, dass wir einigen von ihnen auf die Beine helfen und allen beibringen, schräg zu stehen. Wir haben viel zu wenig erreicht, wenn wir uns schulterklopfend darin gefallen, das, worauf wir Jungen seit Jahrzehnten und Jahrhunderten festnageln, wieder positiver zu bewerten. Wenn »Jungen wieder Jungen sein dürfen«, obwohl sie ja eben genau das noch nie durften. Mit dieser Wahrnehmung bliebe die schiefe Ebene unangetastet. Während Jungen und Männer an der unteren Seite herunterfallen und ins Nichts stürzen, kämpfen sie an der oberen Seite um die Spitzenpositionen und treten dafür die anderen nach unten. Bei der Betrachtung dieser Situation einfach nur den Kopf schräg zu legen, um anschließend alles für viel ausgewogener zu befinden, ist keine Lösung. Das reicht einfach nicht. Stattdessen werden wir uns alle miteinander deutlich mehr anstrengend, müssen. Mir persönlich hilft es, mir zu vergegenwärtigen, für wen ich diese Anstrengung unternehme. Ich tue das nicht nur aus altruistischen oder weltanschaulichen Gründen. Es geht mir nicht allein darum, aus Überzeugung an einer besseren, weil geschlechtergerechteren Gesellschaft zu arbeiten. Und notwendige Solidarität mit Frauen und Mädchen, die vielfach zu Leidtragenden dieser Männlichkeitsabrichtung gemacht werden, ist zwar ein sehr guter, aber nicht der einzige Grund. Ich mache das hier auch aus purem Egoismus und Eigennutz. Für den Prinzessinnenjungen, der ich einmal war, und für den Mann, der ich jetzt bin. Und vor allem tue ich es für meine Söhne. Für meine zarten, starken, wundervollen, fiesen, begeisternden, nervigen, wilden, sanften Jungs, die ich lieben werde, solange Atem in mir ist. Nichts und niemand wird mich davon abhalten, alles daranzusetzen, ihnen nach Kräften ein selbstbestimmtes, freies Leben zu ermöglichen, in dem sie lieben und geliebt werden. In dem sie Verantwortung übernehmen können, ohne unterdrücken zu müssen und daran womöglich auch Gefallen zu finden, und in dem man ihnen nicht ausgerechnet im Scheitern den so notwendigen Trost verwehrt, weil ihnen das alles ja als echte Kerle nichts ausmachen sollte. Vielleicht haben Sie nach zehn Kapiteln eine ungefähre Vorstellung davon, wie wenig ich auf eine solche Echtheitszertifizierung meiner beiden kleinen Kerle gebe und wie viel Verständnis ich dafür aufbringe, dass ihnen dieses Zertifikat an den verschiedensten Punkten in ihrem Leben so wichtig ist. Es ging und geht mir gelegentlich noch ja nicht anders.

Deshalb Revolution. Her mit dem guten Leben für Jungen! Nicht mit weiteren Privilegien, die alles nur noch mehr verzerren und schiefer machen, sondern mit der Freiheit, ihre Identität leben zu können, ohne sich vor einem übermächtigen Geschlechtertribunal andauernd wegen unmännlicher Umtriebe verantworten zu müssen. Auch nicht mit zusätzlichen Anschuldigungen, die so tun, als wäre auch nur das kleinste bisschen daran falsch, ein Junge zu sein, und somit verhindern, dass Männer ihre Verantwortung schultern, statt von angeblich männlicher Erbschuld an ungerechten Geschlechterverhältnissen niedergedrückt zu werden. Schluss, aus, Ende! Lassen Sie uns das gemeinsam satthaben. Lassen Sie uns die Schnauze voll haben von Erklärungen, die statt auf Vielfalt immer wieder nur auf Einfalt setzen, und von Forderungen, die nichts anderes sind als gut oder schlecht gemeinte Zumutungen. Auf den vorangegangenen Seiten habe ich mich ja mit vielen von diesen Problemen auseinandergesetzt und sie auseinandergenommen. Dabei bin ich Antwort auf die Frage, worin denn nun konkret die Alternativen zu den vorherrschenden Männlichkeitsvorstellungen bestehen, nicht direkt schuldig geblieben, aber eine zusammenhängende Handlungsempfehlung à la »Kleine Handreichung zum Umgang mit Prinzessinnenjungs« steht noch aus. Hier kommt sie nun, und ich möchte sie gleich mit dem zweifellos wichtigsten Punkt beginnen.

Liebe

Erinnern Sie sich noch daran, dass ich Ihnen am Anfang dieses Buches zugesichert habe, Sie nicht zu schlechten Eltern zu erklären? Dazu stehe ich immer noch. Ich gehe nach wie vor davon aus, dass Sie Ihre Söhne lieben und das Beste für sie wollen. Meine Aufgabe ist es gewesen, Sie in aller Deutlichkeit darauf hinzuweisen, warum dieses Beste – und das schließt mein Bestes mit ein – oftmals nicht gut genug ist und aufgrund ausgesprochen widriger Umstände auch nicht sein kann. Nun ist es an der Zeit, aufzuzeigen, warum und wie wir unsere elterliche Liebe mit relativ einfachen Mitteln besser an den kleinen Mann bringen können. Keine Sorge. Ich werde Sie nicht dazu auffordern, Ihre Söhne einfach nur mehr zu lieben, damit dann irgendwie alles gut wird. So funktioniert das nicht. Liebe kann man, wie andere Gefühle, nicht herbeibefehlen und durchexerzieren. Wenn ich Ihnen jetzt raten würde, Sie möchten doch bitte schön Ihre Liebesbemühungen verdoppeln, dann wüssten Sie vermutlich nicht, was das heißen soll. Ich übrigens auch nicht. Deshalb lässt mich auch ein zentraler Satz, der oft mit großer Begeisterung herangezogen wird, um die Liebe zu Kindern zu charakterisieren, nicht in Ehrfurcht erstarren, sondern ärgert mich ein bisschen. Er wird der taubblinden Schriftstellerin Helen Keller zugeschrieben und lautet: »Liebe mich dann am meisten, wenn ich es am wenigsten verdient habe, denn dann brauche ich es am nötigsten.« Bestimmt haben auch Sie diesen Satz schon einmal gehört oder gelesen – in einer Kinderarztpraxis, einem Buch oder einem Blogtext. Mir jedenfalls begegnet er ständig. Ich habe ziemlich lange über ihn nachgedacht und glaube zu verstehen, wofür er steht und welcher Aspekt die Menschen an ihm so begeistert. Es ist ein Aspekt, der auch mich berührt. Wenn ich den Satz richtig deute, dann geht es nicht wirklich um Liebe, sondern um Unterstützung, Wertschätzung und gewaltfreie Kommunikation. Wenn Kinder also richtig Mist bauen, wenn sie absichtlich anderen wehtun, Dinge zerstören, lügen oder stehlen, dann sind wir als Eltern aufgefordert, uns nicht von der Situation und ihnen zurückzuziehen, sondern dranzubleiben. Aber das ist nicht Liebe, das setzt Liebe voraus. Ich liebe meine Kinder also nicht dann am meisten, wenn sie aus Unkenntnis, Hilflosigkeit oder Achtlosigkeit sich selbst und andere sabotieren. Stattdessen erinnert mich dieser Satz daran, dass es meine Aufgabe ist, meine Liebe besonders sicht- und greifbar zu artikulieren und einzubringen. Sie ist aber immer noch ein Gefühl. Und Menschen sind keine Gefühlsmischpulte, an denen man die Emotionen je nach Bedarf hoch und runter regeln kann. So stark dieser Satz an die Eltern-Kind-Bindung und Verantwortlichkeit appelliert, so sehr degradiert er in meinen Augen elterliche Liebe zu einer Dienstleistung. Wird gerade wichtig, ist momentan angebracht, mir geht's nicht so gut – Liebe abliefern bitte!

Das ist der Grund, warum ein einfaches »Lieben Sie Ihren Prinzessinnenjungen mehr!« so nicht funktioniert. Auch Eltern, die ihre Kinder bedingungslos bis auf den tiefsten Grund ihrer Seele lieben, sind manchmal unfair, übersehen Bedürfnisse oder benehmen sich daneben. Das gehört zu den schmerzlicheren Erkenntnissen von Eltern: Absolut nichts, was ich tue oder lasse, wird verhindern können, dass ich meinem Kind Schmerzen zufüge, es enttäusche und verrate. Deshalb ist »love« eben nicht »all you need«. Es braucht noch mehr. Glücklicherweise ist Liebe dann aber doch der emotionale Rohstoff, aus dem die Beziehung zu unseren Jungen gestaltet wird. Wenn davon reichlich genug vorhanden ist – und das nehme ich wie gesagt an –, dann kommt es auf die Ausgestaltung an. Und da sind wir bei den Charaktereigenschaften von Prinzessinnenjungs. Bei den Dingen, die sie umtreiben und ausmachen. Lassen Sie mich an einem Beispiel erklären, was ich meine: Ihr 7-jähriger Prinzessinnenjunge geht seit zwei Wochen mit dem gleichen schwarzen Paillettenrock in die Kita, lässt sich von seiner großen Schwester die Nägel lackieren und kümmert sich hingebungsvoll um eine mittlerweile ziemlich ramponierte Puppe. Sie lieben diesen kleinen Kerl. Sie würden ihn nicht einfach schlagartig mehr lieben, wenn er in der Schule Ihre Unterstützung brauchte, weil man ihn beleidigt und angefeindet hätte, aber Sie würden ihm den Rücken stärken. Erlauben Sie mir eine Frage:

Lieben Sie Ihren Jungen trotz oder wegen seiner Prinzessinnenhaftigkeit? Sind der Rock, die lackierten Nägel und das Spielen mit der Puppe Elemente, die Sie an ihm lieben, oder sind das Dinge, die Sie gedanklich beiseiteschieben müssen, um an das Kind heranzukommen, das Sie lieben? In beiden Fällen lieben Sie. Aber es macht einen Unterschied. Einen Unterschied, den Ihr Kind ohne jeden Zweifel fühlen und der ihm die Welt bedeuten wird. Wenn Sie diese Prinzessinnenhaftigkeit gedanklich abtun, wenn Sie ihre Ausgestaltungen als Störfaktoren einordnen, die Sie übersehen, um auf Ihr tatsächliches Kind schauen zu können, dann werden diese Dinge auch immer Störfaktoren sein – für Sie und Ihr Kind. Ich fordere Sie nicht dazu auf, Ihre Irritation und Ihre mögliche Verärgerung hinunterzuschlucken und derlei Prinzessinnenhaftigkeiten ab sofort zu lieben. Ich behaupte, dass Sie es bereits tun und sich darüber nur klar werden müssen. Denn was tut Ihr Junge da? Er begeistert sich für Schönheit und probiert sich kreativ aus, er lebt eine großartige Beziehung zu seiner Schwester, und er zeigt Interesse an Pflegen und Kümmern. Lassen wir das Geschlecht mal kurz beiseite: Sind das wirklich unliebsame Eigenschaften? Wollen Sie mir und sich ernsthaft erzählen, dass Sie es nicht für eine durchaus liebenswerte Qualität halten, wenn Menschen sich gerne um andere kümmern? Finden Sie Personen abstoßend, die gute, enge Beziehungen mit ihren Geschwistern haben? Sind Kreativität, Selbstbewusstsein und Ausdrucksstärke etwa keine Eigenschaften, die Sie gerne in den Menschen sehen, mit denen Sie sich umgeben?

Natürlich ist es nicht so! Ihnen und mir wurde nur sehr nachdrücklich der Unfug eingehämmert, spezifische Eigenschaften wären nur dann wünschens- und liebenswert, wenn sie lediglich das eine oder das andere Geschlecht an den Tag legt. Aber das ist Unsinn: Loyalität, Ehrlichkeit, Humor und Hilfsbereitschaft sind wichtig, egal bei welchem Geschlecht. Diese Eigenschaften machen tolle Menschen aus. Wir sind nur so auf die Bewertung von geschlechtsspezifischen Inkarnationen dieser Charaktereigenschaften fixiert, dass wir übersehen, wie großartig sie in egal welchem Menschen sind. Wir müssen also gar nicht mehr lieben. Auch wenn mehr Liebe dieser Welt und unseren Kindern sicher nicht schaden kann. Wir müssen unsere Liebe besser verstehen und sie dazu befähigen, die mauligen, geschlechterstereotypen Kommentare und Ideen zu durchdringen. Wenn sich Ihr Sohn für Ballett begeistert, steht das Ihrer Liebe nicht im Weg. Das tut es doch bei Ihrer Tochter auch nicht. Es ist die geschlechtsspezifische Bewertung, die unseren Blick darauf verstellt, wie wunderbar es ist, wenn jemand tanzen möchte. Statt »Ihhh, Ballett« könnte es doch auch »Meine Güte, Ballett erfordert ein hohes Maß an Disziplin, Begeisterungsfähigkeit, Bewegungstalent und Musikalität« heißen. Was genau stünde davon einem Jungen oder Mann nicht gut zu Gesicht?

Wir müssen darüber hinaus anfangen, Identität als unteilbar zu denken. Die Notwendigkeit dafür wird an einem anderen Beispiel sehr deutlich: Homosexualität. Lieben Sie Ihren 17-Jährigen trotzdem oder weil er schwul ist? Fällt es Ihnen schwer, seine Homosexualität zu akzeptieren? Dann spalten Sie sie ab. Dann betrachten Sie seine sexuelle Identität als eine Art Rucksack mit für Sie unerfreulichem Inhalt, den Ihr Junge leider die ganze Zeit mit dabeihat, obwohl er ihn gerne in einer Ecke liegen lassen könnte. Aber so funktioniert das nicht. Sexuelle Identität – gleich welcher Ausprägung – ist nichts, was Sie von einer Person abziehen können, um schließlich die wahre Person zu erhalten. Sie ist integraler Bestandteil dieser Person. Wenn Sie also Ihren Jungen trotz seiner Homosexualität lieben, dann lieben Sie in Wahrheit Ihren schwulen Sohn. Es ist demzufolge an dieser Stelle überhaupt nicht mein Job, Sie für Homosexualität zu begeistern, obwohl mir diese Aufgabe sicher auch gefallen würde. Es ist mein Job, Sie daran zu erinnern, dass Sie Ihren Sohn auch deshalb lieben, weil er schwul ist. Würde man die Homosexualität abziehen, wäre es nicht mehr Ihr Sohn. Wenn Sie das weghaben wollten, dann wollen Sie Ihren Sohn weghaben. Wollen Sie das? Es gibt leider Menschen, die diese Frage für sich mit »Ja« beantworten. Es gibt Väter und Mütter, die ihre homosexuellen Kinder ausgrenzen, mit Gewalt überziehen oder sogar zu Tode quälen. Aber die überwältigende Mehrheit von Eltern liebt ihre Kinder und möchte nur das Beste für sie. Das Beste ist es, Dingen kein Geschlecht zu geben, und es jedem Menschen selbst zu überlassen, wie er seine Geschlechtsidentität ausgestaltet. Das Beste ist es, nicht zu versuchen, an Menschen herumzuschnitzen. Schon gar nicht an Kindern. Aus schwulen Jungen kann man nicht ihre Homosexualität wie einen Fremdkörper herausschneiden und dann sind sie heterosexuell. Das Einzige, was man dadurch erreicht, ist, ihnen das Herz herauszureißen. Ihre Liebe kann mehr. Sie brauchen sie nicht künstlich aufzublasen oder gegen Zweifel und Enttäuschungen zu immunisieren. Sie müssen ihr auch nicht die Augen verschließen, damit sie vorgeblich unangenehme Wahrheiten nicht sieht und trotzdem liebt. Sie wissen doch, was Sie fühlen und für wen. Und wenn wir uns alle miteinander mehr Mühe geben, diese Liebe nicht Stereotypen und Vorurteilen zu unterwerfen, dann ist sie frei.

Spaß

In diesem Buch ist bislang viel zu wenig von Spaß die Rede gewesen. Von Albernheiten, Rollenspielen und generationenübergreifender Neugier. Das sollten wir dringend ändern. Als ich Ihnen davon erzählt habe, wie und warum ich mir für meinen kleinen Jungen einen Rock anzog, habe ich vor allem die Tragweite dieser Entscheidung beschrieben: Was bedeutet das für ihn, was bedeutet das für mich, was werden die anderen sagen, kann ich mir das beruflich leisten und so weiter. Auch die Reaktionen darauf habe ich als sehr schwerwiegend beschrieben – sowohl die unterstützenden als auch die herabwürdigenden. Was ich aufgrund des Ernstes der Lage nicht erwähnt habe, ist der lustige Aspekt der Situation: Sie können dieses Bild auch komisch finden. Ein erwachsener Mann, der im Rock mit seinem Kleid tragenden Sohn durch die Gegend zieht. Ich höre mich dabei »Wenn der Vater mit dem Sohne einmal ausgeht und dann keiner gern nach Haus geht« pfeifen, obwohl es nicht so war. Dass Sie dieses Bild womöglich absurd finden, bedeutet ja nicht, dass Sie über uns lachen. Vielleicht lösen Sie in Ihrem Lachen ja auf, wie ungewöhnlich wir aussehen, wie befremdlich die Starrheit von Rollenbildern wirkt oder wie dringend ich wegen der Farbauswahl (roter Rock zu grünem T-Shirt) eine Modeberatung brauchen könnte. Wie dem auch sei, Lachen ist erlaubt. Vor diesem Hintergrund ist es nicht nur möglich, sondern sogar angebracht, die Ideen eines Prinzessinnenjungen als Bereicherung für das eigene Leben und als Erweiterung des eigenen Horizonts zu betrachten. Wenn wir bei der Rockgeschichte bleiben: Ich bin wie gesagt kein Crossdresser und hatte nicht aus mir selbst heraus den Antrieb, mir einen Rock oder ein Kleid anzuziehen. Ich hatte auch nicht wirklich etwas dagegen. Es ist mir nur einfach niemals in den Sinn gekommen, dass das eine Option sein könnte. Dass es sich gut anfühlen würde. Ganz besonders im Sommer bei über 30 Grad im Schatten. Das wiegt dann selbst die fehlenden Taschen auf. Ich erinnere mich nicht, mir als Kind oder Jugendlicher Nagellack aufgetragen oder mich sonderlich für Rosa oder Pink interessiert zu haben. Das ist etwas, das ich als erwachsener Mann nachholen kann. Mittlerweile lackiere ich gelegentlich einen oder mehrere meiner Nägel. Und ich besitze inzwischen einen quietschpinken Anzug, der mir an einem Abend mehr Aufmerksamkeit und Komplimente eingebracht hat als meine sonstige Kleidung in einem Jahr.

Natürlich, einerseits freue ich mich, wenn ich mit meinen Kindern Sachen spielen kann, die ich schon in meiner Jugend hatte, oder wenn ich ihnen Geschichten vorlesen kann, die schon mir vorgelesen wurden. Als DDR-Kind ist gerade der letzte Punkt für mich besonders wichtig, weil die Kinderliteratur jenseits der Mauer etwas ganz Besonderes war, in der man noch heute unglaubliche Schätze entdecken kann. Wenn Sie einen Ossi nach den grünen Büchern beziehungsweise nach der Zauberland-Reihe fragen, dann nicken die meisten versonnen, während das im Westen zumeist keinerlei Reaktionen auslöst. Mir sind also Kontinuität und Traditionen durchaus wichtig. Deshalb gebe ich auch den selbst genähten Skianzug nicht weg, in dem schon meine Lebenskomplizin mit drei Jahren gesteckt hat, sondern warte ab, ob nicht irgendwann Enkelkinder nachrücken. Das heißt aber andererseits nicht, dass es sich nicht lohnen würde, offen für Neues zu sein. Gerade Kinder sind diesbezüglich eine unglaubliche Bereicherung. Von den Menschen, die mich am besten kennen, sagen viele scherzhaft, ich hätte nur deshalb so viele Kinder, damit ich all die Dinge ausprobieren und mit ihnen spielen kann, für die ich als Erwachsener eigentlich viel zu alt bin. Scherze hin, Scherze her – da ist was dran. Natürlich nicht nur. Aber ich liebe es, dass ich mir mit meiner großen Tochter ein eigenes Familienritual für den 14. Geburtstag meiner Kinder ausgedacht habe und sie als Ergebnis dieser Überlegung schlussendlich aus einem Flugzeug gesprungen ist. Ich liebe es, mit meinem großen Sohn auf den Laufrädern seiner kleinen Geschwister einen 1000-Meter-Berg runterzukacheln, auch wenn mir nachher die Knie wehtun. Mit meinem Jüngsten Lieder zu singen, zu backen und mich zu verkleiden und mit meinem ganz kleinen Mädchen Legowelten erschaffen zu können. Darauf, dass all diese Dinge so viel Spaß machen könnten, wäre ich von allein nicht gekommen. Und ich nehme jeden Tag den Druck wahr, der diese Art Spaß verhindern soll. Gerade mein großer Sohn ist inzwischen sehr sensibel für den Blick anderer und überlegt sich ganz genau, was ihm und seiner Familie als unpassend ausgelegt werden könnte. Das ist sein gutes Recht und von mir als Vater zu respektieren. Warum sollte ich ein Interesse daran haben, ihn absichtlich in Situationen zu bringen, von denen ich weiß, dass er sie als peinlich empfinden wird. Gleichzeitig merke ich gerade ihm an, wie sehr die Rollenerwartung an kernige, unterkühlte Männlichkeit einem den Spaß verdirbt. Die Talfahrt auf den Laufrädern hätte er beinahe nicht mitgemacht, obwohl ihn die Idee extrem begeistert hat. Aber wir sahen halt zugegebenermaßen auch ziemlich bescheuert aus. Insbesondere ich, wie ich auf einem Laufrad für 3-Jährige und mit einem gelben, am Hinterkopf spitz zu laufenden Skihelm die Straße hinunterbretterte. Wie ein besoffener Außerirdischer, der aus Unkenntnis der Erdgepflogenheiten zum falschen Fortbewegungsmittel gegriffen hat. Und das hätten ja andere sehen und mich doof finden können. Aber wäre das nicht schade gewesen? Wegen der Möglichkeit, für doof befunden zu werden, auf so ein Quatschabenteuer zu verzichten? Ich finde: Ja. Im Nachhinein denke ich, wir beide hätten daraus schon vor Jahren eine Tradition machen sollen – auch wenn meine Knie etwas anderes sagen. Zu enge, stereotype Geschlechterrollen sind also nicht nur nervig, gefährlich und verletzend. Sie versauen einem obendrein noch den Spaß. Und das ist nicht nur meine Meinung. 2017 startete ein Nutzer auf der Plattform Reddit eine besondere Umfrage. Er wollte wissen, was Männer tun würden, wenn es nicht als weiblich oder sozial inakzeptabel gelten würde (Men of Reddit; what thing would you do if it wasn't so ›feminine‹ or socially ›unacceptable‹?). Die Antworten waren verblüffend. Männer würden bequemere Kleidung tragen, die nicht sportbezogen ist, Make-up nutzen, um kleinere Makel zu verdecken, und in der Löffelchenstellung gerne auch mal der kleine Löffel sein, also der, der umarmt wird. Sie würden Handtaschen tragen, um ihre Wertgegenstände und ihren ganzen Kram zu verstauen, mehr Zeit mit den Kindern verbringen und Gefühle und Schwächen offen ausdrücken. Kurz: Sie hätten ein glücklicheres, bequemeres und freieres Leben. Und ein sehr viel lustigeres. Denn diese ganzen bierernsten Geschlechternormen machen Dinge trist und grau, die eigentlich abwechslungsreich und bunt sein könnten. Und selbst wenn wir uns dazu durchringen können, etwas Neues auszuprobieren, oder die Industrie uns etwas Neues verkaufen will, dann geschieht das nicht offen und spielerisch, sondern mit Verweis auf die unbedingte Beständigkeit und Relevanz tradierter Männlichkeit. Pflege- und Schminkprodukte können Sie als Mann mittlerweile käuflich erwerben. Dafür gibt es in Drogeriemärkten eigene Regale. Allerdings muss Ihnen dabei vermittelt werden, dass Sie natürlich trotzdem ein ganzer Mann sind. Indem man betont, dass Sie, auch wenn Sie Schminke kaufen, ein »ganz normaler Mann« sind und keine »Dramaqueen«. Sie können »Duschgel für Männer aus Stahl« erwerben oder muskelbepackten Männern in Werbeclips dabei zuschauen, wie sie sich mit einer Axt rasieren. Passend dazu können Sie ein Stück Seife mit taktischem Waffengriff kaufen oder gleich Make-up für Männer, das auf den Namen »Kriegsbemalung« hört. Ja ja, das ist bestimmt total ironisch gemeint. Oder eben auch nicht. Oder Männern wird hier keine Uneigentlichkeit zugestanden, keine unmittelbare und ungebrochene Begeisterung für Körperpflege und Schminken. Das muss immer mit einem Disclaimer versehen werden: »Eigentlich sind wir Männer.« Und weil wir Männer sind und als Männer gelten wollen, haben wir genau auf dem Schirm, was als männlichkeitsverträglich gilt. »Hurra, endlich ein Concealer, der meine Augenringe perfekt abdeckt!« ist in diesem Sinne nicht die adäquate Reaktion. Stattdessen wird sich ein als absolut weiblich gelabeltes Produkt mit Männlichkeitsgebaren einverleibt. Das ist alles so unlustig und anstrengend. Es könnte so viel witziger und entspannter sein, wenn wir aus Männlichkeit nicht so einen Identitätskrampf machen würden. Haben Sie schon einmal versucht, mit einem Krampf zu laufen? Damit kommen Sie nicht weit und es tut höllisch weh. Deshalb lockert und dehnt man sich auch vor dem Sport. Wir sollten also unser Rollenverständnis auflockern und ausdehnen. Sie glauben gar nicht, wie weit wir dann kommen würden. Und wie viel wir unterwegs zu lachen hätten.

Anwaltschaft

Jungen und Männer, und das ist die Kernaussage dieses Buches, verdienen es, dass man sich mit ihnen beschäftigt, ihre Bedürfnisse anerkennt und sie so gut wie möglich unterstützt. Aber gerade scheinen viele den Eindruck zu haben, dass sie als Mann unter Generalverdacht stehen und es einzig und allein aufgrund ihres Geschlechts plötzlich niemandem recht machen können. Wenn sie in der Schule deutlich auf sich aufmerksam machen, dann sind sie der Störenfried, der den Unterricht sabotiert, weil er sich selbst zu wichtig nimmt oder nicht sozialverträglich genug ist. Wenn sie beruflich Verantwortung übernehmen, sind sie der alte weiße Mann, der zu sehr an der Macht klebt und der Gleichberechtigung im Weg steht. Auch darüber tauschen sich Männer auf den entsprechenden Plattformen aus. Sie gestehen nicht nur, wie sie sich verhalten würden, wenn sie vom Druck der Geschlechternormen befreit wären, sondern schildern sich ihre Eindrücke, dass man sie zunehmend für selbstverständlich nimmt oder gar gleich wie Dreck behandelt. Auch ich kann mich nicht von einem Blick freisprechen, der die Leistungen von Männern bisweilen außen vor lässt oder gar missachtet. Den Abschnitten, in denen ich hier immer wieder eine Lanze für das Kümmern und Pflegen gebrochen habe, folgten keine Ausführungen darüber, dass viele Männer jeden Morgen aufstehen, zur Arbeit gehen und schlicht und ergreifend ihr Möglichstes tun, um ihre Familie finanziell zu versorgen. So als wäre das eine Selbstverständlichkeit und nicht weiter der Rede wert. Das ist es aber. Es kommt nur darauf an, wie man darüber spricht. In meinem und in vielen anderen Fällen werden diese Dinge weggelassen, weil wir sehr lange fast ausschließlich darüber gesprochen haben: über den Mann als Macher, als Versorger und als hart arbeitender Anführer. Im Gegenzug haben wir über unfassbar viele Dinge fast gar nicht gesprochen. Darüber, wie wir beabsichtigt oder aus Versehen Prinzessinnenjungen beschädigen, zum Beispiel. Oder über die vielfältigen Marginalisierungen von Frauen und Minderheiten. Das heißt aber nicht, dass Männer irrelevant sind. Es heißt, dass Gesellschaft zu lange fast ausschließlich mit Blick auf sie gestaltet wurde und wir uns in einer Phase befinden, in der versucht wird, diese Unwucht zu beheben. Daraus ergibt sich dieses häufig geäußerte »Haben Männer denn jetzt gar nichts mehr zu sagen«-Gefühl. Stellen Sie sich einfach vor, Sie würden in einer Beziehung leben, in der Sie einen sehr viel höheren Redeanteil als Ihre Partnerin hätten. Über die Zeit erwächst daraus Unzufriedenheit und Unmut, die Beziehung droht zu scheitern. In einer Paartherapie werden Sie darauf aufmerksam gemacht, dass Sie in Ihrer Beziehung auf einen ausgeglichenen Redeanteil achten sollten. Das bedeutet für Sie als Mann in der Folge nicht nur, dass Ihre Partnerin situativ mehr spricht und Sie weniger. Es bedeutet auch, dass Ihre Partnerin nachholen muss, um mit Ihnen irgendwann auf Augenhöhe zu sprechen. Und so kommt das Gefühl zustande, dass Sie »überhaupt nichts mehr zu sagen haben«, obwohl man von fair verteilten Redeanteilen noch weit entfernt ist und Männer auch weiterhin sehr viel sprechen. Feminismus ist die Reichensteuer, die Männer nicht bezahlen wollen. Das heißt aber nicht, dass alle Männer wohlhabend sind. Manche sind bettelarm und brauchen dringend Hilfe statt eines »Pfft, du bist doch ein privilegierter weißer Mann, was willst du überhaupt?«. Deshalb braucht es das, was der Schweizer Experte für Männer- und Geschlechterfragen Markus Theunert »Anwaltschaft« nennt. Die Tatsache, dass Frauen viel zu lange immer nur mitgemeint waren, wird nicht dadurch besser oder ausgelöscht, indem man jetzt mal eine ziemlich lange Weile Männer nur mitmeint. Es gibt keine Erbschuld, die Männer abzutragen haben. Sie müssen sich auch nicht dafür rechtfertigen, dass sie Bedürfnisse haben und Aufmerksamkeit wollen. Deshalb ist es vollkommen in Ordnung, sich zum Anwalt dieser Bedürfnisse zu machen. Die alles entscheidende Frage dabei ist, in welchem Stil man verteidigt und wie das Plädoyer gehalten wird. Zu viele Männer versteifen sich dabei auf das, was in der Sprache der Internetforen und sozialen Netzwerke »Whataboutism« heißt. Wenn also ein Missstand aufgezeigt wird, der Frauen benachteiligt, dann kommt sofort die Gegenfrage: Ja, aber was ist denn mit den Männern? Männer leiden doch auch. Männer haben doch auch Probleme.

Stimmt, die haben sie. Das ganze Buch ist voll von Problemen, die Männer haben. Man kann also mit einiger Berechtigung davon ausgehen, dass mir diese Tatsache durchaus bekannt ist. Aber warum müssen wir damit anderen, ebenfalls berechtigten Anliegen immer ins Wort fallen? Wieso kann ich als Autor einer feministischen Kolumne im österreichischen *Standard* nicht über strukturelle Gewalt gegen Frauen schreiben, ohne dass sich darunter Hunderte Kommentare finden, die empört wissen wollen, was denn nun bitte schön mit der Gewalt gegen Männer ist. In dem Gestus, dass ich das in diesem Text absichtlich verschweige und die Wirklichkeit verzerre. Aber das tue ich gar nicht. Weder dort noch anderswo. Wenn Sie mir nicht glauben wollen, blättern Sie gerne ein paar Seiten zurück. Gewalt gegen Jungen und Männer ist real, sie ist furchtbar und ein Problem, das wir unbedingt angehen müssen. Aber warum fällt uns das ausgerechnet so oft als kommunikativer Sabotageakt gegen die Forderungen zur Bekämpfung an Gewalt gegen Frauen ein? Warum diese Ablenkungsmanöver? Der erwähnte Markus Theunert ist dafür ein gutes Gegenbeispiel. Er hat in der Schweiz die *Männerzeitung* und den Dachverband *maenner.ch* mitbegründet. Theunert macht dezidierte Männerpolitik, die Gleichberechtigung anstrebt. Nicht gegen Frauen, sondern für Männer. Und auch ich mache hier nichts anderes als Männerpolitik für Jungen, aber nicht gegen Mädchen. Wenn also Gewalt gegen Jungen und Männer ein großes Problem ist, dann lassen Sie es uns doch lösen. Lassen Sie uns Geld spenden, Vereine gründen, Texte schreiben, Filme drehen, forschen, uns Gedanken machen und darüber reden. Niemand hält uns davon ab. Aber wir können doch nicht wirklich erwarten, dass Frauen nicht darüber wütend sind, wenn wir ihre berechtigten und überfälligen Anliegen als bloße Stichwortgeber für unsere eigenen Anliegen nutzen. Selbstverständlich fahren sie uns dafür über den Mund. Schließlich geht es ihnen ja darum, ihren Anliegen Gehör zu verschaffen, und wir sind die, die dazwischenbrüllen.

Männer müssen eigene bedeutungsvolle Gespräche in Gang bekommen und eigene Lösungsansätze für ihre Probleme finden. Dafür können die emanzipatorischen Errungenschaften und Methoden der Frauenbewegung gute Werkzeuge sein. Unsere eigene Emanzipation steht leider noch aus und wenn wir kopflos ganz von vorn beginnen, ohne nach links und rechts auf das zu schauen, was anderswo erreicht wurde oder aus welchen Gründen versagte, dann machen wir vermeidbare Fehler. Dann stellen wir irgendwann schockiert fest, dass wir nur über weiße Männer reden oder über Männer ohne sichtbare Behinderung, und fangen an, über Zusammenhänge nachzudenken, die längst bekannt sind.

Also lassen Sie uns die Anwaltschaft für Jungen und Männer übernehmen. Lassen Sie uns dazu auch gerne Frauen einladen und für das Recht von Jungen auf Prinzessinnenhaftigkeit streiten. Für Geschlechtergerechtigkeit, gegen Homofeindlichkeit, für Vielfalt und Liebe, gegen Einfalt und Hass. Aber das funktioniert nur, wenn wir aufhören, die Belange von Frauen zu überschreien.

Identität

Und wenn wir schon dabei sind, die Probleme endlich richtig anzugehen, dann sollten wir uns auch Gedanken darüber machen, wie wir das tun. Denn männliche Identität weiterhin in Abgrenzung und Negation von etwas zu definieren, reicht dafür bei Weitem nicht aus.

Nicht schwul sein, kein Mädchen sein, das sind nicht nur homofeindliche, sexistische Aufforderungen. Es sind darüber hinaus Aufforderungen, etwas nicht zu tun. Sich nicht entsprechend zu verhalten. Sie beantworten in keiner Weise die Frage, was denn nun einen Mann ausmacht. Stattdessen tun sie so, als hätte man gefragt, was einen Mann nicht ausmacht. Darum geht es aber gar nicht, das ist keine gewinnbringende Debatte. Sie können nicht etwas nur durch Negation erschaffen. Wenn Sie und ich gemeinsam ein Haus bauen wollten, dann wäre es zu Beginn vielleicht sogar noch ganz sinnvoll, sich darüber zu verständigen, was man nicht will. Aber schließlich und endlich müssen wir auch mal sagen, was Sache ist: Was wollen wir? Wie viel Raum soll das Ganze haben, wie sieht die Inneneinrichtung aus? Deshalb meine Bitte an Sie: Überlegen Sie sich, was einen tollen Jungen ausmacht. Was sind Qualitäten, die Sie an Männern schätzen? Dabei ist es vollkommen unerheblich, ob Sie zu wirklich geschlechtsspezifischen Ergebnissen kommen, also zu Eigenschaften, die nur Männer aufgrund ihres Geschlechts haben können. Halten Sie sich damit nicht auf. Was tun Jungen und Männer, die Sie schätzen, bewundern und lieben? Und bitte versuchen Sie, dabei nicht in Abgrenzungen zu denken – auch wenn es noch so verführerisch ist. Ich habe vollstes Verständnis für Männlichkeitsdefinitionen, die darauf bestehen, dass Männer nicht übergriffig und gewalttätig sind. Aber das erschafft Männlichkeit als Negativum und legt Jungen wie Männer an eine Kette, anstatt ihnen gute, klare Ziele zu geben, auf die sie zulaufen können.

Statt also zu definieren, dass ein toller Mann Sie nicht unterbricht, könnten Sie formulieren, dass ein toller Mann Ihnen aufmerksam zuhört und Sie ausreden lässt. Denn so nachvollziehbar es sein mag, dass insbesondere Frauen sich den Mund fusselig geredet und nun einfach keine Lust mehr haben, etwas anderes zu sagen, als dass der Typ doch einfach aufhören soll, ein Arsch zu sein, so wenig hilfreich ist es. Was soll das heißen, kein Arsch zu sein? Soll Mann jetzt die romantische Geste wagen und mehrere kreative Anläufe starten, um eine Frau zu beeindrucken, oder soll er sich bei der ersten Ablehnung zurückziehen und respektieren, dass Nein auch wirklich Nein heißt? Ein Liebeslied über die Sehnsucht nach der Ex-Freundin zu schreiben – ist das nun süß oder stalkerhaft? Wollen wir Männer scheinbar unverwüstlich oder verletzlich? Ich stelle diese Fragen, weil es mir nicht um einseitige Schuldzuweisungen an Männer geht, sondern um eine realistische Einschätzung der Lage. Und zu der gehört, dass wir auch deshalb so wenig über positive Definitionen von Männlichkeit reden, weil wir es uns in der Widersprüchlichkeit, die dadurch entsteht, dass wir nur Negationen eindeutig benennen, bequem gemacht haben. Und wenn ich »wir« sage, dann meine ich vor allem Frauen. »Ich möchte einen sensiblen Mann, der seine Verletzlichkeit offen zeigen kann« heißt, im Zweifelsfall auch einen Mann zu wollen, der seinen Job nicht mehr machen will, weil er ihn unglücklich und krank macht. Es bedeutet, einen Mann haben zu wollen, an dem nicht alles abprallt. Wenn Sie an einem Mann doch eher seine gepanzerte Unverwüstlichkeit schätzen, die Hindernisse wegräumt und sich nicht beirren lässt – nun, dann lässt sich dieser Mann womöglich auch nicht in seiner dafür notwendigen Unsensibilität beirren. Im Bedarfsfall auf Knopfdruck zwischen Balladensänger und Boxweltmeister umzuschalten ist weder eine realistische noch eine gesunde Anforderung. Wobei ich damit nicht gesagt haben will, dass Boxer nie Balladen singen. Da hätte der ehemalige Schwergewichtsweltmeister Tyson Fury, der mit seiner schönen Stimme auch schon vor Kämpfen für Gegner wie Wladimir Klitschko gesungen hat, sicher etwas dagegen. Fury tat dies ohne jede Ironie oder erkennbaren Wunsch, den Gegner damit zu verspotten. Stattdessen stellte er in einleitenden Erklärungen klar, dass er seinen Gegner als Mensch und Sportler respektiert und es eben nicht um irgendwelche Animositäten, sondern nur um ein professionelles Match zwischen zwei Boxern geht. Genauso unironisch freute sich Klitschko über Furys Darbietung von Bette Midlers *Wind Beneath My Wings*, zu der er begeistert klatschte.

Womit wir bei den Männern sind. Sie haben doch nicht wirklich geglaubt, dass Sie aus der Sache hier schon raus sind und ich es dabei belasse, von Frauen mehr Eindeutigkeit, mehr Bekenntnis zu positiven Männlichkeitsdefinitionen zu fordern. Nichts da! Dafür sind Männer viel zu wichtig. Als Vater, als Onkel, als Lehrer und Trainer, als Freund, Vorgesetzter und Partner.

Ich weiß, dass der Schatten normierter Männlichkeit sehr lang ist. Darüber reden wir ja hier die ganze Zeit. Aber es kommt darauf an, dass Männer über ihren Schatten springen. Jeden Tag, so oft und so weit sie kommen. Es ist an Ihnen und mir, die Emanzipation des eigenen Geschlechts nicht für überflüssig oder bereits geschafft zu erklären. Oder sie gar auf die Frauen abzuwälzen, indem wir uns beispielsweise darüber beschweren, Erziehung wäre viel zu verweiblicht. Wie wäre es stattdessen mit eigener Erziehungsarbeit? Mit positiv besetzter Männlichkeit, die durch Vorbild erzieht. Meiner Erfahrung nach sind es eher die Mütter, die bereit sind, eigene Stereotype zu hinterfragen und die Prinzessinnenhaftigkeit ihrer Söhne zu umarmen und zu unterstützen. Nicht weil sie sich darin als Frau gespiegelt finden oder sich schon immer ein Mädchen gewünscht haben. Sondern weil sie als Frauen dazu erzogen wurden, aufmerksamer für die Bedürfnisse anderer und insbesondere ihrer Kinder zu sein, und es ihnen daher oftmals leichterfällt, die Bedürfnisse ihrer Söhne klarer zu sehen. Im Gegensatz dazu sind es meist die Väter, die dem mit Ablehnung oder Gleichgültigkeit begegnen. Während die Mütter ihre langhaarigen Prinzessinnenjungs auf pinken Fahrrädern in die Schule radeln lassen, sind es die Väter, die das verbieten, madig machen, immer wieder »bessere« Vorschläge unterbreiten oder sich dazu überhaupt nicht verhalten. Dabei wäre es so wichtig, Jungen in einem Verhalten zu unterstützen, mit dem sie weder sich noch anderen schaden und das sie glücklich macht, sei es das Tragen langer Haare oder das Fahren pinker Fahrräder. Dabei genügt es nicht, auf Feindseligkeit zu verzichten: »Ja gut, dann mag er eben Röcke. Beiß ich halt die Zähne zusammen und schau woanders hin. Das ist sicher nur eine Phase.«

Wir müssen uns erlauben, in unserer Liebe klarer zu werden, damit wir wertschätzender mit unseren Jungs umgehen können:

»Ich liebe deine Begeisterungsfähigkeit und dass du so kuschelig bist. Wenn ich nach Hause komme, freu ich mich immer, dass du mich als Erstes umarmst. Dann geht es mir nach der anstrengenden Arbeit gleich viel besser.«

»Klar guck ich mir an, was du gerade mit deinen Puppen spielst. Wir haben ja ausgemacht, dass du mir das nachher zeigst, und gestern hab ich mir ja auch deinen Polizeieinsatz angeschaut.«

»Es ist toll, dass du eine beste Freundin hast.«

»Ich freu mich, dass du in ihm jemanden gefunden hast, der dich so wertschätzt und liebt. Das habe ich mir für dich immer gewünscht.«

Diese Sensibilität für die Belange und Bedürfnisse unserer Söhne schließt auch die Sensibilität für uns selbst mit ein. Wer sind Sie für Ihre Kinder? Haben Ihre Kinder eine ungefähre Vorstellung davon, was Sie empfinden und was Sie umtreibt? Wissen sie, wann Sie glücklich sind. Oder zu erschöpft zum Weitermachen?

Damit will ich nicht sagen, dass Sie die besten Freunde ihrer Kinder werden sollen. Sie sind immer noch der Vater, und Ihr Junge ist immer noch Ihr Sohn. Aber innerhalb von diesem klar gesetzten Rahmen ist es unumgänglich, dass Sie sich ehrlich und nachvollziehbar machen. Wenn Freundschaft und Verlässlichkeit in Ihrem Leben wichtige Werte repräsentieren und Sie das Ihrem Sohn auch vermitteln wollen: Was könnte dann daran falsch sein, sich für die Zeichentrickserie *My Little Pony* zu begeistern, in der es um nichts anderes geht? Wir Männer sind diejenigen, die uns entscheiden müssen. Sind das wirklich Eigenschaften, die uns wichtig sind, oder tun wir nur so, weil wir glauben, dass es gesellschaftlich gerade angesagter ist, auf ein gutes Miteinander abzuheben?

Ich glaube, es ist den meisten von uns wichtig. Ich glaube, dass die meisten Väter eine klare Vorstellung davon haben, welche Qualitäten wichtig sind. Hilfsbereitschaft zum Beispiel. Aber im Endeffekt etablieren sie mit ihren Jungen eine Version von Männlichkeit, bei der Hilfsbereitschaft dann doch wieder eher fehl am Platz ist oder nicht ausreichend wertgeschätzt wird. Wir machen also Ansagen und nehmen sie zurück. Wir setzen einen Wert, nur um ihn unmittelbar danach wieder einzukassieren. Alle Männer, die aus Freude oder Pflichtgefühl andere Männer brechen, um ihre eigene Dominanz über die Zerstörung der anderen zu etablieren, sollten das wissen. Sie müssten zumindest das Gefühl haben, dass etwas falsch läuft, wenn sie andere quälen und foltern. Und es müsste ihnen klar sein, dass es eine gesellschaftliche Übereinkunft gibt, gegen solche Übergriffe vorzugehen, dass also etwas getan werden muss. Aber warum tun sie es nicht? Die meisten Jungen wissen, was richtig und was falsch ist, und wollen das Richtige tun. Es liegt an uns, eindeutiger zu kommunizieren und uns unmissverständlich zu den Werten zu bekennen, die uns wichtig sind und ausmachen. Nicht nur weil gerade Weihnachten ist oder es sich auf dem Spielplatz so leicht dahersagt. Es ist an uns, durch Vorbild anzuleiten und unseren Söhnen zu ermöglichen, sich klar zu positionieren.

Das ist die Art von Revolution, die ich gerne sehen würde. Es muss Schluss sein mit der Ankündigungspolitik, Jungen und Mädchen gleichberechtigt und fair zu behandeln und dann Dinge zu sagen wie »Du wirfst wie ein Mädchen!«. Wie genau werfen denn Mädchen? Und was um alles in der Welt soll daran verkehrt sein? Wie soll es unseren Jungen gelingen, zwischen all diesen Widersprüchlichkeiten zu navigieren?

Heldinnen

Vorbilder sind hilfreich. Und zwar auf allen Ebenen. Dazu ist es nicht nur nötig, dass wir Männer mehr tun als bisher, konsequenter handeln und wertschätzender lieben. Es muss auch ein grundsätzlicher Wandel in der Wertschätzung von Frauen und Mädchen durch Jungen und Männer geschehen. Jeder Leser mag diese Frage für sich selbst beantworten: Welche Frau beeindruckt ihn durch ihre Leistung? Durch ihren Mut, ihr Auftreten, ihre Brillanz. Welcher Frau eifert er nach, wer ist sein weibliches Vorbild? Ich würde vermuten, dass die meisten von ihnen keines haben oder wenn doch, dann mehrheitlich die eigene Mutter oder die Partnerin benennen. Das ist durchaus legitim, verstehen Sie mich bitte nicht falsch. Ich bin auch großer Fan von meiner Mutter und meiner Lebenskomplizin. Aber es fällt doch auf, dass es sich dabei um Frauen handelt, die emotionale Arbeit an mir beziehungsweise Ihnen leisten. In diesem Zusammenhang wird weniger über die Karrieren von Mama und der Ehefrau gesprochen, über ihre Zähigkeit oder ihre Klugheit, sondern um die Aufopferungsbereitschaft unter harten Bedingungen. »Mutti hatte es schwer und war trotzdem immer für mich da.« Das ist zweifellos eine Form der Anerkennung, aber nicht wirklich ein Aufschauen zu Frauen.

Manchmal wird mir entlang dieser Argumentation vorgeworfen, dass sich Geschlecht nun einmal gerne mit Geschlecht identifiziert und dementsprechend weibliche Vorbilder für Jungen und Männer nicht wirklich infrage kommen. Das trifft aber nicht zu. Fragen Sie eine beliebige Frau aus Ihrem Bekanntenkreis und Sie werden feststellen dürfen, dass sie mit großer Selbstverständlichkeit auch männliche Vorbilder benennt. Und zwar weitab vom Vater und vom Partner: Politiker, Künstler, Schriftsteller, Entdecker, Ärzte, Prominente – sie alle sind für die Orientierung von Frauen erstaunlich naheliegend. Umgekehrt gilt das nicht. Es gibt keine Selbstverständlichkeit, mit der Jungen und Männer ihre Heldinnen benennen. Sie bleiben in einem erlesenen Kreis von Männern, von dem sie sich ein Maß Inspiration und Vorbildhaftigkeit erhoffen, das sie bei Frauen offenbar nicht finden. Ein weiterer Einwand, der in dieser Sache sehr oft an mich herangetragen wird, ist der Hinweis darauf, dass die Geschichte der Menschheit gar nicht so viele Heldinnen hervorgebracht hätte. Da mehr oder weniger alle relevanten zivilisatorischen Errungenschaften von Männern vollbracht wurden, gäbe es einfach viel weniger Frauen, die Herausragendes geleistet haben, und viel weniger Bücher, die ihre Taten beschreiben. Da ist was dran. Folgendem Zitat von Napoleon Bonaparte fehlt eigentlich nur ein winziges n, um zu verdeutlichen, worin die Problematik besteht: »Geschichte ist die Lüge, auf die man sich geeinigt hat.« Sie dürfen gerne raten, wo es hingehört. Die Geschichte der Frauen ist eine sehr lückenhafte, immer wieder manipulierte und revidierte Fassung. Erst in den letzten Jahrzehnten ist es mithilfe der Frauenforschung gelungen, Frauen und ihre Schicksale dem aufgezwungenen Vergessen und der Nichtbeachtung zu entreißen. Bis dahin wurden sie wie Kleopatra oder Katharina die Große entweder als absolute Ausnahmeerscheinungen biografiert, standen im Schatten von bedeutenden Männern, die sie umgaben, oder blieben vollkommen unsichtbar. Schattenfrauen erfuhren nur Aufmerksamkeit in dem Maße, wie sie eine persönliche Beziehung zu einem berühmten, genialen oder bedeutenden Mann hatten. Die Literatur ist voll davon. *Die Frauen der Genies, Starke Frauen hinter großen Künstlern, Im Schatten berühmter Männer* – Schattenfrauen erwerben sich demnach in den seltensten Fällen eigenen Ruhm, er färbt lediglich auf sie ab und interessiert auch nur Leute, welche die Geschichte zu feministischen Propagandazwecken nachträglich mit bedeutsamen Frauen füllen wollen. Aber inzwischen gibt es mehr als die sporadische ein oder andere Frau, zu der Mann aufschauen könnte. Selbst in der notorisch männlichen Riege von Oscarpreisträgern, die seit fast 100 Jahren in allen Kategorien aufläuft, außer eben denen, die explizit für Frauen vorgesehen sind, gibt es mittlerweile Frauen. Wenn Ihr Sohn also Filmemacher werden will, dann könnte er sich mittlerweile die Oscarpreisträgerin Kathryn Bigelow zum Vorbild nehmen. Und zum politischen Vorbild taugen je nach persönlicher Präferenz Angela Merkel oder die neuseeländische Premierministerin Jacinda Ardern. Auch hier fordere ich Sie einmal mehr nicht dazu auf, die Sache zu erzwingen. Sie müssen sich mit Ihrem Jungen nicht zwangsläufig auf eine Politikerin verständigen oder Ihre alte Plattensammlung, die im Keller unten links in dem ausrangierten Billy-Regal unter der alten Pferdedecke verrottet, nach Jazzinterpretinnen durchforsten. Das nennt man »Tokenismus«, und es würde das genaue Gegenteil bewirken. Tokenismus bedeutet hier, dass Sie sich in Ihrer homogenen männlichen Vorbilderwelt extra um eine Frau bemühen, um das Ganze etwas diverser zu gestalten. Nicht um ihrer selbst willen, sondern aufgrund ihres Geschlechts. Damit wird sie zum Token, zu einer symbolischen Geste, die Geschlechtergerechtigkeit antäuschen soll. Das bringt also nichts, und das meine ich auch nicht. Wenn Ihnen bei Sprintsuperstars nicht Shelly-Ann Fraser-Pryce einfällt, die 2019 bei der Weltmeisterschaft in Doha zwei Jahre nach der Geburt ihres Sohnes die Konkurrenz in Grund und Boden gelaufen hat, dann ist das vollkommen in Ordnung. Man muss sich dafür nicht interessieren. Aber an der Beiläufigkeit, mit der die Leistungen von Frauen immer wieder übersehen oder nur vor dem Hintergrund ihres Geschlechts wahrgenommen werden, müssen wir dringend arbeiten. Manche Männer tun das bereits sehr sichtbar. Zum Beispiel der schottische Tennisspieler Andy Murray, der sich nicht dafür »zu schade« war, unter Amélie Mauresmo zu trainieren, und ein ums andere Mal ignorante Journalisten korrigiert, wenn sie wieder einmal so tun, als würden Frauen im Tennis nicht existieren beziehungsweise nichts erreichen. So berichtigte er 2017 einen Reporter, der begeistert darüber sprach, dass Murrays Kontrahent Sam Querrey der erste Amerikaner sei, der seit 2009 bei einem großen Turnier das Halbfinale erreichte. Murray wies ihn trocken darauf hin, dass Querrey der erste männliche Spieler sei, auf den das zutrifft. Angesichts der überragenden Dominanz der Williams-Schwestern eine durchaus angebrachte Bemerkung. Der Reporter versuchte noch, über seinen Fauxpas zu lachen und Murray zum Mitlachen zu bewegen. Aber Andy Murray war sichtbar befremdet und weigerte sich, die Situation zu entspannen. Er entzog damit seinem Geschlechtsgenossen eines der wichtigsten Dinge überhaupt: die Validierung von sexistischem Verhalten durch Untätigkeit oder (stillschweigende) Zustimmung. Später schrieb die Mutter von Murray, die Tennistrainerin Judy Murray, dass sie das genau so von ihrem Jungen erwartet hat. Es geht darum, den Boy's Club aufzulösen und den Blick für Frauen zu öffnen. Auch auf die Gefahr hin, dass man sich die ersten ein, zwei Male dadurch unbeliebt macht. Ich propagiere nicht das übermäßige Abfeiern von Frauen, deren Leistungen angeblich oder tatsächlich nicht der Rede wert sind, sondern schlicht das Wahrnehmen und Wertschätzen dessen, was geleistet wird. Glauben Sie mir, wir kriegen das hin: »Die macht einen guten Job. Das ist richtig professionelle Arbeit. So freundlich und verbindlich würde ich in Stresssituationen auch gerne bleiben können. Unglaublich, was die Frau draufhat.« Wir müssen der behaupteten Geschlechtergerechtigkeit Worte und Taten folgen lassen, sonst bleibt sie ein leeres Versprechen. Ein Lippenbekenntnis, das an bestehenden Verhältnissen kaum etwas ändert und bei unseren Jungs nur Verwirrung darüber hinterlässt, was konkret sich hinter dem Begriff Gleichberechtigung eigentlich verbirgt. Nur so stellen wir wirkliche Augenhöhe her und beenden die für beide Seiten eigentlich untragbare Situation, dass er auf sie herabblickt. Also denken Sie scharf nach: Wer sind Ihre Heldinnen? Warum sind das Ihre Heldinnen? Und reden Sie darüber.

Verantwortung

»Männer sollten andere Männer zur Verantwortung ziehen.« Dieses Zitat stammt Terry Crews. Crews ist ehemaliger Profi-Footballspieler und betätigt sich mittlerweile seit einigen Jahren erfolgreich als Schauspieler. Ein schwarzer, muskelbepackter, 1,91 Meter großer Hüne, der seine enorme körperliche Präsenz mit einem Talent für Komik verbindet und in der erfolgreichen US-Serie *Brooklyn Nine-Nine* spielt, die ohne ihn nicht halb so witzig und sehenswert wäre. Aber Crews hat sich nicht nur dadurch einen Namen gemacht, sondern ist darüber hinaus auch bekannt dafür geworden, dass er sich im Zuge der #MeToo-Debatte sehr sichtbar auf die Seite der Opfer gestellt hat und dabei öffentlich gemacht hat, wie er selbst sexualisierte Gewalt erfahren musste. Auch andere Schauspieler wie der Kanadier James Van Der Beek wiesen zu einem sehr frühen Zeitpunkt darauf hin, dass sie von mächtigen Männern in Hollywood zu Opfern gemacht wurden. Sie taten das nicht in der üblichen, von mir bereits kritisierten »Whataboutism«-Version. Es war endlich einmal nicht die an Frauen gerichtete Aufforderung, mit dem »Opfergetue« aufzuhören, weil das, was Männer zu sagen haben, so viel wichtiger ist. Es war vielmehr die Ausweitung der Kampfzone und das Eingeständnis der unfassbaren Dimension des Problems, das es gemeinsam zu bekämpfen gilt. Das ist es, was Terry Crews mit seinem anfangs zitierten Satz meint. Es reicht nicht, dass wir uns mit verschränkten Armen zurücklehnen und betroffenen Frauen dabei zusehen, wie sie sich gegen ihre Peiniger aus dem Würgegriff der erlittenen Traumatisierung kämpfen, um die Schuldigen zu benennen.

Denn zum einen wissen Sie und ich, dass nicht nur Frauen mit Gewalt überzogen werden. Das macht ja auch den Fall um Terry Crews so bemerkenswert. Crews wurde auf einer Party im Beisein von anderen von einem ausgesprochen einflussreichen Hollywoodagenten gegen seinen Willen wiederholt zwischen die Beine gegriffen. Dagegen setzte er sich zunächst nicht zur Wehr. Vor dem US-Senat erklärte er später, warum er diesen Übergriff nicht physisch unterbunden hat. »Sie sind ein großer, starker Mann, warum haben Sie ihn nicht einfach weggeschubst?«, wurde er von der Senatorin Dianne Feinstein gefragt. Wer Crews vor Augen hat, weiß genau, was sie meinte. Der Mann hat Oberarme, deren Umfang den meines Kopfes übertreffen, und war seinem Angreifer körperlich haushoch überlegen. Crews führte daraufhin aus, dass er als schwarzer Mann in den Vereinigten Staaten nur sehr wenige Versuche hätte, erfolgreich zu sein, und dass seine Frau ihn darauf vorbereitet hätte, in solchen Momenten nicht auszurasten. Weil er im immer noch rassistischen Amerika nach möglicher Gegenwehr nicht von der Polizei verhaftet werden wollte, die in ihm das Klischee des wütenden schwarzen Mannes sehen würde, der wegen einer »Nichtigkeit« auf einen Weißen losgeht. Weil er dann beruflich nie wieder ein Bein auf den Boden bekommen hätte.

Und zum anderen brauchen Täter Akzeptanz oder zumindest gleichgültige Ignoranz, damit sie wirken können. Sie brauchen Komplizenschaft und beständiges Schweigen. Ich will das an dieser Stelle gar nicht weiter ausführen, weil das hier kein Buch über die #MeToo-Debatte ist. Mir geht es vielmehr darum, dass Männer, die sich zu Recht oder Unrecht darüber aufregen, unter Generalverdacht gestellt zu werden, ihre Zeit und Energie auch darauf verwenden könnten, diejenigen zur Verantwortung zu ziehen, die sich übergriffig verhalten. Deshalb will ich es bei einem Denkanstoß belassen, der mich selbst schwer ins Grübeln gebracht hat. Es geht um ein Zitat der österreichischen Kulturwissenschaftlerin Beatrice Frasl. Sie schrieb: »Ich musste 32 werden, um zu verstehen, dass ›Enfant terrible‹ in der Kunst-/Kulturszene ein Synonym für arrogantes, sexistisches, übergriffiges Arschloch ist.« Dieser Begriff ist mir seit zwei Jahrzehnten geläufig. Je länger ich darüber nachdenke, desto mehr fällt mir auf, dass er in diesen Jahren zu keinem Zeitpunkt etwas anderes bedeutet hat. Dass das immer nur ein Schutzbegriff für die Eigenschaften war, die Frasl beschreibt. Warum ist mir das nicht aufgefallen? Warum habe ich die so Bezeichneten nicht in diesem Licht gesehen? Wieso feiert das Publikum beim Deutschen Comedypreis 2015 eine zugegeben brillante Parodie von Max Giermann auf die legendären Ausraster des verstorbenen Klaus Kinski? Eines Mannes also, der von seinen beiden Töchtern der Vergewaltigung bezichtigt wird und in seiner Biografie keinen Hehl daraus machte, minderjährige Mädchen belästigt und vergewaltigt zu haben. Wieso nenne ich diese Ausraster »legendär«? Die Antwort darauf gibt eine andere kluge Frau, die Autorin Marlies Hübner: »Werk und Künstler bitte immer trennen, außer bei Frauen, da ist grundsätzlich alles autobiografisch und äußerst persönlich.« Scheinbar gilt diese Regel auch für Kinski, obwohl ausgerechnet der ja wie kaum ein Zweiter bekannt dafür war, die Grenze zwischen Privatleben und beruflichen Rollen zu verwischen.

Solche Männer können in unseren Augen offenbar auch immer ganz anders. Damit muss Schluss sein. Deshalb bitte ich Sie um die Fortführung der Strategie, die ich Ihnen im Abschnitt über Identität ans Herz gelegt habe, um sich Ihren Söhnen anzunähern: Tun Sie nicht so, als wäre ein solches

Verhalten eine Kleinigkeit, die übergriffige und gewalttätige Männer in einer Tasche mit sich führen, die sie jederzeit ablegen können. Machen Sie den Mund auf und schreiten Sie ein. Und zwar nicht erst dann, wenn alles bereits am Implodieren ist und Wiedergutmachung und Umlernen ein Ding der Unmöglichkeit. Sondern ganz am Anfang. Sagen Sie etwas, wenn Ihr Sohn Mädchen als »Fotzen« oder »Schlampen« bezeichnet oder Homosexuelle verächtlich macht. Entlassen Sie ihn nicht aus der Verantwortung, die mit dem Wissen darum einhergeht, was richtig und was falsch ist. Er weiß es. Sie wissen es. Machen Sie was draus.

Scheitern und Tendenz

Aber seien Sie darauf vorbereitet, dass Sie scheitern werden. Ich jedenfalls tue das. Wieder und wieder. Ich stehe jeden Tag auf, bemühe mich nach Kräften, meine Kinder fair und geschlechtergerecht zu behandeln, und versage dabei regelmäßig. Ich gehe mit meinen Söhnen unbewusst rabiater und ungeduldiger um als mit meinen Töchtern und ertappe mich zugleich dabei, wie ich altersübliche, geschlechtsspezifische Schulhofsprache meinem 12-jährigen Sohn eher durchgehen lasse als meiner 14-jährigen Tochter. Auch wenn ich ihn für arschlochhaftes Verhalten deutlich häufiger angehe als seine Schwester, weil ich die Sozialisation von Jungen ganz allgemein näher an Arschlochhaftigkeit verorte und mir deshalb stark auffällt, wenn sie sich noch weiter in diese Richtung bewegen. Was das angeht, bin ich unfair zu Jungen, und das ist ein Problem.

Ich müsste Ihnen das alles nicht erzählen. Ich könnte es auch unter den Tisch fallen lassen, um mich möglichst umfassend gegen Kritik zu immunisieren. Nicht persönlich werden, keine beispielhaften Anekdoten, einfach ausgewählte Fakten in Ihre Augen streuen und abwarten, wie Sie reagieren. Aber Fakten lassen sich auch anders auswählen und mit anderem Schwerpunkt vortragen. Ich hätte 200 Seiten darüber schreiben können, wie sehr sich die Rolle des Mannes in den letzten dreißig, vierzig Jahren weiterentwickelt hat, und auch dafür entsprechende Belege finden können. Aber das wollte ich nicht. Genauso wenig wie ich Sie mit der Auswahl meiner Themen in Geschlechtergerechtigkeit »reinquatschen« will. Ich möchte Sie auch nicht überrumpeln oder dazu überreden, mir nachzueifern. Das alles würde wenig ändern. Viel lieber wäre mir, wenn Sie Ihr eigenes Geschlechtergerechtigkeitsprojekt starten. Mit Blick auf Ihr eigenes Verhalten und das Ihrer Prinzessinnenjungs. Und dabei so weit gehen, wie Sie kommen. Je mehr Sie darauf gefasst sind, Scheitern als integralen Bestandteil dieser Reise zu verstehen, umso größer wird die Distanz sein, die Sie zurücklegen können.

Es ist ein beängstigendes und zugleich unglaublich ermächtigendes Gefühl, Verunsicherung zuzulassen: Dann bin ich eben nicht unzerstörbar. Dann werde ich nicht immer abliefern können, nicht immer auf der Höhe meiner Kraft und Herr meiner Sinne sein. Dann werde ich auf die eine oder andere Weise versagen. Ich zum Beispiel war ausgesprochen überzeugt davon, dass ich mir den Haushalt mit meiner Lebenskomplizin 50/50 teile. Klar gibt es Dinge, die nur ich tue, und Sachen, die nur sie macht. Wir sind auch nicht in jeder einzelnen Situation je zur Hälfte zuständig. Das halte ich für unmöglich. Aber mittel- bis langfristig kommen wir bei einer fairen Verteilung heraus. Dachte ich zumindest, bis mich Texte wie *The Mental Load: A Feminist Comic* der Autorin Emma ziemlich unsanft dazu aufforderten, mir meine Tätigkeitsbereiche doch mal genauer anzuschauen. Und siehe da: »Irgendwie« hatte ich mich automatisch für die Tätigkeiten entschieden, die mir Anerkennung bringen. Für das Kochen zum

Beispiel und für Reparaturarbeiten. Aber nicht fürs Geschirrabräumen oder Wäschezusammenlegen. Beides Aufgaben, für die man sich nicht nur in unserer Familie leider zu wenig bedankt. Das lässt mich nicht gerade gut aussehen. Eher wie jemanden, der in Detailfragen unaufmerksam oder gar manipulativ ist. Trotzdem möchte ich die zugrunde liegende Bereitschaft, mich insbesondere in meinen Männlichkeitsvorstellungen verunsichern zu lassen, nicht gegen Sicherheit eintauschen. Denn diese Sicherheit führt zwangsläufig zu einer Selbstgefälligkeit und emotionalen Trägheit, die Mann nur schwer wieder loswird. Außerdem hilft mir die Bereitschaft, mich verunsichern zu lassen, dabei, dass mir nicht mit einem Mal der Boden unter den Füßen weggerissen wird. Sie ist, wenn Sie so wollen, die bestmögliche Versicherung gegen eine Midlifecrisis, die ja so etwas wie einen persönlichen Reformstau darstellt. Wenn Sie Scheitern nicht kategorisch ausschließen, nehmen Sie zwar womöglich mehr Schlaglöcher auf Ihrem Weg wahr, an denen Sie sich aufschürfen und die Beine brechen können. Aber eben keinen unüberwindbaren Abgrund. Das gilt auch für Geschlechtergerechtigkeit. Wenn Sie und ich mit großer Geste alles wagen, ist damit noch nichts gewonnen. Wenn wir aber Schritt für Schritt und Stück für Stück die Hindernisse aus dem Weg räumen, die einen fairen, wertschätzenden Umgang miteinander verhindern, kommen wir auch dann voran, wenn wir es bei einigen zunächst oder auch überhaupt nicht schaffen. Deshalb habe ich mich auch dagegen ausgesprochen, Vorurteile zu dämonisieren. Mit dieser Vorgehensweise wird kein einziges überwunden. Stattdessen scheint es mir lohnenswerter, sich nach Möglichkeit mit jedem einzelnen Vorurteil zu beschäftigen und es zu überprüfen. Ich habe diesen Vorgang zu Beginn des Buches als vorurteilsbewusst bezeichnet. Wenn wir uns wirklich darauf einlassen, dann kann es uns mit etwas Mühe gelingen, aus einem Vorurteil eine Tendenz zu formen. Tendenzen sind nicht so meinungsstark wie Vorurteile und auch nicht so folgenreich. Zugleich basieren sie immer noch auf Vorannahmen, Einschätzungen und Erfahrungen. Aus dem Vorurteil, dass Jungen sich für Fußball interessieren, folgt etwas anderes als aus der Tendenz. Während man ein Vorurteil mit mehr oder weniger Aufwand revidieren muss, beschreibt eine Tendenz eine nicht abgeschlossene Neigung von Dingen und Personen in eine bestimmte Richtung. Tendenzen sind also per Definition sehr viel provisorischer und ergänzungsfähiger als Vorurteile. Meine Wahrnehmung der Tendenz, dass Jungen sich für Fußball interessieren, macht eine Aussage darüber, was mir bislang aufgefallen ist: Ich habe viele Jungen gesehen, die Fußball spielen, ich habe Fußballgeschichten mit männlichen Protagonisten vorgelesen und im Fernsehen ausschließlich Männerfußball gesehen. Mir ist aber klar, dass dieser Wahrnehmungsprozess noch nicht abgeschlossen ist. Fußballbegeisterte Mädchen werfen mich da nicht aus der Bahn, sie zwingen mich nicht, mich zu revidieren. Folglich reagiere ich auch nicht mit dem gleichen Maß an Unbehagen auf fußballbegeisterte Mädchen, weil sie von Anfang an im Bereich des Möglichen waren und nicht durch ein Vorurteil ausgeschlossen wurden.

Ich schlage also vor, dass Sie mit mir gemeinsam einen neuen hippen Trend ausrufen: Tendenzmeditation. Wann immer Sie dazu Zeit, Kraft und Gelegenheit finden, schnappen Sie sich ein Vorurteil und versuchen Sie, es zu einer Tendenz zu transformieren. Hilfreich dabei ist der Umstand, dass sich Tendenzen ebenso gut mit Wahrscheinlichkeiten vertragen wie mit der alten Erkenntnis aus der gewaltfreien Kommunikation, nach der totale Formulierungen wie »immer« und »nie« keine gute Idee sind. Mein Rat geht also tendenziell eher zur Tendenz.

Freiheit

Und zur Freiheit. Denn alles, wirklich alles, was ich hier aufgezählt, erklärt, kritisiert, gelobt, verworfen und gefordert habe, dreht sich am Ende darum: Wie frei sind wir in unseren Geschlechterrollen? Engen sie uns ein oder geben sie uns in einer sehr komplexen und turbulenten Welt den notwendigen Halt? Beides ist wichtig. Deswegen ist auch die gelegentlich mit gehöriger Wut vorgebrachte Forderung, Männlichkeit in ihrer jetzigen Form abzuschaffen oder zu zerstören, keine Alternative. Was bliebe denn dann? Womit würden wir arbeiten, um es in Zukunft besser zu machen? Die tatsächliche Alternative besteht darin, Jungen und Männer dazu zu befähigen, den Unterschied zwischen Privilegien und Freiheiten zu erkennen, um sich für das Richtige zu entscheiden. Das ist keine einfache Aufgabe, denn beides kann sich sehr ähnlich anfühlen. Nehmen Sie mich zum Beispiel. Ich bin das, was Sie maximalprivilegiert nennen könnten: Ich bin heterosexuell, männlich, weiß und ohne sichtbare Behinderung, im durchschnittlichen Alter und habe ein durchschnittliches Einkommen. Manchmal fange ich mir Ärger mit Texten (und vielleicht mit diesem Buch) ein, aber im Grunde prallt die bei einigen aus der Lektüre resultierende Aversion gegen mich und meine Positionen an meiner Privilegierung ab. Wenn Menschen versuchen, mich als »Schwuchtel« abzuwerten und meine Arbeit zu delegitimieren, dann trifft mich das als Durchschnittshete in Langzeitbeziehung mit vier Kindern und homosexuellen Freundinnen und Freunden in meinem Leben nur insofern, als damit meine Freundinnen und Freunde beleidigt werden, aber nicht ich. Es gibt nicht viel, womit man mich treffen kann, weil ich in den meisten Bereichen überhaupt nicht von der Norm abweiche. Ich erfahre keine Marginalisierung. Eher das Gegenteil. Ich werde zu Themen befragt, zu denen ich überhaupt keine Expertise habe – einfach, weil ich aufgrund meines Geschlechts so kompetent wirke. Und ich habe das Privileg, in beruflichen Zusammenhängen als familiär vollkommen unbelastet aufzutreten. Selbst wenn ich Vorträge halte und Workshops gebe, die meine Verantwortung und mein Kümmern um meine vier Kinder thematisieren, kommt niemand auf die Idee, sich danach zu erkundigen, wie die gerade betreut werden. Man geht grundsätzlich davon aus, dass schon irgendeine Frau (Lebenskomplizin, Oma, Kitaerzieherin) dafür zuständig sein wird. Die Lebenskomplizin hingegen hat auf dem Weg zur Arbeit noch nicht die Tür geschlossen und muss sich schon dafür rechtfertigen, wieso sie ihre Kinder verlässt und was sie eigentlich glaubt, was sie da tut. Ich würde Sie belügen, wenn ich Ihnen weismachen würde, dass es sich nicht auch gut anfühlt. Dass Mann sich nicht auch mal gerne für Dinge loben lässt, von denen man kaum eine Ahnung hat oder deren Kenntnis man sich lediglich in Gesprächen mit einer Frau erworben hat. Dass mir aufgrund meiner Maximalprivilegiertheit niemand so richtig etwas kann. Aber zugleich fühlt es sich falsch an. Denn meine Elternschaft gilt ja wie bereits erwähnt aufgrund meines Geschlechts nicht als »fürsorglich und opferbereit«. Ich werde nicht darin gesehen, was ich tue, sondern darin, was ich tun könnte und was man mir zuschreibt, weil es andere getan haben. Das ist aber keine Freiheit. Ebenso wenig ist es Freiheit, wenn unsere Prinzessinnenjungs mit der Begründung, dass aus ihnen ja schließlich einmal echte Männer werden sollen, in winzig kleine Geschlechterboxen gesteckt werden. Über wie wenig Bewegungsfreiheit sie in diesen Boxen tatsächlich verfügen, sollte Ihnen inzwischen klar sein.

In diesem Zusammenhang war es nie meine Absicht, Ihnen mit diesem Buch die Freiheit im Umgang mit Ihren Söhnen zu nehmen. Das alte Kant'sche Diktum, dass die Freiheit des Einzelnen dort endet, wo die Freiheit des anderen beginnt, gilt immer noch. Ich ergänze diesen Satz nur um die Überzeugung, dass wir Freiheit allzu oft mit Privileg verwechseln. Die Freiheit meines Jungen, sich Röcke anzuziehen, endet nicht dort, wo die Freiheit eines anderen beginnt, keine Jungen in Röcken sehen zu müssen und in seiner geschlechtsidentitären Wahrnehmung nicht verunsichert zu werden. Keine Jungen in Röcken sehen zu müssen ist keine Freiheit. Es ist vielmehr das Privileg auf die Unantastbarkeit der eigenen Vorurteile und Überzeugungen. Niemand hat darauf ein Recht. Die Vorurteile von Menschen sollten antastbar sein. Ihre Würde hingegen muss unantastbar bleiben.

Also lassen Sie uns gemeinsam unsere Vorurteile antasten und unseren Söhnen zur Freiheit verhelfen. Lassen Sie uns zusehen, dass wir unsere verhärtete Gesellschaft aufweichen für Jungen, die so zart wie eine Feder sein können, wenn sie denn dürfen. Jenseits all der unbotmäßigen Anspruchshaltungen, mit denen wir ihre Herzen vergiften, verdienen sie so viel mehr als das, was wir ihnen zugestehen. Sie verdienen, gesehen zu werden, so wie sie sind, und verantwortlich zu sein, für das, was sie tun. Sie sind jede Mühe wert, die wir auf uns nehmen können. Und wenn Ihnen die Kraft oder die Lust fehlt, das Ende dieses unfairen Systems der Jungenzurichtung zu sein, dann ist das auch okay. Seien Sie einfach ein Anfang. Bitte.